अजाने मेलों में

■ आधुनिक लोककथाएँ और अन्य पतनशील लेखन

अजाने मेलों में

प्रमोद सिंह

हिन्द युग्म

ISBN : 978-93-81394-80-9

प्रकाशक:
हिंद युग्म
सी-31, सेक्टर-20, नोएडा (उ.प्र.)-201301
फ़ोन- +91-120-4374046

मुद्रक : मनीपाल टेक्नोलॉजीज लिमिटेड
आवरण चित्र : प्रत्यक्षा
भीतरी कलाकारी : प्रमोद सिंह, प्रत्यक्षा
कला-निर्देशन : विजेन्द्र एस विज

पहला संस्करण : अप्रैल 2014
दूसरा संस्करण : फ़रवरी 2023
मूल्य : ₹299

Ajane Melon Mein by *Pramod Singh*
pramosih@gmail.com

Published By
Hind Yugm
C-31, Sector-20, Noida (UP)-201301
Phone : +91-120-4374046
Email : sampadak@hindyugm.com
Website : www.hindyugm.com

First Edition: अप्रैल 2014
Second Edition: Feb 2023
Price: ₹299

उम्मीद..
प्रेम..
सपना..

'क्यों' के बारे में एक छोटा ख़ुलासा

लिखने से संबंध बहुत पहले से रहा है। लेकिन तब शब्द सपने में अचानक दीखे किसी पुराने संगी की तरह मिलते, दिखते और खो जाते। या कभी दूर घाटियों से आती घंटियों की आवाज़-सी उनकी मिठास सुन पड़ती। भीतर कहीं भरम-सा बनता कि कितनी पहचानी दुनिया है, मगर उतनी देर में वह मंज़र टूट जाता। वह तो ब्लॉग का माध्यम मिलने, और उस पर एक नियमितता से लिखने के दरमियान ख़बर हुई कि एक नदी है भाषा, जिसके गहरे उतरकर दूर तक नीली यात्राएँ की जा सकती हैं। या चाँदनी रात का कोई पारदर्शी जादुई वन जिसकी चमकीली पगडंडियों पर बिंबों की सवारी में, लेखन की पहचानी, पुरानी सब लीकों को भूला जा सकता है। अपने भीतर एक सुर अचानक किसी सोते की तरह फूट पड़ेगा जिसमें जाने कब-कब की बिसराई यादें होंगी, कठोरता से बिसरा दिए जगहों की मीठी हैरतअंगेज़ टूटन होगी, वे शब्द होंगे जिन्हें जाने कितने बरस बीते, बरतने तक की उम्मीद ख़त्म हुई थी.. ऐसी जाने कितनी-कितनी गहराइयाँ जिसके मीठे में डूब जाने के दिलफ़रेब गुमान पूरे होते होंगे, लिखना ऐसा कुछ होता चलेगा, यह लिखने के पहले तब कहाँ सोचा था?

मन की संगत में गहरा बसे, लेकिन प्रकाशित लिखाइयों के संसार से पूरी तरह ग़ायब, उस दुनिया में फिर-फिर लौटना था लिखना, उस दुनिया को फिर धड़कता देखना अपने शब्दों में, साधिकार वापस पाना था लिखना! जो भाषा की अंतरंगता में जीते हैं, समझेंगे शब्दों के जिस रंग-उत्सव की मैं कह रहा हूँ। जीवन जैसा है उस

सब को समूचेपन में साथ लिए शब्द और मनमदन की नयी चमकीली सड़कों पर निकले चले चलना (जैसे तारों भरी रात के दिलफ़रेब ख़्वाब के गाल पर गाल धरे किन्हीं मीठे धुनों को धीमे गुनगुनाना.. लिखाई के दलिद्दर अपनी ज़बान भोजपुरी में जैज़ सुनना, गहिर अपहचाने गड़हों को पाटना)!

ब्लॉग पर लिखते हुए ये बहुत सारी पगडंडियाँ थीं जो खुलीं। एक भदेस, मगर मनमोहिनी छवि बार-बार अपनी मोहक हँसी के परदों में सामने आती रही। ये लिखाइयाँ उसी ख़ूबसूरत मुखड़े के माथे की छोटी-सी बिंदी है। उम्मीद करता हूँ सफ़र की मिठास का थोड़ा हिस्सा आपकी तरफ़ भी आएगा।

पगडंडियाँ

मनगढ़ पुरानी, एक कहानी

किताबों की अलमारी

छुटपन के अपने शहर में लोगों के घरों में और चीज़ें दिखतीं, किताबों की अलमारी कभी नज़र नहीं आई। ज़्यादा घरों में एक-डेढ़ शेल्फ होता था जिस पर स्कूल की ज़रूरत की चीज़ें गँजी होतीं। किताबें ऐसी चीज़ थीं जो कभी-कभी दिखतीं। ऐसी तो वह क़तई नहीं थीं कि उनके लिए अलमारी की दरकार पड़े। हालाँकि कुछ लोग थे जिनका राजनीतिक चर्चा के बिना खाना नहीं पचता था। ऐसे लोग अख़बार पढ़ते। ओड़िया, बांग्ला, अंग्रेजी। सुबह साढ़े नौ के बाद सामने और कैरियर पर पीछे बंडल लादे अख़बारवाले की साइकिल पर हिंदी पेपर नहीं होता। हिंदी का 'आर्यावर्त' या 'हिंदुस्तान' लाने के लिए साइकिल से स्टेशन जाना पड़ता था। सेक्टर सोलह के मद्रास कैंटीन के बाहर काउंटर पर अलबत्ता तमिल, तेलुगु और मलयालम की सजीली मासिक पत्रिकाएँ दिख जातीं। मगर किताबें गायब थीं। लोग पेपर पूछते, खोजते दिखते। किताबों का कोई नहीं पूछता।

संयोग ही रहा होगा कभी जो मैंने बिना खोजे पा लिया था। हमारे जाने-पहचाने परिचित भूगोल से बाहर, शहर के पुराने हिस्से में। अंदर गलियों के भीतर, रज़ाक टाकीज़ के अहाते की एक गुमटी में हिंद पॉकेट बुक्स के एक-एक रुपये वाले उपन्यास मिलते थे। देर तक दुकानवाले को दिक् करो, ख़ुद खँगालो तब कहीं काम की कोई अच्छी चीज़ हाथ लगती थी। अलमारी का सुभीता और तहज़ीब नहीं थी।

मिश्रित आबादी वाले अपने उस छोटे इस्पाती शहर से बाहर निकल जाने और ख़ुशी, तमाशे और लाचारी के ढेरों वर्ष गुज़ार चुकने के बाद जीवन में किताबों की अलमारी देखने का मौक़ा बना। उनका महत्व, वर्गीय भेद, उनकी गहराई, रहस्यलोक, उनकी पहुँच का अंदाज़ा हुआ। उसके बाद समाज में मेरे घूमने, घरों की पहचान का वह एक ज़रूरी, प्राथमिक हिस्सा हो गईं। किताब की अलमारियों की संगत में मैं सहज या असुविधाग्रस्त होता। अलग-अलग शहरों की याद में अलग-अलग घरों की वे किताबी अलमारियाँ होतीं जिनके बीच मैं ख़ुश और उदास हुआ था। अनिता के साथ वेनिस, पेरुजा या अस्सिसी में घूमते हुए जब भी हम घर बसाने की योजनाओं पर बात करते, मैं चुपके-से अपने स्नेहिल एकांत में अपनी अलमारियों का सपना देखने से बच नहीं पाता। वह हमेशा मेरे साथ रहीं। कितने सारे कोमल सपने बने, टूटे, फिर खड़े हुए। उनके खड़ा होते ही सबसे पहले मैं अपनी अलमारी खड़ी करता। ऐसा नहीं कि मैं किताबों को लेकर विशेष भावुक होऊँ (भावुक तो हूँ ही!), मगर उनका ख़ुद के आस-पास होना, उनकी व्यवस्था बहुत बेसिक चीज़ लगती थी। खाने और स्वस्थ्य रहने की तरह। किताबों की अलमारी से दूर रहते हुए लगता मैं सभ्यता से दूर रख दिया गया होऊँ। अलमारी के अभाव में किताबों का जगर-मगर कहीं और टिका होना, या फिर उन्हें फ़र्श पर बिखरी देखकर लगता जैसे आज नहाना रह गया!

बिशाखा ने जब तय किया कि हमदोनों के साथ रहने का अब मतलब नहीं, और अपनी चीज़ें अलग करने लगी, मैंने कहा था किताबों के सिवा तुम जो चाहती हो, लेकर जाओ। बदमाश का इरादा मुझे दुःखी करने का नहीं था मगर किताबें सब उसी के साथ गईं। एक अलमारी भी। दूसरी वैसे भी मुझे कभी पसंद नहीं थी। उसकी दरारें देखकर अपने जीवन में दरारों का बोध होता। रखनी ही हो तो आदमी दरारोंवाली अलमारी क्यों रखे? मैं ऐसी चाहता था जैसी रोम, वेनिस और लंदन के घरों में देखीं और भूल नहीं पाया। किसी दिन चालाकी और जतन से ऐसी अलमारी चली आएगी अपने पास, ऐसा मेरा सहज विश्वास था। मगर खोखले विश्वास की भावुकता से कहाँ चीज़ें आती हैं? और जहाँ तक चालाकी की बात है वह तो कभी भी मेरे काम आने से रही! अजीब बात है बिशाखा के जाने के बाद जीवन की झुँझलाहट, खीझ में किताबें कहाँ-कहाँ से इकट्ठा होती रहीं लेकिन अलमारियों के इंतज़ाम वाली बात धरी रह गई। मैं वह घर खड़ा नहीं कर सका जिसमें अपने मन के अनुरुप किताबों की अलमारियाँ ला सकूँ। बीच-बीच में यह भय भी होता कि अलमारियों की व्यवस्था वाली बात शायद अब ऐसे ही रह जाए। ज़ैसे ख़ुद को

कोई न दे सका, किताबों को भी टेक व ठौर देना न हो सके? सोचकर मन के अंदर गड्ढे हो जाते, फिर गड्ढों को भूलकर जल्दी ही हँसने भी लगता। जीवन क्या इतनी आसानी से ख़त्म होता है? किताबों की अलमारियाँ क्या इतनी आसानी से सपनों से ग़ायब होती हैं? होने दी जा सकती हैं?

***

बचपन के जिस पड़ोसी घर में पचीस-तीसेक किताबें दिख जाती थीं (हिंदी, अंग्रेजी नहीं। ओड़िया), लंबे अंतराल पर आया हूँ तो अब कहीं किताब नहीं दिखती। मिताली का तीन साल का बच्चा ज़मीन पर लिसड़ता सिपाही के खिलौने से खेल रहा है। खेल और बच्चे के उत्साह की ज़द में आने की गरज से मैं बच्चे को ओड़िया में चुमकारता हूँ- मजा आसुछि तऽ? ऐसे ही अन्य उल्टे-सीधे वाक्य। बच्चा ध्यान नहीं देता। खेल में व्यस्त है। मुझे लगता है मैं बच्चे से ज़्यादा उसकी माँ को अपनी ओड़िया सुनाने का खेल कर रहा हूँ। रसोई में मेरे लिए चाय बनाती मिताली जवाब देती है- "सब भूल गए हो तुम।" *भूला कहाँ हूँ?* रमाकांत रथ, जयदेब परिडा, गोपीदास महांति रैक पर रखी सब किताबों के कवर याद हैं। याद हैं? सिपाही के खिलौने की टाँग टूटी हुई है। मेरे अंदर पता नहीं क्या टूटा है। मासी की बीमारी के पहले इस घर में कैसी रौनक रहती थी! अब मासी ज़्यादा वक़्त अंगुल, गाँव के घर में रहती हैं। यहाँ की देख-रेख करनेवाली मनोज की पत्नी में सबसे मेल का मासी वाला पुराना उत्साह नहीं। मुझे भी नमस्ते करने के बाद वह सीधे अंदर अपने कमरे में चली जाती है। मैं ओड़िया बोलने की बेहूदी ज़िद छोड़कर चुपचाप बच्चे को तकता बैठा रहता हूँ।

जाने क्या है कि इस शहर के स्टेशन पर उतरते ही पता नहीं अब क्यों इतनी कातरता घर कर जाती है। हर चीज़, मिलना, देखना, कोई नज़र, छूटी हुई याद, सब किसी खेल का कार्य-व्यापार लगते हैं। जिसका अंत मन के भीतर फिर कुछ दरकने, किसी टूटने में होता है। क्या बचा है अब मेरा इस शहर में? क्यों लौटकर आता हूँ यहाँ? बताएगा कोई? मिताली बताएगी, व्हॉट डू आई कीप रिटर्निंग हियर फॉर? टू फाइंड व्हॉट दैट आई हैवंट फाउंड एनिव्हेयर एल्स?

किताबों से लगी रहने वाली मिताली से मिलना बहुत वर्षों बाद हो रहा है। छुट्टियों में भाई के पास घूमने आई है। मनोज मेरे भाई का लंगोटिया यार है। पेंटिंग का रंग और पेंसिल पाने के झूठे वादों व लालच में अपनी एक सहेली की बड़ी बहन तक मिताली मेरी चिट्ठियाँ पहुँचाया करती थी। लेकिन यह सब बहुत पहले की

बात है। छुटपन में शादी की बात की छेड़छाड़ करके कभी भी मिताली को रुलाया जा सकता था। अब तीन साल के बच्चे के साथ कितना चहक-चहक के सवाल कर रही है। भूली नहीं है कि मैं उसकी शादी में नहीं आया था। उसे बहलाने के लिए मैं याद दिलाता हूँ कि मैं इसकी, उसकी किसी की शादी में कहाँ आया था! (नॉट ए बिग डील। आई एम नॉट शादी में चले आनेवाला टाइप। आई नेवर वॉज़..)। एनीवे, शादी के बाद पहली मर्तबा मिलकर मिताली नाराज़ है। मेरे आगे ज़ाहिर करना उसे ज़रूरी लगता है। कहती है बहुत बदल गया हूँ। क्यों इतना बदल गया हूँ? ये सवाल, वो सवाल। ऐसे सवाल जिन्हें पूछते हुए स्वयं भी मुझे ख़ुद से डर लगता है। मिताली को जवाब देता हूँ, इतना परेशान करोगी तो उठकर चला जाऊँगा। वह पलटकर कहती है मुझसे डरती नहीं। एक-एक बात का जवाब लेकर रहेगी। चला जाऊँगा तो पीछे-पीछे आएगी! लेकिन बातों के दम-दम से अलग, मेरी असुविधा के बोध में दिखता है मिताली गुमसुम हो गई है। चाय का ख़ाली कप उठाते हुए कहती है- भाई के पीछे चली आती हूँ लेकिन अब यहाँ अच्छा नहीं लगता। पहलेवाली बात नहीं रही। एकदम वीरान जैसा लगता है। सब कहीं चले गए हों जैसे।

***

एक वक़्त के बाद सब कहीं चले ही जाते हैं। जो बचे रहते हैं उन्हें भी कहीं चले जाने की छटपटाहट रहती है। नहीं तो धीरे-धीरे दुनिया उनके बचे होने को जैसे भूल जाती है। (अनिता से कितने समय से बात नहीं हुई। शायद फ़ोन नंबर भी नहीं मेरे पास। किताबों के बारे में हम कितनी बातें करते थे! कितनी किताबें हमने एक-दूसरे को पढ़ाईं! दो वर्ष पहले दिल्ली में किसी परिचित से पता चला वह तेहरान में है। मैं काफी समय तक इस कल्पना में दिमाग़ लड़ाता रहा कि तेहरान में किस तरह के घर, कैसी अलमारियों के बीच अनिता अपना जीवन चला रही होगी..) इस भुले हुए के बीच सुमन बीच-बीच में सिर उठाए अपने 'स्प्लेंडर' पर यहाँ से वहाँ गुज़रता दिखता है- ''की दादा, तोमार छोबि-टोबि कखन देखते पाबो, कि पारबो ना?'' मैं झेंप में नन-कमिटल सिर हिलाता हूँ (मेरा सालों से बंबई में होना और इस बिना पर होना कि मैं फ़िल्मों में 'कुछ' करता हूँ, बहुतों से बहुत समय तक इस तरह की जिज्ञासाएँ करवाता रहा। मेरे चेहरे की धुँध व नाकामी के क़िस्सों ने इसी तरह बंबई में रहने व फ़िल्मों से 'जुड़े' होने की बात भुलवा भी दी। मगर सुमन अब भी याद दिलाकर मुझ पर तंज़ करता है। हाथ में किताब लिए कहीं पढ़ता दिखूँ तब भी वह बात फ़िल्मों की ही करता है। मेरे भटकाव की कहानियों से शायद उसे निजी तौर पर

कहीं राहत पहुँचती है)। बचपन में सुमन भोंदू था सब उसे लात लगाते थे। किन्हीं अर्थों में भोंदू वह अब भी बना हुआ है, मगर पलटकर लात लगाने की कला उसने सीख ली है (पैसे बनाने की कला समझने कुछ वर्ष दिल्ली गुज़ारने के बाद चुपचाप वापस लौट आया था। उन दिनों की वह किसी से चर्चा नहीं करता। अलबत्ता दूसरे पीठ पीछे जब कहानियाँ बुनते हैं तो उन्हें हिंदी में माँ-बहन की टेढ़ी-मेढ़ी गालियाँ सुनाने से बाज नहीं आता। चोट खाई सुमन की माँ सिर हिलाती है- "सब सेखाने सिखेछे त, देल्ली जाबार आगे ऐइ रकोम कखनो कोथा बलतो की?") टिकना की चायवाली गुमटी पर वापस मुझे घेरकर सुमन सवाल करता है, स्टॉक-उस्टॉक में मैंने कहीं पैसा लगाया है या नहीं। सिर हिलाकर मेरे इंकार करने पर निराशा में ख़ुद सिर हिलाता, कि बंबई जैसे शहर में इस तरह ख़ाली-छूछी ज़िंदगी जीकर मैं अच्छा नहीं कर रहा। पैसे-वैसे का खेल होना चाहिए। बड़ा खेल!

सुमन ही नहीं सबकी ज़बान पर पैसे की बात रहती है। इतने वर्षों में इस छोटे शहर में कितना कुछ बदल गया है। मुख्य शहर के समानांतर छेंड की एक अलग दुनिया खड़ी हो गई है। किताब की दुकान न खुली हो, इफ़रात में इमारतें खड़ी हुई हैं। और टिकना की धुआँती गुमटी से कम्यूनिटी सेंटर के सूने, उजाड़ उजास में सब कहीं हर कोई पैसे के बारे में जानना चाहता है। कलकत्ता में कितना बनता है, दिल्ली में कितना। बंबई में? देश से बाहर की जिज्ञासाएँ नहीं खुलतीं। तापस, दिपांकर, सुभाष, एक्का जैसे काफ़ी लड़के हालाँकि अब देश से बाहर हैं। हाई स्कूल की टोप्पो आंटी का बेटा वॉशिंग्टन डीसी में है। मैट्रिक में दो बार फेल हुआ वेणु नायर हॉलैण्ड में कहीं है। उनकी वापसी पर हैरत के कुछ क़िस्से भले बुने जाते हों, स्थानीय चिंताओं व जिज्ञासाओं के विस्तार में वे स्थायी नहीं हो पातीं। पहले भी एक फूहड़ कौतुक से ज़्यादा योरप में बिताए मेरे दिनों की कभी बात किसी ने नहीं जाननी चाही। वह हमारे छोटे शहर की कल्पना की वास्तविकता नहीं हो सका। हज़ार के नोट का जो रोमांच है वह सौ डॉलर की पत्ती नहीं जगा सकती। जगाएगी तब यह शहर क्या हो जाएगा?

***

शहर के आउटस्कर्ट पर बापी मिल जाता है (बापी के घर में दो अमरुद के पेड़ थे, एक जामुन का। रेडियो, ट्रांजिस्टर, बंगला की किताबें और पत्रिकाएँ थीं। और बापी की उदार माँ सब पर हमारा बराबर का दावा स्वीकार करती थीं। बापी के पिता के रिटायरमेंट और अकाल मृत्यु से वह संबंध भी छूट गया। मेरे घर लौटने पर बापी

इसी तरह कभी अचानक सड़क पर टकरा जाता है)। पूछता हूँ उसके धंधे-पानी की क्या ख़बर है, उदित नगर वाली दुकान कैसी चल रही है? बापी सिर खुजाता बताता है रायपुर की एक पार्टी के यहाँ बीस-पचीस हज़ार फँसा है, बाक़ी बुरा नहीं। नयी ख़बर यह है कि भाइयों से अलग होकर छेंड में किराये के मकान में रहने लगा है। पत्नी की किचकिच और भाइयों का रोना ख़त्म करने का यही रास्ता था। सब यही तो चाहते हैं अपने-अपने में सुखी रहें। फिर रहें सुखी। वह सुखी है। अच्छा है, मुझसे मेरे सुख की बापी नहीं पूछता क्योंकि मेरे लिए बताना मुश्किल होता कि मैं भूल गया हूँ सुखी कैसे होते हैं।

बिशाखा सुखी रहना जानती थी। जब दुःख होता तो सीधे कहती आई कांट टेक दिस। और एंड ऑव स्टोरी। मेरे साथ नहीं होता। मैं यहाँ और वहाँ दोनों में उलझा रहता हूँ। किसी नतीजे तक आते-आते हमेशा देर हो जाती है। माँ की बीमारी के वक़्त भी मैं ऐसी ही टाल-मटोल में फँसा रह गया। फिर ख़बर हुई हार्ट-अटैक में माँ

नहीं रही। सुनकर भरोसा नहीं हुआ था। अब भी घर में घूमते हुए लगता है कभी भी माँ की आवाज़ सुन जाएगी। मासी कहती हैं आख़िरी मर्तबा न मिलो तो यह अहसास सारे जीवन बना रहता है। दीदी अब भी यही समझती है, मैंने जान-बूझकर देरी की थी। मैं दिखाना चाहता था सबसे अलग हूँ, मुझमें मोह-माया नहीं है। मैं दीदी से बहस नहीं करता, चुपचाप दमे के बीच उसके चढ़ते गुस्से को सुनता हूँ। वह मुझी से नहीं, अपने दोनों बेटों से, शहर के रंग-ढंग, पुराने अस्पताल के बदले हुए नये तेवरों से, हर चीज़ से परेशान है। थककर लेट जाती है तो मैं पूछता हूँ पैर दबा दूँ? दीदी कहती है इस उम्र में उससे मज़ाक न करूँ। जिसकी दबा सकता था अंत समय में उसका तो मुँह देखने नहीं आया, दीदी को छेड़कर अब क्या पाऊँगा।

मैं किसी को छेड़कर कुछ नहीं पाना चाहता। चुपचाप सबके बीच एक अच्छे बच्चे की तस्वीर बने रहना चाहता हूँ लेकिन अपने पहचाने शहर में, पैसों के अभाव में, अच्छा बने रहना क्या आसान है? मेरी ओर लहराकर पिता घड़ी का टूटा चेन बिछौने पर उछाल देते हैं, बुदबुदाकर कहते हैं- "पाँच दिनों से बंद पड़ी है। कहता हूँ ठीक करवाओ मगर सब कान में रुई डाल के बैठे हैं। रात में आँख खुल जाती है पता नहीं चलता क्या टाइम हो रहा है! दवाई के लिए प्रकाश से कह-कहके हार गया। जेब में फूटा छदाम नहीं रहता। बोलता हूँ मेरा पैसा बाँध के हमको गाँव भेज दो तो उस पर भी किसी का कान नहीं ठहरता!"

पिता के कमरे का पलास्तर उखड़ा हुआ है। आख़िरी दफ़े पता नहीं कब चूना हुआ था। किसी के सामने पड़ने पर समय-असमय बड़बड़ाते रहते हैं। प्रकाश से पूछता हूँ तो वह कहता है पचास-साठ के ख़र्चे की बात नहीं, बुड्ढे को हर बात की शिकायत है। वह इतना फ़ालतू नहीं कि कापी-कलम लेके उनकी हर शिकायत नोट करता फिरे। उसे भी बहुत सारी चीज़ों की शिकायत है, वह किसके आगे अपना दुःखड़ा रोने जाए? दीदी कहती है तुम सीधे हो तुम्हें उल्लू बनाते हैं। बीवी और सुख के पीछे बूढ़े को ये सब जीते-जी मार रहे हैं।

***

मिताली कहती है मैं कभी दो दिन की छुट्टी लेकर उसके घर जमशेदपुर क्यों नहीं आता? मैं कहता हूँ, आऊँगा। वह पूछती है कब, मैं कहता हूँ समय है। वह बुरा मानती है कि मैं कभी फ़ोन भी नहीं करता, इतना बदल गया हूँ। *क्यों बदल गया हूँ?* दीपंकर और प्रकाश भी कभी कुछ नहीं बतलाते! टाटा इतनी बुरी जगह नहीं है, वहाँ आके मुझे अच्छा लगेगा। मैं मुस्कराकर जवाब देता हूँ, जानता हूँ। कभी आऊँगा,

भई। मिताली कहती है, कभी कब? यहाँ हो, अबकी ही क्यों नहीं चले चलते? सबु संगे देखा-सुना हेई जिब? मैं कहता हूँ अभी कैसे जा सकता हूँ? मिताली नाराज़ होकर कहती है, क्यों नहीं जा सकते? ऐसा कौन काम अटका पड़ा है? तुम संगे किछि रिक्वेस्ट करीबार फायदा नाईं!

थोड़ी देर चुप रहकर मिताली से पूछता हूँ पेंटिंग-वेंटिंग करती है या सब..? वह कुछ नहीं कहती। दूसरा सवाल- किताब-उताब? मिताली बच्चे की तरफ़ इशारा करके कहती है, जब से आया है उसके बाद फ़ुरसत कहाँ रहती है! फिर तुम्हारी तरह कोई पूछनेवाला भी तो नहीं रहा। जमशेदपुर में किताबें मिलती कहाँ हैं!

किताबें जुसेप्पे के घर मिलती थीं। जिस इच्छित किताब की खोज करो, देर-सबेर इतालवी नहीं तो उसका कोई फ्रेंच संस्करण हाथ लग ही जाता था। उसकी माँ एनाउदी प्रकाशन के लिए काम करती थी। मैं हैरत करता जिस प्रकाशन के लिए चेज़रे पवेज़े ने काम किया, जुसेप्पे की माँ वहाँ काम करती है! घर की दीवारों पर एक छोर से दूसरी छोर तक किताबें ही किताबें। मगर वे खाते-पीते मध्यवर्गीय लोग थे। अंद्रेया उनकी तरह संपन्न नहीं था। काफ़ी वर्ष घर ख़ाली बैठा माथा धुनता रहा। घर का ख़र्चा, कभी घूम-घूमकर थियेटर करनेवाली बीवी अंतोनेल्ला ने प्राथमिक स्कूल की नौकरी पकड़कर, उठाने का जिम्मा लिया। बाद में अंद्रेया ने अपने लिए बढ़ईगीरी चुन ली। घर से लगा हुआ वर्कशॉप। मिलान में नहीं, प्यामोंते के देहात में। मगर उसके यहाँ भी किताबों से भरी अलमारियाँ गँजी थीं। प्लेखानोव, दांते, गेटे, पज़ोलिनी, कुंदेरा, नोबोकोव। दीवार पर बोतिचेल्ली की पेंटिंग। पत्नी स्कूल से वापस लौटकर हँसती कॉफ़ी तैयार करती। छोटा बेटा वॉयलिन बजाता। मैं हैरत करता इनकी दुनिया में सब ऐसे सुगम क्यों है, जबकि हमारे छोटे शहर में इन किताबों, ऐसी अलमारियों का धुआँ तक नहीं पहुँचा! पिता ऐसी किताबों से ठँसी अलमारियों को देखकर क्या सोचते? शायद वह इनके आगे खड़े होकर फ़ोटो खिंचाने के ख़्याल तक से नर्वस होने लगते!

अनिता जब भी मुझसे मिलने आती, अपने साथ किताबों का एक बंडल लाती। मैं सब कुछ भूलकर देखता क्या-क्या किताबें हैं, फिर छोटे बच्चे की तरह सिर उठाकर कहता, जब बूढ़ा हो जाऊँगा तब भी तुम मेरे लिए इसी तरह किताबें लाती रहना। मेरे बालों को हल्के-से झिंझोड़कर अनिता मंजूरी में सिर हिलाती। मैं पता नहीं उत्साह में कैसी-कैसी बकवास करता किताबें व्यवस्थित करने लगता। उन्हें एक सिस्टेमैटिक क्रम में रखकर ज़रा पीछे हटकर देखने तक मुझे चैन नहीं पड़ता, जबकि

बिशाखा को बिस्तरे पर, किचन में कहीं भी किताब छोड़ देने की आदत थी। बिशाखा की इस आदत पर मैं कई बार दुःखी होता। वह कहती तुम बिना बात दुःखी होते रहते हो। जबकि बचपन के घर का दुःख ज़्यादा बड़ा व ज़्यादा मार्मिक था। वहाँ किताबों को व्यवस्थित करने की बात ही नहीं थी। किताबें ही नहीं थीं। पिता कभी-कभी अख़बार पढ़ते दिखते लेकिन प्रकाश और दीपंकर कुछ भी नहीं पढ़ते। चबूतरे पर छूटी मेरी किताबों को प्रकाश जिज्ञासावश भी उठाकर नहीं देखता। उसके लिए जैसे उनका अस्तित्व ही नहीं था। बाहर जामुन की छाँह में कुर्सी पर उठँगे हुए किसी के चले आने पर कभी मुझे भी अपना पढ़ना अजीब लगता, मानो हाथ में किताब लिए मैं अपने किताब-मय से उनके किताबहीन का अपमान कर रहा होऊँ। किसी के चले आते ही किताब अर्थहीन हो जाती। सुभाष परिडा, बाबुन और किसी जापानी, तुर्की लेखक की साथ उपस्थिति की कोई संगति ही न बनती..

अन्य चीज़ों की ही तरह शायद किताबों का भी एक अनुकूल भूगोल होता हो। कहीं की हवा उनके माफ़िक़ होती हो जहाँ वे फल-फूल सकती हैं, और कहीं किसी को उनकी कोई चाहना नहीं। जैसे मेरे बचपन के इस बेमतलब-से शहर में..

***

हालाँकि चारों ओर पहाड़ियों और दोनों छोरों पर दो नदियों से घिरे इस शहर की दूसरी विशेषताएँ हैं। मेरे लिए हैं। ओड़िसा में पैदा हुए जन्म से बिहारी होने के बावजूद हैं। शायद इसीलिए पैदा होने की ज़मीन के क़िस्सों को इतना गाया जाता है। कुछ तो बात होती होगी। पीठ पर दुनिया-जहान का सारा परायापन लादे रहने के बावजूद इसीलिए यहाँ उतरता हूँ, जिस किसी भी तरह की ठेस लगे, अपनापा भी उतनी ही अंतरंगता से छाती में उतरता है। स्टेशन के बाहर की महक, काली दीवारों के गिर्द की गंदगी, पुराने चिपके पोस्टरों की छपाई, उनका चिथड़ापन सब पहचाने लगते हैं। रिक्शेवाले का पैसों को लेकर चिक-चिक ठग लिए जाने का भाव नहीं जगाता। सिंघड़ा, लुची, पूजा के सामान, सस्ते कपड़ों की दुकानों के बीच से गुज़रते हुए लगता है मैं यहीं से निकला हूँ, ख़ामियों व अच्छाइयों से टँकी मेरी शख़्सियत की नींव इसी दुनिया ने तैयार की है! ज़मीन की मिट्टी, वनस्पतियों का रंग, बुनावट सब मेरे ख़ून में रचे-बसे हैं, कहीं भी चला जाऊँ, कितना भी घूम आऊँ, अपनी माँस-मज्जा में उनकी बसावट को कैसे अलग कर सकूँगा?

कभी-कभी लगता है, हो गई घुमाई, मिल गए जीवनानुभव। नहीं बनना था सो नहीं बना अपना घर। नहीं सजाई जा सकीं उस आदर्श घर में वह अपनी

आदर्श किताबों की अलमारियाँ, तब? व्यक्ति जीवन को व्यर्थ बीता मान ले? सब अकारथ गया, इस तरह? इतना निर्मम? ख़ुद को ऐसा सोचते सोचकर भय होता है। सामाजिकता के पारंपरिक अर्थों में असफल व्यक्ति अपने प्रति ज़रा उदार भी न हो तब तो रोज़-रोज़ का जीना भारी जंजाल हो जाए! भारी जंजाल क्यों बनाए रहता हूँ? इतना सोचने की क्या ज़रूरत है, क्यों ज़रूरत है? घर नहीं हुआ, अलमारी न हुई, जीवन के बाक़ी तमाशे तो हुए। कुछ अच्छे हुए, कुछ बुरे। फिर इतने बुरे भी क्या हुए? और अभी कौन जानता है कि अलमारी नहीं ही आएगी? हो सकता है आए, इसी अपने बचपन के शहर में आए, सबसे अच्छी लकड़ी और ऐसी कारीग़री में आए जैसा आज के पहले इस शहर में किसी ने देखा न हो! मेरी सारी किताबों को इतनी लंबी लाचारी के बाद अंततः कहीं पैर टिकाने की जगह, ढंग से साँस लेने का अवकाश दे। क्यों नहीं हो सकता? एक दिन आएगी अलमारी, सबसे ख़ूबसूरत, जुसेप्पे के घर की या अंद्रेया के हाथवाली उसमें उन्नत मुल्कों की नफ़ासत न हो फिर भी वह ग़रीबी की चमकीली कला-कौशल की ज़हीन व सबको दंग कर देनेवाली अलमारी होगी! *ज़रूर होगी, क्यों न होगी?*

***

एनजीओ की एक छोटी फ़िल्म के शोध के सिलसिले में चाईबासा पहुँचा हूँ। अनजानी जगह, अजाना मौसम, किसी को जानता नहीं और जिसका रेफरेंस लेकर आया था वह शहर में नहीं। दो घंटों में मन उचट जाता है। सब तरफ ग़रीबी और थकान दिखती है। छोटे-छोटे लोग, छोटी-छोटी ज़िंदगी। आदिवासी आदिवासी। ऐसा नहीं कि इसके पहले गाढ़े रंग नहीं देखे, ग़रीबी नहीं देखी, मगर इतनी मात्रा में देखकर बेचैनी होने लगती है। ऐसी जगह खाने की साफ़-सुथरी जगह कहाँ होगी। कैसे होगी? बिसलेरी? धुली चादर वाला कोई होटेल? कोई ढंग का होटेल होगा? किसके लिए होगा?

यहाँ तक पहुँचने का सारा उद्यम व्यर्थ और मूर्खतापूर्ण लगने लगता है। ऐसे झमेलों में क्यों फँसता हूँ.. हमेशा फँसता हूँ। फ़िल्म और शोध की बात भूलकर चिंता करने लगता हूँ बिना पोस्टर छपवाए यहाँ से जल्दी निकलने की कैसे सूरत बने। रिक्शेवाले को एक सड़क पर मुड़ने को कहता हूँ, वह मेरी बात नहीं समझता, नाक की सीध में चलता चला जाता है! ऐसी कितनी जगहें होंगी जहाँ सरल संवाद तक असंभव है और दिल्ली में तरक़्क़ी का हल्ला होता रहता है। पढ़ाई की दुनिया होगी इन आदिवासियों के बीच? क्या पत्रिकाएँ आती होंगी यहाँ? किताबें? क्यों

दिमाग़ का बोझ बढ़ा रहा हूँ? क्या करना है मुझे चाईबासा का?

खाने को होटल नहीं मिलता, एक पुराने चर्च के बड़े अहाते के बाहर फ्रांसिस टोप्नो मिल जाते हैं। मेरी मुश्किल सुनने और उसका समाधान सोच पाने से हारकर अंततः सकुचाते हुए सुझाते हैं कि मेरा खाना उनका जिम्मा। मगर उसके पहले तय होता है मुझे सुनील टिग्गा से मिलवाने ले चलेंगे। फादर टोप्नो की राय में चाईबासा संबंधी कोई भी शोध सुनील से मिले बिना अधूरा है। उत्साही बच्चा है, लोगों से मिलता रहता है। जब देखो राँची-दिल्ली करता रहता है। काग़ज़-बही मेंटेंन करता है। ढेरों कहानियाँ हैं उसके पास। कहानियाँ! काग़ज़-बही मेंटेन करता है कि हॉलैण्ड और जर्मनी की एजेंसियों को किसी एनजीओ के लैटरहेड पर मददनामा भेजकर पैसों की वसूली कर सके? काग़ज़-बही मेंटेन करने की शिक्षा पाकर यहाँ के आदिवासियों ने रोजग़ार का यही तरीक़ा सीखा है? फादर फ्रांसिस टोप्नो से अब तक कुछ चिढ़ होने लगी है, उनसे ऐसा ही कुछ आक्रामक प्रश्न करना चाहता हूँ। मुँह से सवाल निकलता है- "मिस्टर सुनील टिग्गा किस एनजीओ के लिए काम करते हैं?"

"एनजीओ? नहीं, सुनील एनजीओ में नहीं," फादर हँसते हुए जवाब देते हैं, "सेकेंडरी स्कूल में टीचर है!"

सुनील के तीन कमरों के छोटे-से घर पहुँचकर और बाहर खेलते हुए छोटे अधनंगे बच्चे से जानकर ख़ुशी होती है कि पापा घर पर नहीं है। अच्छा है, व्यर्थ के प्रवचन से बचना होगा। फादर की दया से जो भी खाने को हाथ लगे, खाकर चुपचाप इस मनहूस जगह से ग़ायब हो जाना चाहता हूँ। असमंजस में अटके फादर से निकल चलने का मैं ऐसा ही कुछ इशारा करता हूँ, कि तभी परदा उठाकर सुनील की पत्नी नमस्ते में हाथ जोड़े बाहर आती है। छींट के हरे रंग की सस्ती साड़ीवाली औरत आने का हमारा मक़सद जानकर कहती है सुनील जी लौटते ही होंगे, हम अंदर चलकर इंतज़ार करें। चाय पियेंगे? फ्रांसिस हँसता हुआ मिसेज़ सुनील के पीछे सामनेवाले दरवाज़े की ओर बढ़ता है। अजीब आदमी है, मेरी राय पूछने की ज़रूरत भी नहीं महसूस की। थका हुआ पीछे-पीछे जाता हूँ। क्यों जा रहा हूँ? क्या जानना है मुझे इस हरे रंग की साड़ीवाली औरत के घर के मनहूस अँधेरे में?

परदा उठाकर कमरे में घुसते ही मैं एक अपहचाने भाव में जड़ हो जाता हूँ। सुनील की पत्नी घर के कंजास के लिए क्षमा माँगते हुए हमें कुर्सियों की ओर निकलने का इशारा करती है- "सब उन्हीं का 'कचड़ा' है, घर को म्यूजियम बना

दिए हैं!"

सहारे के लिए कोने की एक मेज़ थामे मैं हतप्रभ अपनी जगह जड़ खड़ा रहता हूँ। यह कैसे संभव है? आदिवासियों के अशिक्षित यहाँ इस बियाबान, उजाड़लोक में? लेकिन संभव है जभी तो दिख रहा है! मेज़, फ़र्श, बेंत की ख़ूबसूरत, नक्क़ाशीदार अलमारियों में सब तरफ किताबें ही किताबें भरी हैं। पुरानी, नयी, काले ज़िल्दों में, हार्डबाउंड। जहाँ किताबें नहीं हैं वहाँ पुरानी फ़ाइल्स हैं, दूसरे काग़ज़-पत्तर हैं। और बेंत की जो नक्क़ाशीदार अलमारियाँ दिख रही हैं, ऐसी इतनी ख़ूबसूरत मैंने पहले देखी नहीं! रोम, वेनिस, लंदन में भी नहीं!

***

आधुनिक लोककथा

अच्छा और ठीक

फजलू भैया के नश्के दम पे सोचे ठीक है पल्टन जाइन कर लेंगे। हमारी हैट को लेके हुआँ सब हल्ला-टल्ला किए तो रेलवे की डिरेबरी जिंदाबाद। मेहताब को बताए तो मुँड़ी हिला के बोली अच्छा? हम रस्ता-बेरस्ता ठीक सोच के मुस्कियाते रहे। महीनों फारम आफ़िस के आगे चक्कर लगाए। किस-किसको चाय पिलाई, बीड़ियाँ सुलगाईं। रात को सपने में ऊपरवाला अच्छा है बोल के दुआ देता, हम ठीक है कर के लेते, उसके बाद बड़ी अच्छी नींद लग जाती। मच्छर फिर एकदम लगते ही नहीं। फिर जाने कौन बात हुई कि सल्लू की सास मरीं या कि पुराने मकान का छत गिर पड़ा था। हस्पताल के चक्कर-सक्कर के मामले पैदा हुई गए। मामू ने कहा बेटा तोहे दुकान सँभाले का होगा, हमने कहा अच्छा? इस तरह पल्टन वाली बात रह गई और हमारे कंधे पे आ गई जुनैब वाली सइकिल की दुकान। रेलवे की डिरेबरी का सपना अभी कंधे पे था ही, हमने सोचा चार-छह महीने निकल जाएँ, जनाना जो हैं घर सँभाल लें तो हम ठाठ से लौटेंगे पुरानी जगह। पर भैया साइकिलों के पीछे वो चकरघिन्नी हुए कि हमने सोचा चलो, यह भी ठीक और उसी दरमियान जाने कैसे तो हमारा व्याह निपट गया।

मझली चाची ने सवाल किया था कि सैदू बाबू अब्ब तुम बड़े भए, तो हम बोले अच्छा? नन्हकू की छोटी बहन से शादी हो गई तो हमने तय किया कि ठीक। दुकान पे जाने कौन किसकी बतकही पे मारपीट हो गई। फूफा के हाथ पे डंडा पड़ा था और

हमारा तो कपार फूटा था। बंटो की आँख में किसी हरामी ने चेन खींचकर मारा था, तो हम सारे लोगों की थाने में बुलाहट भई। फूफा को अंदर बुला के कहा गया, दस हज़ार पे बात छूटेगी तो पहले तो वो बेचारे घबराए। अच्छा? बोले, बाद में रोने लगे। उसी में कब तो जावेद की खाला ने आ के ख़बर की कि तैं बाप बने वाले हो। हम बोले ठीक। फिर तीन दिन की सज़ा काट के बाहर निकले। दुकान जाने कौन हरामी रात ही को फूँक-जला दिया था। अच्छा? ख़बर सुन के तो हवालात में ही हम फूफा से बोले मगर दुकनिया के आगे काले भंगार के सामने खड़े हो के मन-ही-मन बड़ी तकलीफ़ हुई। फिर सोचा ठीक है कुछ दिन होटल की नौकरी कर लेंगे। फिर नन्हकू ने कहा, होटल में कमाई कहाँ है तो हमने कहा अच्छा? नन्हकू कहने लगा दीपक टाकी के आगे टिकट बेचे में कमाई है। तो हमने कहा ठीक। खूब टिकटें निकालीं हमने। सनीमा भी देखा। यार-दोस्तों को भी दिखाई।

एक मोटर पाट वाले सरदारजी थे उनसे ख़ूब पहचान हो गई। कहते तू फिकर न कर, मैं तौंको लुधियाने में सेट कर दूँगा। हम सोचे अच्छा? फिर जनाना के पैर में फोड़ी थी जाने क्या निकला था कि फिर हस्पताल और खरचेवाली नौबत आ गई, तो हमने कहा ठीक। सुई का असर था या मिलावट वाली दवा थी बेचारी औरत खड़े-खड़े बेहोश हो गई तो नन्हकू और दूसरों के साथ हमारा भी पारा गरम हो गया। हस्पताल वाले समझाते रहे वैसी बात नहीं जैसी आपलोग समझ रहे हो। हमने कहा अच्छा? उनने कहा ठीक। मगर नन्हकू का वैसे भी मेरठवाले धंधे में नुकसान हुआ था तो वो तो उखड़ा था ही और हमने भी जाने पी रखी थी या क्या था सो फैल के बोले अच्छा? फिर हस्पताल में वो तोड़फोड़ की। ख़ूब पीटा सालों को। फिर जाने क्या-क्या हुआ ठुल्ले आ गए फ़ौजदारी का मामला बन गया हमने कहा अच्छा? थानेदार शरीफ़ आदमी था समझाता रहा ऐसे वाक़यात हो जाते हैं। नन्हकू ने कहा अच्छा? मतलब थानेदार के साथ भी अच्छी गाली-गलौच की। मुझे थाने ले गए जबकि नन्हकू उनके हाथ चढ़ा नहीं। फिर हमने भी कहा ठीक। वहीं ख़बर हुई कि नन्हकू की बहन गुज़र गई तो हैरत में हम परेशान हुए कि अच्छा? लेकिन थाने के अंदर रह के अब क्या किया जा सकता था तो हमने सोचा, इतना सोच के काहे माथा फोड़ना। फूफा बोले ठीक।

***

प्रेम का अंत

माधुरी घर लौट आई थी। दूसरे दिन गली के छोर पर माधुरी के स्वागत में 'आजा नचले' का गाना स्पीकर पर नहीं बज रहा था, लेकिन अपने अचानक भाग जाने पर माधुरी गली को जिस शर्म, खीझ और ग़ुस्से में भरा छोड़ गई थी, वह उसके उसी तरह अचानक लौट आने पर नदारद था। माधुरी के भाई प्रकाश ने दोस्तों के बीच काँपते हुए कहा था, माधुरी और उसका यार हाथ आ जाएँ तो वह अपने हाथों तेल डालकर उन्हें आग के हवाले कर देगा! अब जबकि माधुरी लौट आई थी प्रकाश ने तेल और माचिस का एक बार ज़िक्र भी नहीं किया था। हाथ का रिमोट हाथ में धरे माधुरी के पिता टीवी के सामने जकड़े बैठे रहे जैसे टीवी बंद करना उनके लिए नामुमकिन हो गया हो, और टीवी के बंद करते ही घर में कोई भयानक विस्फोट होगा और सबकुछ चिथड़े-चिथड़े कर देगा। जबकि उस रात या उसके बादवाली सुबह भी ऐसा कुछ नहीं हुआ। भीतर के कमरे में माधुरी की माँ अलबत्ता रोने लगी मानो गाँव किसी नज़दीकी रिश्तेदार की लंबी बीमारी के बाद मरने की अभी-अभी ख़बर पाई हो। पलंग के सिरहाने माँ से ज़रा दूर माधुरी रोई नहीं, चुपचाप सिर झुकाए बैठी रही। दरवाज़े के परदे से लगे मीनाक्षी और रजत बड़ी बहन को ख़ौफ़ और हैरत में भरे, तकते रहे। मीनाक्षी के लिए विश्वास करना मुश्किल था कि इतने पर भी दीदी ज़िंदा है। घर में बैठे रहना असंभव हो जाने पर प्रकाश एकदम-से उठकर बाहर चला गया।

इस तस्वीर की सन्न कर देनेवाली ख़ामोशी से अलग माधुरी के 'यार' के घर की तस्वीर ज़रा अलहदा थी। बहुत ज़्यादा शोर हल्ला-गुल्ला था। जान लेने की बातें हो रही थीं। बद्दुआ उछाले जा रहे थे। ईश्वर को कोसा जा रहा था जिसने उस नीच लड़की की नहीं, सड़क दुर्घटना में उनके बेटे को लील लिया था।

***

सुखकथा : एक घिसा परिवारी प्रेमपत्र

बच्ची आदमी के सिर पर झूल रही थी। जिस भयानक लयकारी में झूल रही थी संभव था किसी भी क्षण छिटककर फ़र्श पर गिरती, मुँह फूट जाता। इसी आशंका में औरत का मुँह कलेजे में चला आया, बरजती बच्ची की ओर लपकी थी कि आदमी ने हाथ उठाकर बीच में रोक लिया, 'ख़ुद तो झूलती नहीं, अब बच्ची को भी रोकोगी?'

औरत एक बार हैरानी से पति को देखी, फिर लगातार हैरान होने से बचने की गरज अंदर के कमरे चली गई। आदमी को देख-देखकर लगातार क्यों हैरान होती रहती है सोचकर औरत एक बार फिर ख़ुद पर हैरान हुई। अच्छा नहीं होता कि आदमी को देखना बंद करे, आईने में ख़ुद को तकती हैरान हो?

बच्ची आदमी के सिर पर झूल रही थी। और आदमी ख़ुश था। असुविधा में था लेकिन ख़ुश था। अलबत्ता मासूमियत में इच्छा थी कि दिमाग़ का सोचना लड़की के झूलने की तरह निर्बाध गति चलता रहे, लेकिन मचलती बच्ची के फैलाव में कभी बाल खिंच जाते, कनपटी के पास किसी नस का तनाव हो जाता, अपने को संभालती सोच फिर बहक जाती। आदमी फिर एक बार जतन करके ख़ुद को तैयार करता कि दिमाग़ फ़ोकस हो, मन में इतिहास, अर्थ, समय का एक सहजसूत्र बने और शैलेन्द्र के 'हाय ग़ज़ब कहीं तारा टूटा' की तर्ज़ पर रहस्यों के मन में भेद भरे तारे फूटने लगें! लेकिन सिर पर बच्ची थी और इसके पहले कि मन के आसमान में वे एक सिलसिले में बनते, बच्ची की झिंझोड़ लहराई आती, तारों को तितर-बितर कर जाती..

"पापा, कूमने चलो न?"

बच्ची के साथ आदमी घूमने निकलता तो स्वयं को चिंगेज़ खान, नेपोलियन बोनापार्ट समझता, जीभ पर लवंगलता का स्वाद और आत्मा में सौ सूरजमुखी खिल उठते। एक उम्र के ठहरे हुए मेह माथे पर बरसने, होने के समूचे लय में थिरकने लगते। लेकिन अभी हाथ में काम था, माथे में अनुत्तरित सवाल, ढेरों चिंताएँ थीं, बाएँ हाथ से बच्ची को हवा में संभालते और दाएँ से सामने दिखती पंक्तियों पर पेंसिल से निशान बनाते बच्ची को जवाब दिया, "बाद में घूमेंगे, अभी काम कर रहे हैं, बच्ची!"

"आप काली किताब पलते ललते हो!" बच्ची तुनककर बुरा मान गई, "आप इतना किताब क्यों पलते हो, पापा?"

अचानक जाने क्या खोजती बच्ची की माँ वापस कमरे में लौट आई और एक बार फिर बच्ची और उसके बाप को देखकर हैरान होती रही। आदमी की नज़र औरत पर पड़ी तो उसने सिर नवाकर बच्ची का जवाब दिया, "आदमी जीवन को नहीं पढ़ पाता तो किताब पढ़ने लगता है। सोचता है किताब पढ़ते-पढ़ते एक दिन जीवन को पढ़ने लगेगा।"

"तू नीचे आती है कि मैं आकर पढ़ाऊँ तुझे?"

माँ के ग़ुस्से का बच्ची ने एक ऊब भरी नज़र से आकलन किया, आदमी के कंधे पर पैर फँसाए उसके गोद में गिरी आई, फिर गाल में उँगली धँसाकर हैरानी से आदमी से सवाल किया, "तुम जीवन को पल नहीं पाते? सच्ची, पापा? मम्मी पल पाती है, इसीलिए किताब नहीं पलती?"

आदमी ने बच्ची के नाक से नाक सटाकर उन सभी काली किताबों की सोचने से स्वयं को बचा लिया जिनके बारे में वह अब तक अनजान है, जो दुनिया के जाने किन-किन कोनों में दबी होंगी, जाने किन हालातों-प्रक्रियाओं में संभव हुई होंगी, और जिनके बाबत एक इस निहायत अर्द्धशिक्षित, अपंग संक्षिप्त जीवन में शायद वह हमेशा अनजान बना रहे?

"जीवन क्या है, पापा? औल किताब?" बच्ची ने सुलझे एक्टर की तरह आँखें चौड़ी कीं और फटी-फटी आँखों पिता को तकती रही। आदमी पामुक लिखित 'काली किताब' का लेखक होता तो लिखता: "...the measure of a book is not its ability to solve the literary and structural problems set forth in it but the greatness and importance of the questions the author is addressing and the degree to which he gives himself over to this task, however hopeless।" फ़िलहाल बच्ची का पिता औरत का आदमी था। सो, उमगकर बच्ची को छाती से भींचे औरत को जवाब दिया, "हम बाद में घूमने जाएँगे, जीवन को पढ़ने जाएँगे, नहीं बच्ची?"

"औल मम्मी नहीं जाएगी? पलने?" औरत को घूरती बच्ची हैरान होकर बोली।

"नहीं, मम्मी को पढ़ के नोबल पुरस्कार नहीं जीतना है!" तमककर औरत चाहती थी सामने से किताब खींचकर आदमी की गोद में गिर पड़े, ग़ुस्से में सुलगती उसके गाल काटकर बोले, 'तुमसे इतनी नफ़रत करती हूँ तुम समझते क्यों नहीं? क्यों नहीं समझते, बोलो?'

लेकिन बोलती नहीं क्योंकि जानती थी आदमी दुलार से उसके बाल चूमता बुदबुदाएगा, "बच्ची कैसे समझेगी कि किताब और जीवन अलग नहीं हैं, जैसे एक समूची किताब एक समूचा जीवन है, नहीं?"

***

छाते से बाहर आदमी

बारिश के धुँधले अँधेरे में एक कमज़ोर को घेरकर छाता छीन लेना बाएँ हाथ का खेल होता। यूँ भी तापस मइती चुहल और हरामीपने के पुराने खिलाड़ी थे। यही सोचकर वह बाँस की गिल्लियों पर टंगे तिरपाल, काली पोलिथीन के आड़े-तिरछे मकड़जाल से बाहर गली के छप्प-छप्प के नंगेपने में कूदे आए। देह पर काँटों-सी बरसतीं बूँदों की चोट की ज़द में आते ही तापस ने जाना उनसे ग़लती हो गई है। छातेवाला कमज़ोर नहीं था। उससे बढ़कर गली अकेले की जगह छातेवालों से टपटपाती गँजी पड़ी थी। बारिश के कुहरीलेपन में एक छातेवाला दूसरे से छाता बचाता लयबद्ध क्रम में आ-जा रहे थे। धुँधला अँधियारा ऐसा कि समय का अंदाज़ करना असंभव। शायद दिन ढलकर अब साँझ हो रही थी। शायद ऊपर कोने के खंभे पर बिजली के लट्टू की टिमटिमाहट काफ़ी देर पहले जल चुकने के बाद कोहरे के अँधेरे में नहाकर अब ऑलरेडी बेमतलब हो रही हो। तापस ने ऊपर खंभे की दिशा में देखने की कोशिश की लेकिन मोटी बरसाती बूँदों की मार ने उतनी ही तेज़ी से उनके देखने को निरर्थक भी बना दिया।

बीच गली बरसात में भींजते हुए तापस को अचानक अपनी समूची रणनीति-रोज़-रोज़ की अपने भागदौड़ की यह नाटकीयता निहायत हास्यास्पद लगी। एक छोटे

दायरे की सुरक्षा प्रदान करता क्या छाता कोई इतनी बड़ी चीज़ थी? नहीं। सोचने का मौक़ा बनते ही तापस और कितने तो सवालों की चिंता में दीवाना होने लगते। छाते का लेकिन पहले कभी उनको ख़्याल भी न आता। आँखों पर काला चश्मा चढ़ाए वह तेज़ धूप को चीरते हुए निकल जाते। सूरज की दिशा में पादकर फिर उन्हें लगता उन्होंने धूप को जीत लिया है। तेज़ बरसाती थपेड़ों में भी वह ऐसे ही दौड़कर गंतव्य तक पहुँच जाते। भीगे बालों का पानी पीछे उछालकर, पंजे से धुले चेहरे को पोंछकर, धीमे-धीमे मुस्कराते हुए वह दुनिया भर के छातेवालों को उसी नज़र से देखते जैसे वेस्टर्न फ़िल्म के अंत में घुड़सवार नायक क्षितिज की तरफ दौड़ लगाने के पहले पीछे छोड़ रही दुनिया को आख़िरी बार अपनी उदास आँखों देखता है।

मगर देह और कपड़ों से भर्र-भर्र चूते पानी के अहसास में अब तापस का हीरोपना घुस गया है! वह दुनिया की ओर देख नहीं रहे, जेब के गीले टैबलेट्स व अवश्यसंभावी सर्दी की संभावना पर सोचकर कातर हो रहे हैं।

कँटीले बौछारों के बेसहारेपन में अचानक तापस ने पलटकर पीछे देखा। शायद किसी ने उन्हें आवाज़ दी थी। या सनसनाती हवा में नाम गूँजा ऐसा बस उन्हें भरम हुआ था। जैसे खंभे पर बिजली के लट्टू के जलने या गली में कमज़ोर छातेवाले को अकेले पा लेने का भरम?

तापस के जीवन में इन दिनों जिस एक छतरी की सुरक्षा प्रचुर मात्रा में है, वह यही भरम है। भरम के इसी घोड़े पर सवार तापस दिन में रात और रात में दिन की गड्ड-मड्ड सवारी करते रहते हैं। अतीत से लल्ली को चुराकर बरसाती फिसलन की सीढ़ियाँ हँसते हुए पार कर जाते हैं। रजनीगंधा की महक फैलाकर सीलन भरे अँधेरे कमरे को दूधिया उजाले में भरकर एकदम-से भावुक होने लगते हैं।

रात के तीन बजे लल्ली को उठाकर तापस कविता पढ़ने लगे। लल्ली ने आँचल चेहरे तक खींचकर कहा- "एकदम पागल हो, अभी सो रही हूँ न.. बच्चे साथ में हैं, क्या करते हो?" तो तापस हुमसकर आँचल के नीचे चेहरा कर लिए, और दाँत के काटे से लल्ली को तब तक दिक् करते रहे, जब तक वह खीझकर इन्हें थप्पड़ मारकर, हारी उठकर बैठ नहीं गई!

सलिल चौधुरी की धुन गुनगुनाते हुए स्टोव पर दो कप चाय तैयार करने के बाद ख़्याल आया कि आसपास लल्ली या कोई भी नहीं। सूने कमरे में वह नितांत अकेले हैं, और रेंगनी पर सूखने को डाली लल्ली की फूलदार सूती की साड़ी नहीं, उनका सस्ता गमछा है, जो रह-रहकर काँप रहा है।

बारिश में नहाया एक साइकिल सवार तापस मइती को छूता गुज़र गया। रिक्शे के तिरपाल के सँकरेपने में ख़ुद को समेटे-सहेजे पीछे बारिश में तैरता चला जाता एक लघु परिवार। स्त्री के माथे की बड़ी लाल बिंदी पानी में घुलकर फैल गई थी। भौं के नीचे बड़ी विस्मित आँखें। गोद में टँगा-अटका एक बच्चा। स्त्री के स्वामी ने चेहरे पर बाँह फैलाकर खीझ की झिड़क में कहा- ''आरे, लाल्ली, देखछो ना कि? सब गीला हो रहा है तुम्हारी तरफ! अतो बार बॅला जाय किंतु कखोनो बुझो ना!''

क्या कुहरीले अँधेरे में तैरती गुज़री वह सचमुच लल्ली ही थी? मगर लल्ली कैसे हो सकती है? यहाँ कैसे हो सकती है जब वह काठगोदाम में रहती है? फिर पलटकर थप्पड़ जमाने की जगह चुपचाप स्वामी की बात झेलनेवाली लल्ली के बारे में किसी ने सुना है कभी? हमशक़्ल होना लल्ली होना नहीं!

टपटपाती सड़क पर देर तक तापस मइती के पैर भटकते रहे। देर तक उनके कपड़ों व आत्मा से पानी टपक-टपककर गली की तक़लीफ़ों पर बजता रहा। या शायद यह भी तापस का भरम ही था। शायद उस दिन वास्तविक तौर पर नहीं, बरसात का अंदेशा मात्र था। याकि तापस मइती उस दिन घर से बाहर निकले ही न थे।

एक संभावना यह भी है कि लल्ली जैसी कोई स्त्री इस दुनिया में कभी हुई ही नहीं। और छाते के अभाव वाली बात तो निरी कपोल कल्पना है।

***

ल और द

जिसे नाक तक पानी चला आना कहते हैं इस समय ल की शायद वैसी ही स्थिति है। आईने के बगल से गुज़रते हुए अचानक यक़ीन नहीं होता, ख़ुद को ही देख रही है। सिर थामे सोफ़े में निढाल धँस जाती है। इस तरह कब तक चलेगा? उससे नहीं चलेगा! पिछले तीन हफ़्ते से ऑफ़िस से भाग-भागकर प्रॉपर्टी एजेंट के साथ घर देख रही है। किस उम्मीद में देख रही है? किसके लिए देख रही है? वह जो भी करेगी, द उसमें नुक़्स निकालेगा। मगर ख़ुद कुछ नहीं करेगा! घर देखने के लिए

उसके पास समय नहीं। जब से नौकरी छूटी है, मुँह लटकाए इस और उस कोने बैठा मिलता है। या गली के बार में पीता। लेकिन घर खोजने के लिए टाइम नहीं है। ल किसी घर को शॉर्टलिस्ट करके फ़ैसला लेना चाहे तो उसे रिजेक्ट करने के लिए है। दो कमरों के मकान में वे कैसे रहेंगे। मकान जैसा भी हो बिना स्टडी वाले घर में द नहीं रह सकता। चिट्ठी-सिट्ठी ही सही, कुछ तो लिखने की आदत बनी रहे! इस उम्र में अपने लिए एक स्टडी माँगना बहुत ज़्यादा माँगना है?

पिछली दफ़े ल झल्ला के चीख़ी थी- "क्यों चाहिए स्टडी? क्या करना है उसे स्टडी का? इसलिए कि उसके पिता वाले घर में है? पिता की नकल में उसे ज़िंदगी जीनी है? आख़िरी दफ़े कब उसने कुछ लिखा था? एक चिट्ठी लिखे कितना ज़माना हुआ उसे?"

ऐसे सवालों का द के पास जवाब नहीं होता। नाराज़ होकर फटी आँखों ल को तकता है। या लाल सोफ़े पर पैर पसारे अलबलाई आवाज़ में बुदबुदाता है- "क्या?"

द के बतख की तरह- 'क्या? क्या? क्या?' सुन-सुन कर वह थक गई है। या हर सवाल के जवाब में शराब पीकर घर लौटने की उसकी आदत से। हर चीज़ से, अपने थकने से भी ल इन दिनों थकी हुई है। द के पीने से इतना चिढ़ती है मगर आज अपनी इसी घबराहट की वजह से घर लौटी है। भूख लगी थी कुछ खाया नहीं, लेकिन अकेले बैठे-बैठे रेड वाइन की पूरी बोतल ख़ाली कर दी है। मन के भीतर बना हुआ मगर ग़ुस्सा ख़ाली नहीं हुआ!

बाहर दरवाज़े पर आवाज़ हुई, फिर द का बेवक़ूफ़ों-सा चेहरा झाँकता अंदर दाख़िल हुआ- "तुम अभी सोई नहीं? मुझे लगा सो गई होगी।"

ल ने सोचा था आज आग उगलेगी, कुछ बावेला करेगी, लेकिन तोड़फोड़ का सारा उत्साह जाने कहाँ ग़ायब हो गया। चुपचाप दीवार तकती रही..

- "क्या हुआ नींद नहीं आई?"

- "हाँ, नींद नहीं आई, द.."

- "क्या?"

'क्या?' सुनते ही ल की इच्छा हुई उठकर इस आदमी को तमाचा जड़ दे। लेकिन तमाचों से अब उनके बीच क्या ठीक हो सकता था? माथे पर हाथ फेरते हुए

ल ने कहा– ''सुनो, द.. तुम सुन रहे हो कि एकदम होश नहीं है?''

– ''क्यों होश नहीं है? पूरा नहीं है.. लेकिन है.. होश है। अरे, तुम बैठ के वाईन पी रही थी?''

इस बात का क्या जवाब हो सकता है? इस आदमी का? जिसके साथ इतने वर्ष गुज़ारे। कैसे गुज़ारे? जो इतनी अच्छी चिट्ठियाँ लिखता था। और अब सिर्फ़ शराब पीता और बहकी-बहकी बातें करता है? ल की छाती में एक नंगा ख़ंजर उतर गया। और वहीं बना रहा– ''कुछ तो तुम्हारी संगत का असर होगा। तुम रोज़ पीते हो, मैं एक दिन नहीं पी सकती?''

द हाथ में ख़ाली बोतल लेकर खेलता हँसने लगा– ''हो हो हो, मैं वहाँ और तुम यहाँ।''

बैठे-बैठे ल की कनपटी में एकदम से ख़ून दौड़ गया और आत्मा में गहरे पराजय का भाव। फुसफुसाकर बोली– ''हम कहाँ जा रहे हैं, भगवान। हमारा क्या हो रहा है, द?''

– ''क्या?''

– ''मेरी बात सुनो.. प्लीज़.. तुम यहाँ सामने बैठो, द और मेरी बात सुनो!''

– ''इतनी ज़ोर से क्यों बोल रही हो? मैं सब सुन रहा हूँ.. मैं होश में हूँ, ल, माई लव..''

ल ने गला साफ़ किया, हिम्मत करके पूरी मज़बूती से बोली– ''आज मैंने कुछ फ़ैसला किया है.. तुम्हारे बारे में। अपने बारे में।''

(**एलें रेनें** की फ़िल्म *'प्राइवेट फीयर्स इन पब्लिक प्लेसेस'* देखकर)

***

लोरियों की चोट

मिश्री में घुली किसी फ्रेंच औरत की ललाबाई का पुराना, घिसा रिकॉर्ड था जो बज रहा था। भारी रजाई के अँधेरे में ललाबाई की धीमी तानों को तैरता सुनते हुए मेरा रोने का मन करने लगा। एकदम-से रजाई से चेहरा बाहर निकालकर मैंने चिल्लाकर ममा को इत्तिला की- "फेर में मत रहना कि मौसा फ्रांसुआ या लाबेल काका की तरह मैं बैंकर बनूँगा, मैं नर्स बनूँगा, हाँ। बड़ा हो के वही करूँगा जिससे मुझे ख़ुशी हो! नर्स, नर्स, नर्स!

सामने आना मारिया का बिछौना बनाती हुई ममा ने जवाब नहीं दिया। चुपचाप चादर की सलवटें दुरुस्त करती रही। मैं ख़ौफ़ से भर गया कि कहीं ऐसा न हो, ममा मेरी ओर पलटे तो उसके चेहरे पर एक भीनी, दबी हुई मुस्कान खिंची हो, मानो मौसा फ्रांसुआ की तरह उसे भी मेरी भविष्य संबंधी अपने बारे में राय बनाने की बात फ़िज़ूल लगती हो, और उनकी तरह वह भी मानती हो कि मैं चाहे जितनी भी बकबक करूँ, होगा वही जो पापा और उनके क़रीबी दोस्त मार्तिने फ़ैसला करेंगे। सोचते ही मेरा ख़ून उबलने लगा। मैंने चीखकर ममा से जवाब तलब किया- "अब चुप क्यों हो? वही करूँगा जो मुझे करना है.. बात हो गई, बस!"

– "तो मैं कौन बहस कर रही हूँ। जो करना होगा, करना, बाबा, मगर अभी सो जाओ! सुबह फिर जूलिया के साथ उठते वक़्त झिक-झिक करोगे, अच्छी आदत नहीं है, बेटे।" ममा ने बिना मेरी ओर देखे कहा और बिछौने के बाद डेस्क पर आना मारिया के काग़ज़-नोटबुक्स ठीक करने लगी।

बेवक़ूफ़ की तरह रजाई से चेहरा बाहर निकाले मैं उधेड़बुन में फँसा रहा कि ममा ने अपनी तरह से मुझे निरुत्तर भले कर दिया हो, इसके मुग़ालते में न रहे कि उसका झाँसा मैं समझता नहीं। उसे ज़ाहिर करने की मेरे पास फ़िलहाल तरक़ीब न हो मगर इसका ये मतलब नहीं कि बड़ों के खेल मैं समझता नहीं? ख़ूब समझता हूँ। और थोड़ा बड़ा हो जाऊँ तो चट ममा के मुँह से सच्चाई उगलवा लिया करूँगा। ममा की होशियारी और अपने बड़ा न होने पर मुझे बेतरह ग़ुस्सा आ रहा था। ममा पर ज़्यादा।

सोने से पहले कल रात दूध नहीं पिऊँगा। खाने की मेज़ पर जूलिया जैसे ही

मेरी प्लेट में सलामी रखना चाहेगी, मैं दोनों हाथ बढ़ाकर प्लेट छेंक लूँगा फिर ममा को अक़ल आएगी! ओह, कितना ग़ुस्सा आ रहा था मुझे ममा पर। जबकि वह अब रिकॉर्ड की औरत के स्वर में स्वर मिलाकर ललाबाई गा रही थी, और चाह रही थी कि दौड़कर मैं पीछे से उससे चिपट जाऊँ और उसे प्यार कर लूँ (ममा से ज़्यादा मैं चाह रहा था!) और फिर वह झूठे रजाई से मेरे बाहर आने पर अपनी नाराज़गी दिखाए। ओह! इतना बुद्धू नहीं हूँ मैं कि उसके झाँसे में फँसूँ। आज तो किसी भी सूरत में नहीं! मगर कितनी अच्छी ललाबाई है, और कितनी तो मीठी ममा की आवाज़ है। कितना..कितना तो मेरा मन रोने का कर रहा है! लेकिन दाँत भींचे हुए मैंने अपने रोने को बुरी तरह से रोका हुआ है।

(ज़रूरी नहीं आप मुझे फ्रेंच बच्चा ही समझें.. ठीक-ठीक मैं क्या बच्चा हूँ, यह अभी भी मुझे जानना है। लेकिन अरब या अफ्रीकी तो मैं क़तई नहीं हूँ। ममा ज़िद करके आपसे मनवाना चाहे तो भी यक़ीन न कीजिएगा। उसकी किसी बात का न कीजिएगा..)

***

ऐसी उतावली क्यों है?

"पैरों के नीचे कंकड़ हैं? शीशा, पारा, आग? ग़रीब की जान है? क्या है फिर जिसकी इतनी तक़लीफ़ है?"

–*संसार का स्वाद,* **श्री चिंतारत्नप्रकाश**

"रात के बाद दिन, दिन के बाद रात होती है, ज़िंदगी स्साली इसी तरह हराम होती है।"

–गंगाराम माडर्न हेयर कटिंग मंदिर

"निहुरे निहुरे बलम दुनिया देखी। सिहुरे सिहुरे शाम।"

–एक नाइजेरियन ठुमरी

आलम की नौकरी नहीं छिनी थी, न कुबेर को बैंक से धमकियों भरे फ़ोन आ रहे थे। फिर भी दोनों बीयर इसी तरह पी रहे थे मानो अपने जीवन के न्यूक्लियस को गिलासों के उस फ़ेनिल संसार में जज़्ब करके सब भुला देना चाहते हों। मगर न्यूक्लियस था कि चुकते झाग के पीछे से बार-बार ऊपर उभर आता। इतनी सारी बीयर पीकर भी समय भूलता नहीं कि हारी, उदास नज़रों से आलम ने कुबेर को देखा और सिर नीचे गिरा लिया। कुबेर ने फीकी मुस्कान भरी और थोड़ी देर ख़ामोश रहने के बाद बुदबुदाकर कहा- ''सब इतना उलझा क्यों है?''

''तुम बताओ हम बतलाएँ क्या?'' आलम ने बिना सिर उठाए कहा। एक कविता पढ़ी थी। किसी दौर में जब कविताएँ पढ़ता था, उसकी याद आ रही है। एक ड्राईवर का टायर बराबर हो गया है और वह मन-ही-मन सोच रहा है, 'जहाँ से आया हूँ मुझे वह जगह पसंद नहीं, न जहाँ जा रहा हूँ वह जगह पसंद है। तो फिर टायर बदलने की ऐसी उतावली क्यों है?'

कुबेर ने बाल की लटों पर पीछे हाथ फिराते हुए मुस्कान भरी- ''हूँ, ब्रेख़्त। बर्तोल्त ब्रेख़्त की कविता है।''

''मालूम है किसकी है? एक वक़्त था, लगता था ब्रेख़्त को जानता हूँ।''

''अब भी जानते हो।''

''ना। अब नहीं जानता।'' आलम ने यूँ जवाब दिया मानो दोस्त की बात से वह चौंक गया हो।

ज़रा ठहरकर कुबेर ने कहा, ''वैसे तुम्हें मेटाफ़र एक्सप्लेन करना होगा। कौन या क्या है यह टायर?''

दोस्त का जवाब देने की जगह खोए-खोए-से कुबेर ने बीयर की नयी बोतल खोली और उसे गिलास में उड़ेलना शुरू किया।

***

काला जल

जाने किस ज़माने के पुराने पोखर की कीच-घिसी, काली सीढ़ियों पर बुढ़ाए, मेहराए पंडितजी काँपते-घबराए मंत्र का जाप कर रहे हैं, ''नहीं है, पैसा नहीं है! फिर ख़त्म हो गया। कहीं से आता नहीं है लेकिन जाता हमेशा रहता है? कहीं से आता हमेशा नहीं रह सकता?''

हरियाए जल में अपनी घबराहटों में हरा हो रहा समूह-छूटा एक फूला मेंढक अचकचाया फुदक रहा है, 'सब यहीं तो थे, और देखो, अब कोई नहीं दीख रहा? एक छोटी कविता की बहक में मैंने तीन डुबकियाँ लगाई होंगी और ऊपरियाया हूँ तो किस कदर अकेला हूँ? जीवन के चमकदार सावन में कैसा बेमतलब गीला घेला हूँ?'

परेशानी में पंडितजी के सवाल का किसी के पास जवाब नहीं। गाँठ के दर्द की पुरानी बीमार पहाड़ से ख़रीदकर तब जवान रही पत्नी लाए थे, जो उनके देह को स्वीकार करती है मन के गहरे की अकुलाहटों की मोहब्बत को नहीं, दलिद्दर से कैसे, किसी भी तरह पाला छूटे की हाहाकार को ही जिसने जीवन की कुँजी बनाया, बहुत वर्ष हुए वह भी चाभी हेराकर गिरी पड़ी है, पंडितजी के पैसों का, कैसों का, किसी भी सवाल का उसके पास जवाब नहीं..

पंडितजी की पीठ पर, एक ढीठ पुराना बरगद है, जाने कौन तो एक कहाँ के राजा की कौन एक फौजी टुकड़ी थी किस बात पर नाराज़ पड़ोस का कोई गाँव फूँककर लौट रही थी, पवनी का मेला लगा था घर से भागी हुई मँदार साहू की पतोहु नौटंकी का नचनिया नाच नाची थी, उसी साल यह बरगद निकल आया था, ज़माने तक बरसाती रातों में जयदेव के गानों पर नशीली बहकों में बहकता था, अब स्पोंडिलाइटिस का दर्द है, घुटने में इस्पात की डंडी है, खोह में कहाँ से भटककर चला आया एक अफ्रीकी साँप का ठीहा है, रात के ढाई बजते हैं साँपराज इन घड़ियों कभी क्यूबन सांबा की थिरकनों में थरथराते थे, अब रात के सवा एक का पत्ता डोलता है, थके-चुके बरगद को चुन-चुनकर गालियाँ सुनाते हैं।

"ओहोहो, आह.. वाह!"

चाँदनी रात के काले जल पर खरामा-खरामा एक महीन कोमलता फैली है, लहरों की कँपकँपाहट में जलरंगों की एक नीलिमा उतरी है, देखिए, देखो, अहा! जयदेव निकले हैं, 'रेशमा और शेरा' वाले नहीं, 'गीत-गोविंद' वाले, संगीत पड़ितजी की कान तक नहीं पहुँचता, पानी के अँधेरों में फँसी आँत फिर पुकारती है, 'पैसा.. पैसा!'

***

सिदो हैंब्रम और दुःख की नदी

तैंतीस साल के छरहरे, साँवले सिदो हेंब्रम के जीवन में तंगी का संकट नहीं था। नवधनिक ठाठ नहीं थे मगर अच्छी नौकरी की कामचलाऊ ज़िन्दगी थी। दो कमरों के साफ़-सुथरे घर में सुघड़ पत्नी की व्यवस्था थी। चाहता तो सब समय फ्रिज़ का पीना पी सकता, लेकिन मटकी के पानी और मटकी वाले हँड़िया के बीच पले-बढ़े सिदो हैंब्रम को फ्रिज़ के कठुआए, अजनबी बर्फ़ीले पानी से असुविधा होती। लगता अपनी पहचान और नैतिकता से समझौता कर रहा है। गाँव में पानी की एक गगरी के लिए औरतें जब चार कोस का रस्ता तय करती हों, हाथ में ठंडा लिए सिदो को लगता वह उन सभी औरतों के साथ धोखा करेगा। ज्ञान की चेतना का मर्म बूझते ही पहली बात सिदो ने समझी कि धोखेबाज़ी और रंगबाज़ी ही गाँव में दुःख का यथास्थितिवाद बनाए हुए हैं। सिदो हैंब्रम सुबह-शाम इस यथास्थितिवाद को तोड़ने की तरक़ीबें सोचता, मगर धोखेबाज़ बनकर उसका हिस्सा हो जाए, ऐसा अपराध तो उसे सपने में भी न सूझता।

राजधानी की ख़ुशगवार सड़कों पर सस्ती शर्ट और सस्ती पैंट में पीठ के पीछे हाथ बाँधे सिदो हैंब्रम सुखी नागरजनों के कौतुक देखता और मन-ही-मन विचार करता कि इनके जीवन में पानी है फिर उसके गाँव में क्यों नहीं? क्या ये सही लोग हैं और उसके गाँव की औरतें ग़लत? वर्तमान समय की कौन-सी तस्वीर सही और प्रामाणिक है? वह जो दिन-रात उसके दिमाग़ में खदबदाते भात-सी खौलती रहती

है, या वह जिसकी छाया वह इन नागरजनों की सुखी आँखों में देख रहा है? सिदो हैंब्रम देर तक विचार करता और अपने सवाल का सही उत्तर न पाकर घंटों उद्विग्न बना रहता। गाँव-घर की पत्नी पूछती किस बात की चिंता है तो सिदो हैंब्रम ऊँची आवाज़ में उसके आगे अपनी चिंताएँ बकता बेचारी सीधी औरत और पड़ोसियों की शांति में खलल बनता। ज़िरह के पेंच और उलझते जाते तो सिदो हैंब्रम अचानक हँसने लगता। इस तरह अपनी उलझन व कुंठा ज़ोर-ज़ोर की हँसी के पीछे छिपाकर वह अपनी तक़लीफ भूलने की कोशिश करता।

सिदो हैंब्रम चाहता तो एक बड़ी छलांग मारकर दुःख की नदी पार कर जाता। इतनी चेतना और इतनी समझ राजधानी में रहकर अर्जित कर ली थी उसने। मगर गाँव के मोह से बँधा हुआ था। ख़ुद को दुःख से अलग करके वह गाँव से अलग होने के अपराध का भागी होना नहीं चाहता था।

सिदो हैंब्रम ने बचपन से आदिवासी जीवन के दुःख देखे थे। आदिवासी जीवन से बाहर आकर फिर दुःखों का एक वृहत्तर भूगोल देखा। बड़े गुनी-ज्ञानी लोगों की संगत में बैठकर दुःख की इस नदी की वह ठीक-ठीक व्याख्या समझने की कोशिश करता। इतना शांत व समर्पित रहता कि लोग भूल जाते सिदो हैंब्रम ऊँची आवाज़ में बात करता है। और फिर इस खुराक़ से लैस होकर वह अपने सस्ते हवाई चप्पल में मीलों पैदल चलता। दिमाग़ में सवालों की व्यवस्था करता, नए ज़िरह व उसका प्रतिपक्ष सजाता। और इस ख़्याल से उसे अपूर्व सुख की अनुभूति होती कि वह केवल अपने व अपने गाँव के लिए ही नहीं, समूचे समाज के दुःखों का तोड़ पा लेगा, और उसकी कहानी का निजी सबक़, सामाजिक सबक़ के बतौर बरता जा सकेगा।

मगर जीवन की निर्मम सच्चाई थी, जितना सिदो हैंब्रम स्वयं को समझता था, उतना वह समझदार था नहीं। दरअसल, भोला और बुद्धू था। क्योंकि जिस घड़ी वह इन सपनों में डूबा रहता, ठीक उसी वक़्त उसके दफ़्तर के सहकर्मी और शांत पड़ोसी उसके हल्ले के ख़िलाफ़ पुलिस थाने में शिकायत लेकर बैठे होते। कुछ ही समय में फ़ैसला सुनाकर सिदो हैंब्रम से हमेशा-हमेशा के लिए दाल भात छीन लिए जाने की नीति रची जा रही होती।

आख़िर में एक निजी चिंता। मैं सिदो हैंब्रम के साथ रहूँ, या उसके शांत पड़ोसियों के शिकायती सुर की संगत में, इस सवाल को लेकर अभी तक पशोपेश में हूँ। जानता हूँ आप भी जानते हैं कि यह जो देश है उस पर आपका, हमारा हक़ बनता है, सिदो हैंब्रम का क्या बनता है! फिर भी पता नहीं क्यों, असमंजस बना हुआ

है। आप ही बताइए, क्या करना उचित व संगत होगा?

***

कटहल का सुख या सुख के कटहल

क्या मतलब है इस तरह के सवाल का कि रुपेश प्रसाद ख़ुश रहते हैं या नहीं रहते, या उनके जीवन में सुख के अवसर आते हैं? कितना, और कब-कब आते हैं? इस तरह की बेहूदी बात सुनकर रुपेश प्रसाद को झुँझलाहट होती है, लगता है सवाल पूछनेवाला फ़ालतू और बेवक़ूफ़ है, बैठे-बिठाए साले को मस्ती चढ़ रही है। या हरामख़ोर उन्हें किसी जाल में उलझाने की कोशिश कर रहा है। और अपनी बात साफ़-साफ़ रखने में वह सावधान न रहे तो फँस जाएँगे। ख़ामख़ाँ गले में एक फाँस पड़ेगी, डाक्टर के यहाँ फिर दवाई-टेबलट की नई टहल करनी होगी!

सीधी बात है रुपेश प्रसाद ख़ुश कैसे नहीं रहते, बहुत ख़ुश रहते हैं! और सुख के अवसर का क्या है, रोज़ ही आता रहता है। अभी परसों ही तो कितना सुखी हुए थे। नहीं, लेकिन परसों हुए थे? परसों ही तो पप्पू दीवार फाँदकर मलयालन के कटहल के पेड़ पर कटहल चुराने चढ़ा था और उस बदशकल औरत की आँख खुल गई थी और बदकार आँगन में आ के ज़ोर-ज़ोर से हल्ला करने लगी थी, और पप्पू पता नहीं 32 का दफ़ा हो जाएगा या पुलिस जाने जेहल में डालकर कितनी बड़ी सज़ा दे देगी, बिना दाएँ-बाएँ देखे, पता नहीं कितने ऊपर चढ़ा था हरामी, धम्म से नीचे कूदा, और मलयालन वहीं तीन हाथ की दूरी पर हूक रही थी, लौंडा पत्ते की तरह काँप रहा था, मगर उठकर फिर भागा नहीं। फूट-फूटकर रोने लगा। शायद भाग नहीं सकता था उसके दुःख में रो रहा था। उसका रोना शुरू होते ही मलयालन चुप हो गई, पता नहीं मलयाली में क्या गिट-बिट बोलती अंदर से एक पका हुआ कटहल उठाकर लाई और पप्पू के बगल में रखकर देखने लगी कि चुप होकर अब कटहल उठाता है या नहीं। लेकिन पप्पू चुप होने की जगह और ज़ोर-ज़ोर से रोने लगा। साहू के मकान पर कुछ छत्तिसगढ़िया लेबर काम रहे थे, उसमें से दो लोगों ने सहारा देकर खड़ा

करने की कोशिश की तब जाकर साफ़ हुआ लौंडे के पैर की हड्डी टूट गई थी।

क़िस्सा याद आते ही रुपेश प्रसाद को एक बार फिर अपने बेवक़ूफ़ साले पर ग़ुस्सा आया। डाक्टर के यहाँ पलस्तर-सलस्तर पर जो खरचा हुआ सो अलग, कंचन के घर में सब यही समझेंगे कि पाहुन बच्चा को पड़ोस में भेज-भेज के चोरी करवा रहे हैं! जबकि पप्पू से छोटे की उमर में भी रुपेश प्रसाद के साथ ऐसा कभी नहीं हुआ कि वो किसी पेड़ पर कटहल चुराने चढ़े हों और धरा गए हों। और ऐसा भी नहीं कि कहीं साला बजका के लिए कोंहड़े का फूल तोड़ने गया था! कटहल के फेर में पड़ा जिसे न वह खाते हैं, न कंचन हाथ लगाती है, और बबुनी तो कटहल देखकर रोने लगती है। फिर किस बास्ते हरामी आठ किलो के कटहल के फेर में पड़ने गया? सिर्फ़ इसलिए कि आठ किलो की चीज़ मुफ़्त में हाथ आएगी?

नहीं, परसों ख़ुश नहीं थे रुपेश प्रसाद। परसों क्या कल तक हाथ में खुजली हो रही थी कि गर्दन पकड़कर चार लप्पड़ लगाएँ लौंडे को। कंचन का रोना-धोना देखकर चुपाए रहे। लेकिन बबुनी पता नहीं क्या देखकर उछल-उछलकर हँस रही थी।

फिर परसों नहीं हुए थे तो आख़िरी मर्तबा कब ख़ुश हुए थे रुपेश प्रसाद? पिछले इतवार पापाजी ने कहा था पंद्रह-बीस दिन के लिए आकर उसके यहाँ ठहरेंगे, तब हुए थे? मगर उनके आने पर रुपेश प्रसाद को ख़ुशी होती है, ख़ुद पापाजी कहाँ होते हैं! पंद्रह दिन के लिए कहकर आते हैं, छह दिन नहीं निकलता, गाँव वापसी के लिए छटपटाने लगते हैं। वहाँ क्या है, यहाँ सब सुविधा-सहूलियत है, लेकिन पापाजी ज़िद पर अड़े रहते हैं कि नहीं, गाँव में अकाज होगा। रुपेश प्रसाद को पहले मालूम नहीं था, रात में कंचन ने बताया तब जाने कि पापाजी टट्टी में दरवाज़ा खोलकर बैठते हैं। दरवाज़ा बंद करने से बोलते हैं अंदर घबराहट होती है। अच्छी मुसीबत है। जितने दिन यहाँ रहते हैं कंचन भी घबराई सोनेवाले कमरे से बाहर नहीं आती। रसोई में भी पल्लू खींचकर ऐसे जाती है जैसे बबुनी के लिए दूध की चोरी करने गई हो!

जीवन में यह सब उल्टा-सीधा तो चलता ही रहता है, लेकिन इसका मतलब यह नहीं कि रुपेश प्रसाद ख़ुश नहीं, या उनके जीवन में सुख के अवसरों की कमी है। अभी कल ही की तो बात है (लेकिन कल बैंक कहाँ गए थे? ख़ैर, जब भी गए थे), कि काउंटर के आगे लंबी लाइन में अपना काग़ज़-पत्तर जाँचते वह 'ओ, नीले गगन के तले' गुनगुनाने लगे थे। आजू-बाजू चार लोगों ने उनको घूरकर देखा भी था, मगर

रुपेश प्रसाद, लापरवाह, अपने सुख में सुखी गुनगुनाते रहे थे। बैंक में उनका पेपर रिजेक्ट हो गया था, और अपने प्रति भेदभाव की बात सोचकर रुपेश प्रसाद को बहुत ग़ुस्सा आया था, लेकिन शाम को दोस्त की फैक्टरी से एक दूसरा काम निकलवा कर घर लौटे तो कंचन उत्साह से उनको आँगन लिवाकर गई, दीवार पर बाँस से चढ़ाई लता में सेम की ताज़ा-ताज़ा निकली फलियाँ दिखाईं तो पत्नी के साथ-साथ रुपेश प्रसाद भी एकदम से मुस्कियाते, ख़ुशियाने लगे थे, बबुनी भी उनकी गोद में हाथ बजा-बजाकर चहकती रही थी! ओह, ऐसा नहीं कि जीवन में सुख के अवसर नहीं आते, रोज़-रोज़ आते हैं।

लेकिन, फिर भी, सवाल तो अपनी जगह रहता ही है, कि आप ख़ुश रहते हैं, या नहीं? या आपके जीवन में सुख का अवसर कब, कितना आता है?

***

क़िस्मत-क़िस्मत की बात

"भई, कटोरी तैयार हुआ? संझा तलक हो जाएगा?" कटोरी से मतलब हुक्के की कटोरी। उसी के इंतज़ार में छुन्नन तब से इस पैर से उस पैर हो रहे हैं। मगर नामुराद औरत है जाने किस बात का बदला ले रही है! गरदन ऊपर करके फिर चिहुँके, "क्यों? उठकर चले जाएँ?"

"नहीं, यहाँ आकर हमारा गला घोंट जाइए!" भीतर से जवाब पल भर के फ़ासले पर आया। सुनकर छुन्नन लाल-पलीता हो गए। यह नहीं कि ख़ामोशी से अपना काम करती फिरे, वह तो बदकार नहीं ही करेगी, मुँह से फिचकूर उड़ाए बिना भी गुज़र न होगा!

तबीयत हुई भीतर जाकर जैसे ज़ाहिर कर रही है हरामख़ोर के आज सचमुच अरमान पूरे कर ही दें, फिर अंजुम और नासिर के मुस्कराते चेहरों के ख़्याल में सीढ़ियों से मुँह फेर यह भी सोचे बाहरी लोगों की हाज़िरी में फ़िजूल क्या औरत जात से उलझना, दूजे इन दिनों पेट से है, अभी कल ही भरी बाल्टी लिए-दिए सीढ़ियों

से गिर पड़ी थी, ताश की बाजी के बीचों-बीच रो-रुलाकर सारा माहौल ख़राब कर दिया था!

"मैमनवा ने आज बड़ी देर कर दी!" नासिर मियाँ जेब से रेलायंस वाला फ़ोन बाहर करके वक़्त पढ़ने लगे।

"मेमन आज न आवेंगे। अपनी में आप समझ लो जिसमें अटके हुए हैं, पक्की ख़बर है।" अंजुम मुस्कराकर मूड़ी डोलाते रहे।

"क्या?" छुन्नन के यक़ीन न हुआ, "अबे, आएँगे कैसे नहीं? हम क्या फालतू हैं जो.."

छुन्नन की बात का किसी ने जवाब न दिया। जवाब की वह उम्मीद कर भी नहीं रहे थे। ऐसी सोचने वाली बात है भी नहीं कि चार हफ़्तों की शादी में मेमन इतना बदले-बदले क्यों हैं। छोटी और नाज़ुक देह पर बारह सेर के कोंहड़े जैसा भारी सिर ढोते मेमन सहरा की बहकी नज़रों में खोकर चार दिन को यारबाज़ी भूल जाएँ उसमें क्या ताज़्ज़ुब, क्यों ताज़्ज़ुब?

जबकि ठीक उसी वक़्त नब्बे क़दम की दूरी पर जवान जिस मुसीबत का सामना कर रहा था, उसके दोस्तों को उसका अंदाज़ नहीं हो सकता था। बाज़ार में बकरी का चारा और अब्बू की दवाई ख़रीदते इतनी तैयारी से सोचा था घर पहुँचकर बीवी का हाथ थामे मज़ाक सुनाएँगे, ऐन वक़्त ज़बान धोखा दे गई, कमसिन, साँवली लड़की के आगे हकलाने लगे, मुँह से आख़िर को बस इतना निकला, "फिर अं.. ब.. बताएँगे कभी..!"

इस अजीबो-ग़रीब बेडौल आदमी पर कितनी जल्दी छाती में कितना सारा तो प्यार उमड़ा आया था, फिर भी जाने किसी और लड़की की बात है, क्या है सोचती सहरा घबरा गई। मन ख़राब वैसे ही था, थोड़ी देर पहले रसोई में उसके हाथ से सूरन की तरकारी ख़राब हो गई थी।

लिखनेवाले ने आगे किताब में लिखा (लिखा मूलतः सर्बियन में, जिसका यह अंग्रेजी तर्जुमा हुआ), बात घर से बिगड़ी एक औरत के मुँह बोलवाया, "There are women who only love sons, and there are others who love only husbands. The problem is that a woman immediately senses a man to whom a woman's mouth is a moustache-binder. All women always go for the same men and always avoid the same men. Like those places on earth where dogs will never bark. And so some men are loved three times—first as sons, then as husbands, and finally as fathers—while others, those who were never loved by their mothers, will never be loved by their wives or their daughters either. Such men excrete and eat at the same time, like turtledoves."

***

दिल चाहता है

कान में कनफूल खोंसे, उदयपुरिया उद्यमी घिसे नीले पॉलीथीन के नीचे, ज़रा देर को थमी बरसात में तेज़ी से चाकू पर धनिया और सेज़वान चटनी फेरता, मसालेदार सैंडविच उगलता, आईटी इंडस्ट्री के भुखाए बच्चों की भूख तोड़ रहा, अपना भविष्य जोड़ रहा है। उसके ठेले पर इकट्ठा भीड़ की दयानतदारी से नाउम्मीद होकर एक देसी भूरा कुत्ता सरककर सड़क पर मसालेदार दो कौड़िया नमकीन के रैपर से जूझ रहे छोटे बच्चे की ओर आ गया है। घड़ी भर पहले तक हाथ में नमकीन का रैपर दबोचे बच्चा उन्मुक्तभाव मुदित होना चाह रहा था, अब अचानक इस बिन बुलाए हसरतज़दा कुत्ता-मेहमान की संगत में सकुचाया, घबराकर बेबस हो रहा है। रैपर खोलते बन रहा है न माँ की छत्रछाया को सौंपकर आसन्न हमले की आशंका से निश्चित हो लेने का फ़ैसला ही कर पा रहा है। और बड़ी-बड़ी आँखों में निर्दोष हसरत की आँच जलाए कुत्ता बेशर्म है कि बच्चे की छाँह से छँट नहीं रहा, हट नहीं रहा। बच्चा दहल रहा है। बीच सड़क अशिक्षित देहाती माँ खिसिया रही है। निर्द्वंद्वभाव कुत्ते को दुरदुराने से ख़ुद को बचा रही है। बच्चा रैपर नहीं खोल रहा लेकिन कुत्ते का दिल टूट नहीं रहा। कुत्ते का दिल कह रहा है..

भीगी शाम के पियराए अँधेरे में मंजुकुट्टी सड़क लाँघकर अपने रेस्टोरेंट की तरफ़ आता है, और साइनबोर्ड पर उड़ती-सी नज़र पड़ते ही इकतालीस वर्षीय

मंजुकुट्टी के मन में फिर एक दबा दर्द उभर आता है। अभी पिछले हफ़्ते ही बत्तियाँ रिप्लेस की थीं, मगर बोर्ड पर रोशनी फेंकने को लगे तीन बल्बों में सिर्फ़ एक ही जल रहा है। बोर्ड के तीनों बल्ब जल रहे हों मंजुकुट्टी ने आख़िरी मर्तबा ऐसी चमकती शाम कब देखी थी, मंजुकुट्टी को याद नहीं। मंजुकुट्टी का मन करता है..

सत्यस्वरूप नहीं जानते उनका मन क्या करता है। रूटीन से बँधे दिन के घंटों के फैलाव से स्वयं को गुज़ारकर एक निश्चित समय में कमरे में अँधेरा करके दिन ख़त्म हुआ स्वीकार लेने की उन्होंने आदत बना ली है। नियम से रोज़ सुबह पोते को स्कूल पहुँचाना, बहु की ऐसी और वैसी शिकायतों को न चाहते हुए भी सुनते रहना, दवाइयों के रैपर सहेजना और कभी सुचित्रा मुस्कराते हुए कैसी दिखती थी की याद करके हैरत में पड़ जाना। जीवन के बचे हुए वर्षों के दिनों के बीतने-बिताने का ऐसा ही जीवन जीना उनकी क़िस्मत में लिखा है, जैसी सोच सोचकर सत्यस्वरूप आश्वस्त रहते हैं। हालाँकि कभी यह भी ख़्याल आता है कि शायद कभी बहु लंबी छुट्टी में अपने मायके जाए तो वह फ़ुरसत में रामचरितमानस पढ़ना चाहेंगे, माने दिल चाहता तो है..

नीला नहीं चाहती कि मनोज से रोज़ चिख-चिख हो। मनोज भी नहीं चाहता, लेकिन नीला मानती नहीं। फ़ैक्टरी में सब जानते हैं सेठ ने उसे बटन टाँकने के काम पर क्यों रखा है, मगर फिर भी नीला फ़ैक्टरी का काम छोड़कर घर बैठ जाए ऐसा नहीं कर रही, रोज़ नौ घंटे घर से बाहर रहती है। मनोज दिन भर झुँझलाया आपे से बाहर रहता है। शाम को दारू पीकर लौटता है, तब और भी आपे में नहीं रहता। रात के खाने पर बिना नागा दोनों एक-दूसरे को ज़हर परोसना शुरू करते हैं। हालाँकि दोनों चाहते हैं..

कुत्ते का दिल भी चाहता है। ज़िंदगी का दिल चाहता है।

***

भोजपुरी में आधुनिक

ड्यूड, एटीच्यूड मत दीजिए। प्लीज़। क्योंकि वह मेरे पास भी है। पर्याप्त मात्रा में है। भोजपुरी में आधुनिक होने की कोशिश कर रहा हूँ, और चूँकि इससे पहले ऐसे किसी आधुनिकत्व की परंपरा नहीं है (परंपरा क्या, ककहरा भी नहीं है), तो विचार क्या वर्तनी की शुद्धता तक पर मेरा कितना नियंत्रण होगा, मैं आश्वस्त नहीं; मात्र इसीलिए आप मुझपर चढ़ जाएँगे और एटीच्यूड देंगे (और हम ले लूँगा?) तो इसकी ग़लतफ़हमी में मत रहिए। किसी की ग़लतफ़हमी में मत रहिए। फिर चाहता क्या हूँ? आपसे? भोजपुरी में आधुनिकबोध का आनन्द लीजिए, और मुक्तहस्त मेरी तारीफ़ कीजिए। चलिए!

केकरा खातिर एहर-ओहर के धूल खईनी
जाँगर चलवनी, देह धुँकवनी, कपड़ा चिरवइनी
तोहरा खातिर, हे प्रीतम तोहरा खातिर

केकरा खातिर पामुक के पन्ना घोंटनी
बोदलेयर के पाठ कईनी
ई वाद अऊर ऊ दर्शन
के परायन में भइँली पुरईंनी
लागा चुनरी में दाग से दूर रहिके
चुनरी में दाग लगवनी
तोहरा खातिर, हे बालम तोहरा खातिर

केकरा खातिर मन औंजौंवनी
केकरा खातिर चैन लुटौवनी
केकरा खातिर घर फूँकनी
केकरा खातिर फकीरी ओढ़नी
तोहरा खातिर, हे साजन तोहरा खातिर।

***

इक्कीस पूतोंवाला परिवार

बीस की गिनती थी। इक्कीसवें को अभी आना था। तीन छिन गए थे। मगर सत्रह अभी भी थे। ज़िन्दा। बड़े हो रहे थे। रोज़ थोड़ा बढ़ जाते। औरत देखती और ताज़्ज़ुब करती कि मेरे ही हैं। ख़ून और माँस देकर इनको दुनिया में लानेवाली मैं! मन में कैसी-कैसी तो सुख की लहर उठने लगती। आत्मा फूलकर कुम्हड़ा हो जाती। सूखकर मुरझाई छातियों में पनियल दूध उमड़ने लगता। गोद के तीन महीने को लाड़ से चिमटा कर चूम लेती। आदमी नज़दीक उकड़ू बैठता, लड़ियाकर बोलता, "हमारा मन नहीं भरा लेकिन.." औरत सिर झुकाकर कहती, "मैं भी अभी मरी नहीं! मुरादों को मारना क्या। साध हों तो पूरे होने चाहिएँ।"

औरत जब छोटी थी सोचती थी, माँ बनूँगी। ब्याह के आई और साल भर में बन गई माँ। तब से हर साल नियम बन गया। ज़िम्मेदारी से नियम पूरा करती रही। गाँव की औरतें कहतीं बहुत कलेजेवाली है। नसीबन नाईन कहती ऐसी पेटवाली पहले नहीं देखी! आदमी के बारे में गाँव के आदमी नहीं कहते कि ऐसा बीजदार जवान पहले नहीं देखा। आदमी की बात निकलती तो चुप पड़ जाते। थोड़ी देर में कोई भुनभनाकर गाली देकर थूक देता, "बाद में रोएगा मादर..।"

आदमी गाँववालों की रंजिश समझता था। उसके दालान में ट्रैक्टर नहीं, गऊ-गोरु नहीं, न बारह कमरोंवाला मकान है फिर भी गाँव के लोग ईर्ष्या करते हैं। इसीलिए करते हैं कि वह बीस बच्चों का बाप ठहरा। अपनी जनानाओं को उसके बीज से छिपाकर घर की दीवारों व परदों की ओट में रखते हैं। कमज़ोरी में दीवार का सहारा लेकर बीजदार आदमी बुदबुदाता, "सामने आकर कहें, मादर.., एक-एक की हेकड़ी छुड़ा दूँगा! सभी बच्चों के हाथ में लाठी थमाकर दरवाज़े पर खड़ा कर दूँ, पूरे गाँव की साली हवा निकल जाएगी।"

सभी बच्चों के हाथ में लाठी थमाकर दरवाज़े पर खड़ा करने की बात वैसे बेमतलब थी। तीन घर में रहते तो तेरह बाहर। सबके काम बँटे हुए थे। एक गाँव के नाले पर जाकर छोटों के पोतड़े साफ़ करता तो दूसरे के कंधे खेतों से तरकारी चोरी करके लाने का ज़िम्मा होता। ग्यारह साल का जुनैद शहर में आढ़तिये की दुकान में बैठता था। नौ साल का ज़ावेद पतंग बेचता और तेरह साल की फ़रहत सबके लिए

रोटी सेंकने के बाद रोशन बी के हियाँ सिलाई-कढ़ाई सीखने जाती। तौफ़िक और टुन्नू और बिलकीस बाप के कंधे पर खेलते या लात खाकर कोने में नाक बहाते, बुलके चुवाते। मदरसे नहीं जाते थे। मदरसे कोई नहीं गया था। ना। मदरसे जाकर क्या बनना था? बीजदार आदमी के अब्बूजान भी मदरसे नहीं गए थे। कटाई मशीन के आरे से दाहिना हाथ कटवाकर ताउम्र आदाब करने से लाचार हो गए थे। आदमी के बचा था लेकिन वह उसका इस्तेमाल ज़्यादा हाथ छोड़ने के लिए किया करता। जाने किस बात की कुंठा थी कि ग़ुस्सा हमेशा नाक पर रहता। जब नहीं रहता तो औरत पेट से रहती।

चालीस साल की झुर्रियोंवाली औरत कभी ग़मज़दा होकर कराहती कहती अल्लाताला ने तीन छीन लिया!" दमे से खाँसता आदमी टोकता, "ज़ाहिल कहीं की, अभी सत्रह हैं कि नहीं?" औरत कहती, "रफ़्ता-रफ़्ता सब अपनी राह चले जाएँगे! मोहसिन अब घर कहाँ आता है? तन्नी और फ़रहत भी बियाह के अपने-अपने जाएँगी। दुआर-आँगन सूना पड़ जाएगा! गाँव में कौन हमारी फ़िक्र करता है, बुढ़ौती में कौन ख़्याल करेगा, इस बियाबान में तू-मैं अकेले हो जाएँगे?" आदमी घबराकर सोचने लगता और फिर बेदम जवाब देता, "सही बोलती है! इन बड़े होतों का कोई भरोसा नहीं! गाँववालों की तरह जाने कब साले हमसे आँख फेर लें? इसीलिए कहता हूँ जब तक तेरी साँस को साँस है, पैर पीछे मत खींच, हौसला करके बच्चे बिया!" औरत दुखी होकर कहती, "मैंने कब कहा कि मेरा हौसला कम हुआ है! तुम्हीं खाँस-खाँसकर रात में मुँह चुराए रहते हो।"

घबराया हुआ आदमी उस रात भी खाँसता रहा। मगर खाँसी से कुछ राहत हुई तो फिर उसने मुँह नहीं चुराया। मौक़ा लहते ही उस रात औरत-आदमी इक्कीसवें बच्चे की तैयारी में एक-दूसरे की मदद करने लग गए।

(अख़बारों में छपी एक छोटी ख़बर के असर में लिखी।)

***

एक बेवक़ूफ़ लड़की का अंत

दरवाज़े के ओट खड़े होकर रीझाना, मुँह बिराना, और उचित मात्रा में जब ज़रूरत पड़े लजाने का गुर जानती थी वह। जानती थी देवरजी की खाने में पसंद, भसुरजी का ग़ुस्सा और जेठानीजी को दोपहर सब निपटाने के बाद गोड़ दबवाना कितना पसंद है। ओसारे में पराए–ठिलियाए मेहमानों की बतकुट्टन में जब भौजी का दिमाग़ नहीं चलता, सिर पर साड़ी डाले, सिल पर मसाला पीस चुप्पे बैंगन–लौकी का बजका और चाय चलाकर सबको ख़ुश करने का सलीक़ा जानती थी वह। मलपुआ में कितना केला जाएगा, परवल का अचार कब सूखेगा, रात में बच्ची उठ जाती है, दीदी से नहीं सपरता तो बिना किसी के ख़बर हुए दीदी की बच्ची संभालती थी वह। औरतें ताज्जुब करतीं सोनिया ने सब सीखा है कहाँ से! अभी सत्रह की भी तो नहीं हुई थी, माथे में महीन सिंदूर और कलाई में हरी चूड़ियाँ सजाकर बदमाश इतराई छत

से कपड़ा हटाती और टीवी का नया गाना गुनगुनाती सबको मोह रही थी। कभी कहाँ बताया विपन्नता के बिहारी माध्यमिक शाला की फ़र्स्ट डिविज़नर है।

चालाक थी होशियार थी, सब जानती थी सोनी। एक यही ऐब था कि चोट लगती तो दिल पर ले लेती, खाना छोड़ देती, अपनी बात से पीछे नहीं हटती। सब जानने वाली बेसऊर दुलहिन नहीं जानती थी ससुराल की हिंसा का मतलब। किरासन के कनस्तर वाले तंग कमरे में देर रात देवरानी और देवरजी से उलझने का मतलब क्या होता है, नहीं समझ सकी बेवक़ूफ़ लड़की।

***

संडे के फंडे और भगवानजी का अज्ञान

नौकरी नहीं करता इसका ये मतलब नहीं कि मेरे लिए संडे नहीं। छै दिनों के इंतज़ार के बाद आख़िर एक इतना-सा संडे आता है। आदमी आराम और शांति चाहता है। अधिकार से चाहता है। वही ले रहा था, अधिकार से। मगर ये बेवक़ूफ़ औरत (पत्नी) दे नहीं रही थी। गोड़ अड़ाए थी। चिल्ल-बिल्ल मचाए थी। सुबह से सुन रहा था। और चुप था। संडे की शुरुआत ही जली चाय पिला के की। देख रहा था। हज्जाम का संडे का फिक्स्ड रहता है। तो हज्जाम मियाँ आए। खटिए के ओरचन पर बैठकर मैंने हजामत बनवाई, उलटे लेटकर देह तोड़वाई (यह सब पुण्य पत्नीजी उठाने से तो रहीं!), सरसों के तेल से मालिश करवाई। सोच रहा था हज्जाम के बहाने चाय का दूसरा दौर हो जाए तो देह की राह संडे का सच्चा तृप्तभाव आत्मा में उतरकर तन-मन धन्य-दीप्त कर दे, मगर इस औरत की कुड़कुड़-गुड़गुड़ ख़त्म हो नहीं रही थी! सब्र की सीमा होती है। मैंने देख लिया मेरी वाली पीछे छूट चुकी है। टहलता हुआ अंदर गया, बद्तमीज समझी समझौता-वार्ता के लिए आया हूँ। मैंने तड़ से झोंटा खींच के ज़मीन पर पटक दिया, खुल के फ्रीस्टाइल दस लात लगाई। हर लात के साथ सवाल करता रहा- माँग, माँग? अब क्यों नहीं माँगती वॉशिंग मशीन?

भले बेवक़ूफ़ हो, लतखोरी के समय साइलेंस का महत्व समझती है। अभी

समझ रही थी। इसीलिए जवाब में वॉशिंग मशीन–वॉशिंग मशीन नहीं की। खीझकर मैंने फ़ाइनल वाली एक और लगाई लात, और भुनभुनाता हुआ बाहर चला आया।

शादी सचमुच जी का जंजाल है। ये है कि बैठे–बिठाए दो वक़्त का खाना मिल जाता है, और लेटे–लेटे दूसरी चीज़ें भी मिलती रहती हैं (अगर मन में औरत के प्रति मितली न पैदा हो रही हो), मगर ज़्यादा समय तो इसका चिल्ल–बिल्ल चलता ही रहता है। सत्यनरायन की कथा। चुप्पै नहीं रहती। गूँगी होती ज़्यादा अच्छा होता?

ख़ैर, लात चलाते हुए जूतों का ध्यान हुआ। जूतों को बाहर किया। उनकी मस्त पॉलिश में जुट गया। इसकी कुड़कुड़–गुड़गुड़ फिर उठना शुरू हुई तो बैठे–बैठे चीख़कर कहा, "चुप रह, बदकार, न तो आ के वो थूरेंगे कि एकदम्मै बराबर हो जाएगी!"

कभी–कभी मेरे चीखने के बावजूद बेवक़ूफ़ रिस्क ले के बकबकियाने लगती। आलस में मैं भी असमंजस में महटियाया रहता कि फिर संडे को औरत के पीछे कौन हाथ–गोड़ दुखाए। मगर आज कुछ ख़ास स्फूर्ति का अनुभव हो रहा था। टेलीपैथी में मैसेज पाई होगी। अलबत्ता साइलेंट हो गई। मैं फ्रेश माइंड से 'सुहाना सफ़र और ये मौसम हँसीं' गुनगुनाता मस्त पॉलिशिंग करने लगा। सोच रहा था आज किसी दोस्त को पकड़ने के बजाय, बोतल घर ही लेकर आऊँ और शाम पवित्र करके गुलज़ार करूँ। कि तबतक मेरी आवाज़ में 'सुहाना सफ़र और ये मौसम हँसीं' किसी और के मिला के गाने की आवाज़ आने लगी। गाते–गाते ही मैंने सिर उठाया.. तो भगवानजी दिखे! एकदम से गाने की धुन गड़बड़ा गई और हाथ का जूता छूटकर नीचे गिर गया!

भगवानजी मुस्करा के गाने लगे, 'दुनिया ओ दुनिया तेरा जवाब नहीं।' अबकी मैंने स्वर में स्वर नहीं मिलाया, बस उनको उजबकी में देखता रहा।

भगवानजी फट काम की बात मतलब अपने धंधे पर आ गए। प्रैक्टिकली पूछे, " और गुरु? हमारी याद–वाद करते हो कि नहीं? लास्ट टाइम मंदिर कब गए थे?"

मैंने हकलाकर जल्दी–जल्दी में कहा, "आज शाम को ही जाने की सोच रहा था, सर! हमेशा उसी की चिंता में तो दुबला हो रहा हूँ?"

भगवानजी खटिया पर फैलकर बैठ गए। उत्साहित होकर गाने लगे 'मेरा मन तेरा प्यासा'.. फिर लंबी साँस छोड़कर बोले, "मोहम्मद रफ़ी में लेकिन बात थी। ये

हिमेश-टिमेश क्या हैं उसके आगे?''

''कुछ नहीं हैं!'' नॉर्मल होकर मैंने वापस जूतों पर ब्रुश रगड़ना शुरू किया।

''संगीत का स्तर बहुत नीचे चला गया है।'' भगवानजी चिंतित स्वर में बोले, फिर डूबकर गाने लगे, 'सुहानी रात ढल चुकी, ना जाने तुम कब आओगे'..

उत्साह में भगवानजी की आवाज़ ऊँची उठ गई होगी जभी पत्नी धम्म-धम्म करती बाहर आई, ''देवता-ईश्वर होंगे तो देखेंगे इस घर में कौन दुःख पा रही हूँ!''

भगवानजी की एकदम से घिग्घी बँध गई। भागकर बाथरूम के दरवाज़े के पीछे छिपे। आँखों में रिरियाहट कि यार, सुबह-सुबह औरत की दिक़्क़त माथे मत चढ़ाओ! मेरे बस की नहीं, तुम्हीं हैंडिल करो इसे!

मैंने सहमति वाले अंदाज़ में चुप्पे मुंडी हिलाई और आँखें तरेर पत्नी को देखा कि अभी मन भरा नहीं तेरा, दो और खाएगी तब चुप होगी?

पत्नी चुपचाप अंदर लौट गई। भगवानजी सहमे-सहमे बाहर आए। मैं मस्त होकर गाने लगा,'वो तेरे प्यार का ग़म इक बहाना था सनम'..

भगवानजी चौंककर पूछे, ''ये रफ़ी का कौन-सा गाना है?''

मैंने मुस्कराकर कहा, ''मुकेश का है। शशि कपूर की एक चिरकुट फ़िल्म आई थी 'माई लव'। समझे हुए था शंकर जयकिशन का है, अब जाकर खुला है कि किन्हीं दानसिंह का म्यूज़िक था।''

''अच्छा? देखो, मुझे भी ख़बर नहीं थी! कितने सारे गाने हैं अभी तक दिमाग़ से छूटे हुए हैं।'' भगवान उजबकों की तरह सिर खुजाते रहे। मैं गाता मस्त जूते पे ब्रुश घुमाता रहा।

(पॉल ज़कारिया की एक मलयाली कहानी के असर में)

***

हारानो सुर

सँकरी एकदम सीध में चली गई उठान-ढलान भरी सड़क पर चुमकी कुछ आगे जाकर ठहर गई है, पलटकर मुझे तिक्त नज़रों से देखती बंग्ला में सवाल करती है, 'हुआ क्या तुम्हें? देह में जान नहीं?'

चुमकी क्यों, ख़ुद मैंने भी यह सवाल किया होता तो स्वयं को क्या जवाब देता? कुछ नहीं, यूँ ही मुँह-ही-मुँह कुछ बुदबुदाता, यंत्रवत पैर खींचता चुमकी से आ जुड़ता और हम एक ओर पीले फूलों से भरे झींगा के बाग़ान और दूसरी ओर जंगली अमरी के झाड़ों के बीच टूटी-अधबीच कभी भी कच्ची, रेतीली हुई सड़क पर चुपचाप धीमे क़दमों आगे चलते चले जाते। नहीं चुमकी?

लंबे इंतज़ार और बीसियों मनौतियों के बाद हुआ फुआ का इकलौता बेटा सतेंदर छुटपन में अपनी माँग के पूरी न होने पर इसी तरह सबसे छूटकर पीछे घिसट-घिसटकर चला करता। फुआ हारकर खौलती चिल्लातीं, 'तू नीमन से आवतारऽ कि तहरा के उठा के हियें नाला में दहा दीं?' नाले में बहाए जाने की धमकी में जाने भय के कैसे गाँठ छिपी होती कि छह साल का सतेंदर बोकार फाड़कर रोता। एकदम घबराया हुआ फुआ की ओर भागा आता और फिर चुन-चुनकर, उसी रुदनभरे फुत्कार में, ऐसी-ऐसी गालियों से फुआ को नवाजता कि अम्मा तक के कान गर्म हो जाते, फुआ की ओर थककर देखती साहा आंटी निःश्वास छोड़तीं, "आच्छा प्रोभु तुमको बोरदान दिया किन्तु, ना की?"

चुमकी के नज़दीक पहुँचने पर मैंने पूछा, "बचपन में मेरी फुआ का बेटा सबसे पीछे-पीछे चला करता था, सतेन्दर, उसकी याद है?"

"मुझे किसी की याद नहीं।" चुमकी के साथ ऐसा होता है, रहते-रहते एकदम उदासीन हो जाती, उसी अन्यमनस्कता से बोली, "मुझे यह भी याद नहीं कि दस वर्ष पहले मैं ख़ुद कैसी दीखती थी। तुम्हें याद है?"

मैंने चौंककर चुमकी को देखा। वह भी मुझे देख रही थी लेकिन मैं जानता था मेरी तरफ़ देख रही है, लेकिन मुझे देखेगी नहीं।

वैसे ही जैसे चुमकी जानती थी कारमेल कॉन्वेंट स्कूल से बीएसए की हल्की

साइकिल पर लौटते हुए, एक लय में आगे की तरफ कंधा झुकाए, सबों को इंद्राणी हालदार के तीखे नैन-नक़्श दिखते, मैं हमेशा हैरत से उसके पैरों को तकता।

चोटों से घायल होकर लाल-नीली दवाइयों, पट्टियों को रोज़ पैरों पर चढ़वाने का मैं भी पुराना ढीठ था, लेकिन चुमकी के पैरों पर के गहरे, गाढ़े काले निशानों के सामने मैं तक एकदम सुन्न हो जाता। इतनी-कितनी कहाँ से चोटें बटोरती रही है चुमकी कि जिसके सामने मेरा आवारापन भी इतना कमतर व हास्यास्पद है? मेरे देखने में कुछ ऐसी बेहया जुगुप्सा होगी जभी चुमकी ने जाने कितनी मर्तबा मेरे चेहरे को हाथ से ठेलकर परे धकेला है, "ऐई रोकोम देखीश की, बॅल ना, बोका?"

मैंने हँसते हुए चुमकी को जवाब दिया, "मुझे याद है दोपहर स्कूल के बाद कोई पूछता हुआ हमारे गेट के बाहर स्कूटर से उतरा था कि इंद्राणी यहीं रहती है? मैं चबूतरे पर पीछे बैठा ड्राइंग कर रहा था या किसी और काज में बझा था, मैंने जवाब नहीं दिया था। मुन्नी या मंजू कोई आगे आके बोली थीं यहाँ तो कोई इंद्राणी नहीं.."

"फिर?" धीमी आवाज़ में चुमकी ने इतना भर ही कहा। मुझे उलाहना देकर डाँट सकती थी कि बदमाश, तुम तो फट् से आगे जाकर बोले होते! लेकिन नहीं, चुमकी आत्मीयता का कोई ऐसा दावा मेरे साथ साझा करना नहीं चाहती थी। बुदबुदाहट में सिर्फ़ एक 'फिर?' भर ही पूछा।

"फिर क्या, उस नौजवान के हाथ में काग़ज़ का एक नोट था, उसे उलटते-पुलटते उसने कहा, लेकिन पता तो यहीं का दिया था, इंद्राणी यहाँ नहीं रहती? तब तक रसोई में परदे की ओट से माँ ने देखा होगा, वह साड़ी पर हाथ पोंछती बाहर चली आई, इंद्राणी हालदार तो? यहाँ नहीं, वो बग़लवाले क्वार्टर में रहती है।"

बग़लवाले क्वार्टर के गेट पर अपने को खोजनेवाले से मिलने अंदर से भागी-भागी चुमकी आई हो, ऐसा नहीं हुआ था, बाहर घबराई उसकी माँ, हालदार आंटी आई थीं, चिढ़ और झुँझलाहट में नौजवान को गेट पर ही रोके-रोके जवाब दिया था, "ना, यहाँ कोई इंद्राणी नहीं रहती! आर कखोनो इधर जिगेस करते आसो ना!"

चुमकी चुप वैसी ही गुमसुम बनी रही, मानो उसकी नहीं, मैं उसे किसी और की कहानी सुना रहा होऊँ।

बाद में मंजू ने हालदार आंटी को माँ से फुसफुसाकर कहते सुना था कि बहन जी, दुबारा कभी कोई जिगेस करने आए तो आप बोलो नहीं इंद्राणी किधर रहती है करके..

बीच कोर्स कॉलेज से बाहर निकालकर चुमकी उ.र्फ इंद्राणी हालदार उसके दो महीनों बाद ही गुपचुप बरौनी इंडियन ऑयल के किसी ट्रेनी अफ़सर के संग ब्याह दी गई थी!

उसके बाद कितने साल बीत गए, नहीं, चुमकी? कितने साल बीते?

झींगे के पौधों पर बीच-बीच में सजे कैसे तो प्यारे पीले-पीले फूल! कुछ आगे जाकर बाग़ान पीछे रह जाएगा, पीले फूलों की दृश्यावलियाँ चुक जाएँगी। एक बिंदु पर आकर जीवन का सबकुछ कहीं-न-कहीं इसी तरह तो चुकता रहता है, नहीं चुकता रहता? तुमसे ज़्यादा इस बात को कौन समझेगा, चुमकी?

लेकिन उठान-ढलानभरे सँकरी सड़क की सीध के आख़िर में जहाँ मैं पहुँचा हूँ इस, या किसी बात को समझने के लिए चुमकी मौजूद नहीं, आपस में ठँसे-धँसे और अब लगभग खंडहर हो रहे पुराने चीप-टाइप क्वार्टरों की बस्ती है, वहाँ मैं दीपंकर बेहेरा को खोजता पहुँचा हूँ। जो थोड़ा-बहुत गाँजा पीकर बहकने की लयकारी कौशल मुझे प्राप्त है, कह सकते हैं दीपंकर बेहेरा की बदौलत है। हाईस्कूल में वह मुझसे एक साल सीनियर था, जीवन को अपनी ऐंठ के बल पर जीने के स्कूल में तो हमारा मुकाबला ही संभव न होता। तीन-चार क्वार्टर छोड़कर उसके पड़ोस में गेट पर सूती की लाल साड़ी में एक गोद और दूसरी साड़ी की ओट में बच्ची लिए एक बेढब, फैली हुई औरत दिखी, दाँत खोदती मुझे ख़बर किया, "दीपंकर को अब खोज के क्या! वो गया। दो साल पहले। लीवर कैंसर।"

इसके पहले कि अभी मैं दीपंकर की ख़बर पचाऊँ, सूती की लाल साड़ीवाली, साड़ी के पीछे डोलती बच्ची को सामने खींचकर बंग्ला में बोली, "भुले गेये छो? आमायो चीनते पारो ना?"

"के? मामुनि?" संकोच और शर्म में डूबी हुई जाने कैसे मेरे हलक़ से आवाज़ बाहर आई। कनपटी पर कहाँ-कहाँ स.फेद होते बालों को कान के पीछे दबाती औरत मुस्कराकर मेरा चौंककर देखना देखती रही, "सेई तो, एबारे बुझे छो।"

छह और सात साल की यही मामुनि थी जो मेरे साइकिल के कैरियर के दोनों ओर अपने पतले-पतले पैर बाँधे, सीट के रिंग को मुट्ठियों में भींचे छुटपन की सुनहली संझाओं में पड़ोस की सड़कों पर लहरदार चक्करों के अनूठे सुख के लिए बदहवास मेरे पीछे भागा करती। कभी-कभी इस पागलपन से दौड़ती कि उससे छोटी, पाँच साल की मुनमुन को अपनी दीदी को इस तरह दौड़ते देखने से भय होता। हाथ

में किताब लिए गेट और घर के दरवाज़े के बीच टहल कर रही चुमकी भी दौड़ती गेट तक आती और चीखती मुझपर बरसती, ''तोमार माथा खाराब ना की, देबू? सेइ मेये टा पोड़बे जे?''

वो लचीली कोमल शाख मामुनि सामने खड़ी थी और मैं उसे नहीं पहचान सका था! इस बेमतलबपने, ऐसी अनासक्त उदासीनता का मैं क्या जवाब सोचूँ? मेरे तमाम बेहयायी के बावजूद भी संभव है?

मगर गर्मी की छुट्टियों की कितनी तो सूनसान दोपहरों में आम के पेड़ों के झुरमुट में झूले पर डोलती, अपने महज होने में सुखी चुमकी को बिना आपस की किसी बातचीत के चुपचाप देरों-देर निरखता मैं मन-ही-मन सोचता, अकुलाता नाचता फिरता कि यह झूला टूट पड़े, यह चुमकी गिर पड़े। अपने उन गुप्त संगीन अपराधों की, इतने-इतने वर्षों बाद भी चुमकी ने कोई सज़ा सुनाई हो। मुझे अपने लिए कभी इतना महत्वपूर्ण बनने कहाँ दिया? कभी दिया, चुमकी?

गेट के लोहे में पैर फँसाए मामुनि चहकती बताती है, ''तुमियो बुड़ो होये गेछो किन्तु?''

मैं सिर नवाये चुपचाप मामुनि का फ़ैसला स्वीकारता हूँ। तुम जहाँ कहीं हो, देख रही हो, चुमकी?

***

उझराई औरत का स्टिल लाइफ़

इतना दिन चढ़ आया और अब तक मैं लेवा-चद्दर में फँसी हूँ! झाड़-पत्तर के पास ये पेंसिल क्यों पड़ी है? बक्सा-किताब झुलाया, हो गई पढ़ाई। फेंक दिया पेंसिल, फिर आ जाएगा, क्या फरक पड़ता है! दुबारा आने दो रब्बर-पेंसिल माँगने, दस ठो देती हूँ धम्म्-धम्म् पीठ पर। तब बुझाएगा छोकरी को! रोज़ बताओ रैक पर कापी-किताब ऐसे गाँज के मत रक्खा करो लेकिन बात सुनेगी तब्ब ना..। दीपू की देखा-देखी वैसे ही हर बात में फर्र-फर्र..। लड़की का आखिर एक ठो बात-व्योहार होता है, अभी नहीं सीखेगी तो कब सीखेगी? इनसे चिल्लाते हैं कि समझाओ, बेटी को।

लेकिन इनके कान हमारी बात ठहरती है? चार दिन से वही किचकिच सुना रहे हैं कि मैंने पालिसी का कागज घुमा दिया। अरे, हम मैगजीन-पेपर तो देखते नहीं, आपका कागज-पत्तर छेड़छाड़ करेंगे? और दिखेगा तो हमको अकल नहीं है कि पालिसी का कागज संभाल के रक्खेंगे? मगर ये कैसे मान लें कि हमको अकल है। घर में कागज गड़बड़ाया है तो हमारी लापरवाही से ही गड़बड़ाया होगा! ठीक है, आपको जो मानना है, मानिये, अब आपसे झूठे बहस करके हम माथा नहीं फोड़ेंगे।

एक न एक चीज हर समय इनका गड़बड़ाया ही रहता है! इतवार को चश्मा का खोल गायब था, बुच्चन दो चटाका खायी भी कि जब देखो, इससे-उससे खेलती रहती है, फिर खोल खुदै खोज के बाहर किए तकिया के नीचे से! ऐसे झक्की आदमी हैं कि ये भी साफ-साफ नहीं बताते कि कागज नहीं मिला तो कितने का नुकसान हो जाएगा। मैं बोली ओरिजनल में गड़बड़ी हो गई तो ठीक है, आदमी जान तो नहीं देगा, नकल निकलवा लो। तो मुझको ऐसे देखने लगे जैसे नीता और मेरी बुद्धि में कोई फरके नहीं है! ठीक है, भाई, आपका कागज, आपका पैसा, जो बुझाये सो कीजिए! मेरी सलाह कब लिए थे कि अब लीजिएगा!

अरे, भागती है कि नहीं, हरामखोर! सुर्र! सुर्र!.. ये बिलार भी एकदम परिक ही गई है। रसोई से जरा नज़र हटी नहीं कि जंगले से फाँदकर खेल करने चली आती है। दस दफे नीता को समझाया है कि पीछेवाला जंगला बंद रक्खा कर मगर मुँहजार सिंगार-बहार और अपने गल-बजव्वल से फुरसत पाएगी तब तो मेरी बात का ध्यान करेगी! साढ़े नौ हो रहा है और अभी तक माधुरी दीक्छित का पता नहीं है! दरवाजा में पैर धरते ही बोलेगी दीदी, आज जल्दी छोड़ दीजिए, हास्पिटल जाना है। हर तीसरे हीरोईनजी को हॉस्पिटल जाना रहता है! बदमाश से कहे थे ये सब बयाम एक दिन धो-खंगार के एक तरफ रख दे, साथ बैठ के कभी आँवड़ा-ओल का अचार डालेंगे मगर जब तक सिर पे चढ़के न करवाएँ, अपने जी से कहाँ से होगा.. आएँ आज दीक्छित महारानी, भेजती हूँ इनको हास्पिटल!

लो, ये लौकी भी खराब हुई, मिसराइन इतनी अच्छी बतिया ला के दे गईं थीं, पकौड़ी-तरकारी कुछ बना लिए होते, देखो, धरे-धरे ये भी नुकसान हुआ! और ये नवल जी के बाजू में गाड़ी से सामान कैसा उतर रहा है? नए किरायेदार ये सब मोहमडन हैं क्या? अरे, अब यहाँ मोहमडन मोहल्ला बनेगा क्या? मिसराइन आ के मुझको बोली भी नहीं? बुच्चन! बुच्चन!..

***

बच्चे की कहानी

देर रात जब झींगुर अपना हल्ला मचा-मचाकर थक गए होते, और सब तरफ़ सन्नाटा छा जाने के बाद जब जागी आँखों के सपने में कहीं दूर से उठी चली आती मेले की आवाज़ें आत्मा में गड्ढे ग ोड़ना शुरू करतीं, मैं चिहुँककर और जल्दी-जल्दी अम्मा के पैर दबाने लगता। अम्मा बिना पैर सिकोड़े और खींचे, साड़ी से मुँह ढाँपे-ढाँपे शिकायत करती, ''पैर दबाने में तेरा मन नहीं है, जा तू मेला देखे जा!''

घबराहट में गुस्सा होने का अभिनय करता, ''दिमाग खराब है तोहरा? ई मेला जाए का बखत है कवनो, मालूम है घड़ी में केतना टाइम हो रहा है? और है कहाँ मेला?''

अम्मा नज़दीक खींचकर मेरे बाल में हाथ फिराती बोलती, ''तोहरे सपने में, तोको पैदा की हैं तो तोको समझती नहीं हैं?''

रात की ख़ामोशी में, सपने के मेलों के शोर में मेरे लिए अपनी बेचैनियों को वश में करना असंभव हो जाता तो मैं अम्मा के दुलार में ख़ुद को छिपाने की कोशिश करता, मगर फिर अम्मा के कपड़ों से मेरे अजाने सपनों की महक छूटती, फिर मैं और-और घबराने लगता, अचकचाहट में अम्मा की हथेलियों से सर छुड़ाकर गुस्से में चीख़ता, ''अम्मा, एक दिन मैं भाग जाऊँगा, सबसे दूर! तुमसे भी, हाँ?''

अम्मा मेरे कहे से नाराज़ नहीं होती। अँधेरे में साड़ी के किनारा से चेहरा पोंछती कहती, ''जानती हूँ। तुझे हमसे मोह नहीं है, सपने से है। फिर हमरे पास तोरा को देने को क्या है, कौनो सपनो तक नहीं है!''

''वो बात नहीं है, अम्मा..'' लेकिन फिर वो क्या बात होती सो मेरी समझ में न आता। बिछौने से कूदकर दौड़ता दरवाज़े से बाहर मैं आँगन में आता और चाँदनी में नहाए आसमान के नीचे खड़ा हकबक अचरज़ करता कि वह क्या है जो अकेले में आँखें मूँदते ही मेरा चैन हरने चला आता है? कैसे शोर हैं जिन्हें मैं पहचानता भी नहीं और जो मुझे बुलाते, अपनी ओर खींचे लिए जाते हैं? क्योंकि सच्चाई है हल्ला मैं जितना भी मचाऊँ, अम्मा से दूर जाने की मैं सोच भी नहीं सकता। न चंद्रमा चाचा के ईनारे से, न उससे लगे इमली के पेड़ और बृजनारायन के आम के बग़ानी से, जा

सकता हूँ दूर? नहीं जा सकता।

स्कूल में झा सर पता नहीं पुस्तक के किस हिस्से से कौन पाठ पढ़ा रहे हैं, मैं सुन नहीं रहा, सच कहूँ तो मुझे झा सर से पिटने का डर भी नहीं, क्योंकि कापी में मैं अपने सपने का नक़्शा बना रहा हूँ, जिसमें दूर-दूर तक फैली, उठती समुंदर की लहरें हैं, एक बड़ी डोलती नाव का मीठा, गुमसुम अँधेरा है, और मैं कप्तान साहब की नज़र बचाए औंधा पड़ा माथे पर हाथ से धूप छेंके पता नहीं किस मुलुक का विदेशी गाना है, गुनगुना रहा हूँ, कि तभी पीछे कहीं अम्मा का उलाहना गूँजता है, "अरे, गए कहाँ, उजबक?" मैं अपने में मुस्कराता हौले फुसफुसाता हूँ कि अम्मा के कानों तक मेरा जवाब न पहुँचे, "अम्मा, मैं भाग गया हूँ!"

***

सपने में संस्मरण

खिड़की : एक संस्मरण

खिड़की पर अरहर की दाल का एक साबूत दाना पड़ा हुआ था। अम्मा के लिए खिड़की पर दुर्व्यवस्था पड़ी हुई थी। समाजशास्त्रियों के लिए खिड़की पर एक विशिष्ट पारिवारिक सूचकांक पड़ा दिखता। हम भाई-बहन देखते तो हमें खिड़की पर अपना घर दिखता। बाबूजी नहीं देखते।

बाबूजी के लिए खिड़की घर नहीं थी। वे दरवाज़े से अंदर आते और उसी तरह दरवाज़े से बाहर चले जाते। यह देखने के लिए कि घर खुला है या बंद वे खिड़की नहीं दरवाज़ा देखकर जाँच करते थे। कोई आवाज़ लगाए तो वह खिड़की से बाहर झाँकने के बजाय उठकर दरवाज़े से झाँक जाया करते थे। दरवाज़े से दिखने पर उन्हें यक़ीन हो जाता कि तिवारी जी, पांडे जी या रिपुदमन सिंह बाबू आए हैं।

खिड़की पर सूती का रंगीन, छींट का चमकदार पर्दा हुआ करता। उसकी रंगीनी और छींट अम्मा तय करती और उसका सूती होना अम्मा के पास का पैसा। सूती देखते रहने के इस सहज अभ्यास से बाद में पंजाबी व बंगाली घरों में पेलमेट के नीचे लगे महीन कपड़ों के परदे देखकर हमें ताज्जुब और दु:ख होता। हमें लगता अम्मा इतने वर्षों से हमें ठगती रही है। मगर इस अनुभूति को हम शब्दों में बाँधकर उससे सवाल नहीं कर पाते थे। एक चिढ़ और झुंझलाहट ज़ाहिर करते थे कि अबकी पहले वाला जैसा पर्दा नहीं आएगा। सब भाई-बहन कहते हाँ हाँ। अम्मा सुनती थी

और उधारी के बजाजी के यहाँ बड़े जतन से परदे का कपड़ा चुनती थी। फिर से ग़लती न हो जाए की सावधानी के लिए दीदी अम्मा के साथ परदे का कपड़ा चुनने जाती। इस बार परदे का ढंग का कपड़ा दिखाइए, राधे बाबू, अम्मा कहती। बजाजी राधे बाबू बीड़ी बुझाकर पिछ्वाड़े की ट्यूबलाइट जलाते और अंदर से एक के बाद एक बहुत सारे पर्दों के थान लाकर अम्मा के आगे सजाते। अम्मा उन्हें दीदी की तरफ़ एक-एक करके सरकाती चलती कि लो, अब जो सबसे बेस्ट है चुन लो। दीदी ज़िम्मेदारी की इस सार्वजनिक घोषणा से लजाकर अटकती हुई कपड़ों को उँगलियों में लेकर छूती-टटोलती। उसे सभी कपड़े एक-से लगते। रंगीन, छींटदार और सूती। अम्मा गंभीरता से दीदी का देखना देखती। और नहीं है? दीदी संकोच की कमज़ोरी पर अधिकारी भाव का कलेवर चढ़ाने का प्रयत्न करती। राधे बाबू मुंडी हिलाकर अपनी जगह असमंजस में खड़े रहते, यहाँ तो यहीये चलता है, दीदी जी इतने साल से हमरे यहाँ से खरीदी करती हैं! और फिर उपलब्ध कपड़ों में से दीदी तथाकथित बेस्ट चॉयस के परदा-पीस के साथ घर लौटती। सब बारी-बारी से उसे देखकर बारी-बारी से मुँह बनाते। दीदी को बारी-बारी से सुनना पड़ता कि दीदी भी एकदम अम्मा ही है। अम्मा ख़ुश होकर कि दीदी उनकी तरह ही बड़ी और सयानी हो गई है, दीदी के बालों पर हाथ फिराकर ढाँढ़स बँधाती, इन लोगों को बरर-बरर करने की आदत है। जाने दे। बेटी, तू मशीन निकाल!

और फिर दोपहर का चौका बर्तन निपटाकर जब दीदी अम्मा के पास लौटती तब तक ज़मीन पर घर्र-घर्र कर रही ऊषा मशीन से कपड़े को पर्दों की शक्ल मिल चुकी होती। पतले लोहे के तारों पर खींचकर उनसे खिड़की चमका दिया जाता। दीदी के थके चेहरे पर भी मुसकान दौड़ जाती। दीदी को लगता अम्मा का सिला परदा उसकी अपने पसीने की मेहनत है। अम्मा जैसे दीदी के मन का यह गुप्त भेद भाँप लेती और दीदी के संग-संग दीदी से भी ज़्यादा प्रसन्न होती। स्कूल से लौटकर हम भाई-बहन परदों को देखकर मुँह बनाते। दीदी हमारे मुँह बनाने का सामना करने से बचती। वह आँगन में जाकर अम्मा और भट्टाचार्य आंटी के साथ जाकर खड़ी हो जाती और उन्हीं के जैसे गर्दन हिलाकर बात करती। दीदी को इस तरह बड़ी होते देख मैं ग्लानि से भर जाता और मन-ही-मन प्रण करता कि चाहे जो हो जाए, मैं बिहारी लड़की से कभी शादी नहीं करूँगा। भट्टाचार्या आंटी की बेटी फेंस के पार अपनी माँ को आवाज़ देती और माक़ूल जवाब न पाकर जिन नज़रों से भट्टाचार्या आंटी को देखती, मुझे बंगाली लड़की से शादी की संभावना पर सोचने को विवश हो जाना पड़ता और सोचते-सोचते लाज से मेरा मन लाल हो जाता!

काम से लौटकर बाबूजी काम का जूता निकालकर हारे हुए से बैठे रहते। ऐसे क्षणों में जब तक वे गुल का कुल्ला न कर लें, यह हारापन उनके चेहरे पर चढ़ा उन्हें बुरी तरह बेसब्र बनाए रहता था। वे बिना मुँह खोले अभ्यास की आदत से आदेश दे चुकने के बाद आदेश का पालन होता देखने के इंतज़ार में बैठे रहते। मुन्नी पानी का भरा जग लेकर आए इसके पहले दीदी ने आकर बाबूजी को नये परदे दिखाकर पूछ लिया कैसे हैं। जवाब में बाबूजी ने थकी झुंझलाहट में पूछा, ''गुल की डिब्बी खतम हो रही है, मनोज नई डिब्बी लेकर आया कि नहीं।'' मनोज अंदर के कमरे में कैरम की गोटियाँ समेटता जवाब देता कि वह शाम को जाकर ले आएगा। बाबूजी मुन्नी के हाथ से जग लेकर कुनमुनाते हुए कि सब हरामखोर हैं, दिन भर साइकिल पर पादते रहते हैं मगर उनका गुल किसी को याद नहीं रहता, बाहर चबूतरे पर गुल की कुल्ली करने चले जाते। दीदी मुरझाये मन से पर्दे की आड़ से बाहर देखती कि क्या मालूम बाबूजी बाहर की आड़ से पलटकर खिड़की का परदा देख लें। दीदी को समझाना मुश्किल था कि बाबूजी चेहरा घुमाकर पीछे देखने के आदी नहीं।

खिड़की के तने हुए तार के ऊपर परदा तना-तना रहता। अम्मा तने हुए परदों के अंदर घर को सुरक्षित महसूस करती। अम्मा की सुरक्षित सिलाई में परदों के लहराने या फड़फड़ाने की गुंजाइश नहीं थी। बाहर किसी साइकिल की घंटी बजे या गेट खुलने की आवाज़, परदा हटाकर देख लेने की सुभीता नहीं थी। परदे से ऊपर उठकर उचककर देखने की जरूरत होती थी। मज़ेदार बात, बाबूजी जो बिना उचके सहजता से सबसे ऊँचा देख सकते थे, खिड़की और परदों के इस्तेमाल से परहेज़ रखते थे। देखने की हड़बड़ी में बहुत बार तने हुए परदे को तानने पर उनकी सिलाई उधड़ जाती थी। इसीलिए भी अम्मा खिड़की के आस-पास खड़े बाहर झाँक लेने को आतुर हम भाई-बहनों को हमेशा बरजतीं। और हम लोग थे कि अदबदाकर बिना वजह भी खिड़की के पास डटे रहते। दीदी मेरे मज़ाक पर हँसते हुए ऐसे ही जाकर एक नज़र खिड़की से बाहर देख लेती। मैं भी खिड़की के बाहर की रोशनी पर कड़ी नज़र रखता कि कब तक मज़ाकों का घरेलू टाइम पास करना है और कब एकदम से भागकर क्रिकेट खेलने के लिए मैदान पहुँच जाना है। मनोज तो हाथ की थाली लिए खिड़की के पास ही खड़ा रहता। मुन्नी ताज़्ज़ुब करती कि खड़े-खड़े खाकर कैसे भला उसका खाना हज़म हो जाता है। बाक़ी लोग भी ताज़्ज़ुब करते थे मगर ताज़्ज़ुब को इस तरह हमेशा प्रकट कर देने का चलन नहीं था। भैया के घर पर रहने के दौरान मनोज थाली लेकर खिड़की के पास खड़ा रहने की ज़िद नहीं करता था। तब उसे फ़र्श पर और लोगों के साथ बैठे-बैठे ही खाना खाकर हज़म करने की

मजबूरी रहती। ताज़्ज़ुब की बात कि वह इस मजबूरी का सफलता से निर्वाह कर ले जाता था। कभी-कभी मेरे मन में यह बात आती कि अपने पंजाबी और बंगाली दोस्तों को मनोज के खड़े-खड़े खाने की हैरतअंगेज़ आदत के बारे में बताऊँ, फिर संकोच और शर्म से मन मारकर रह जाता कि पृष्ठभूमि साफ़ करने के लिए पूरे परदे का क़िस्सा भी बताना होगा!

भैया घंटी बजाकर गेट के अंदर अपनी साइकिल दाख़िल करते और फिर साइकिल को खिड़की से लगाकर खड़ी कर देते। अम्मा को भैया की यह आदत जँचती नहीं थी मगर वह भैया से ऐसा कह नहीं सकती थी। मुन्नी खिड़की से लगाकर गुलाब के तीन गमले लगाना चाहती थी तब अम्मा ने उसे मना कर दिया था। अम्मा मुन्नी को मना कर देती थी मगर भैया को मना करने का उसे ख़्याल नहीं रहता था, इस पर हम भाई-बहनों में किसी को ताज़्ज़ुब नहीं होता था। शायद इसकी वजह यह भी हो कि हम सबको मालूम था कि भैया का ग़ुस्सा बड़ा ख़राब है। जबकि मुन्नी का ग़ुस्सा ख़राब होने की ऐसी कोई बात नहीं थी। मुन्नी जब चिढ़कर रोने लगती तो अलबत्ता सब उसे ख़राब लड़की ज़रूर कहते थे। तब मुन्नी चिढ़कर और रोती और फिर भैया के ग़ुस्से से डरकर ही चुप करवाई जा सकती थी।

रात को सब सोए होते तो धीमे-धीमे काँपता खिड़की का पर्दा जगा होता, जगा चुपचाप हमें तकता होता।

***

बरसाती रिमझिम : एक संस्मरण

बरसाती रिमझिम की झड़ी लगते ही घर में अँधेरा भर जाता। कमर में चुन्नी खोंसे और हाथ में नारियल की झाड़ू लिए दीदी दिन भर खरड़-खरड़ पानी एक ओर से दूसरी ओर हटाने में बझी रहती। अम्मा अचारों के मर्तबान और गीले कपड़ों की साज-संभाल देखती। मुन्नी भाग-भागकर इस कमरे से उस कमरा किए रहती कि केंचुआ है! पिल्लू है! फिर उठंगी बैठकर घंटे-घंटे भर उनको निहारा करती, जब तक

मनोज पीछे से आकर उसकी चोटी न खींचता और नारियल की झाड़ू की सींक से पिल्लुओं को उलटकर मुन्नी को दहशत और ऊबकाई में भर नहीं देता। अपने कमरे में बाबूजी साठ वॉट के पीले अँधेरे में तख़त पर बैठे चिंता करते कि पता नहीं इस पानी में गाँव के घर की क्या दशा हो रही होगी। रसोई के टुटहे दरवाज़े के नीचे के ढर्र-ढर्र बहते पानी में चाय का भगोना माँजती अम्मा बुदबुदाती, "हमारी यहाँ दस दशा हुई रहती है उसकी चिंता नहीं। बस गाँवे का घर सूझता रहता है!"

मुन्नी चुपचाप सफ़ेद स्कर्ट-ब्लाऊज पहनकर तैयार हो जाती मगर मनोज रोज़ नाटक करता कि इतनी बरसात में कोई स्कूल कैसे जाएगा। स्कूल जा के क्या फायदा जबकि स्कूल में कोई पढ़ाइये नहीं होगी। मिश्रा सर बरसात में गाँव चले जाते हैं और झा सर का भरोसा नहीं ही रहता। लड़के टेबल पर कूदा-फाँदी करते हैं या गलियारे में फिसला-फिसली खेलते हैं। हमको घर रहकर पढ़ाई करने दो, स्कूल भेज के हमारा टाइम वेस्टिंग मत कराओ! दीदी गीले कपड़ों को दरवाज़े, मशीन, ड्रम, रेंगनी, गोदरेज की अलमारी और गलियारे के साइकिल पर फैलाती हुई मुँह बनाती कि ऐसे थेथर और बेहया लड़के से मुँह लड़ाने का क्या फायदा। लातों के दूत बातों से नहीं मानते। अम्मा मनोज के पीछे चिरौरी करती घूमती कि वह लात खानेवाला काम न करे, अच्छे बेटे की तरह राजी-ख़ुशी स्कूल चला जाए। मगर मनोज की नौटंकी तब तक चलती रहती जबतक भैया कहीं से भींजकर लौट नहीं आते, गाली देते कि साला, सब कपड़ा ख़राब हो गया और तब मनोज बिना तीन-पाँच किए एकदम राजी-ख़ुशी स्कूल चला जाता।

प्रीति और रंजु डेस्क पर बैठी जोड़-गुना खेलतीं, बाक़ी सब उधम में क्लास सिर पे उठाए रहते। बैनर्जी आंटी क्लास में घुसने पर हल्ला-गुल्ला देखकर कभी नाराज़ होतीं, बाकी आंटी या सर कुछ भी नहीं होते। अंगरेज़ी के परिडा सर अपनी कुर्सी पर बैठकर हमारी तरफ़ देखने के बजाय खिड़की से बाहर की झड़ी की तरफ़ देखते रहते और फिर पलटकर उदास होकर उड़िया में बोलते कि ये क्लास में बैठने का नहीं, घर में चदरी ओढ़ के चाय-पकौड़ी खाने का समय है। स्कूल में पढ़ाई सचमुच नहीं होती। मैं अपने क्लास में रहने के बजाय एक साल सीनियर तेजिंदर और शेखर के सेक्शन के दरवाज़े पर अड्डा जमाने पहुँच जाता और हमलोग घंटों-घंटों भर देश और दुनिया के बारे में पता नहीं क्या-क्या बहस करते रहते। तेजिंदर कहता इस साल ज़्यादा बारिश होगी। उसके जवाब में शेखर कहता सन् 1961 में जैसी बारिश हुई वैसी पहले कभी नहीं हुई न बाद में होने का कभी चांस है। राजू भी

बहस में शामिल होने चला आता मगर कनखियों से उसका ध्यान अंदर सहेलियों के बीच खड़ी हँसती हुई अंजलि में टँगा होता। अच्छी-ख़ासी पिकनिक हो जाती। लगता ही नहीं स्कूल में पढ़ाई कर रहे हैं। इसीलिए भैया बाज मर्तबा मेरे किसी ग़लत काम पर फ़ैसला सुनाते कि स्कूल नहीं जाना है! देखता हूँ आज स्कूल कैसे जाते हो! इस तरह की धमकियों से मैं सचमुच डर जाता। धीमी आवाज़ में अम्मा के आगे स्कूल न जाने के नुकसान गिनाता। अम्मा कहती कि अपने बाक-बखेड़ा में हमको मत उलझाओ। दीदी भैया के फ़ैसलों में यूँ भी राय बनाने से बचती थी, दखलअंदाज़ी

का तो सवाल ही नहीं उठता था। सब कहीं से हारकर और भैया को दुनिया में अपना सबसे बड़ा दुश्मन मानकर मैं इसकी तरक़ीब भिड़ाने में लग जाता कि कैसे भैया किसी दूसरी ज़िरह में फँसें और मैं उनकी नज़र बचाकर स्कूल भाग जाऊँ। भागते में कभी दीदी की निगाह की पकड़ में आ जाता तो वह भैया से शिकायत नहीं करती। उल्टे मदद करती, फुसफुसा के बोलती, ''भाग, भाग! इधर नहीं देख रहे हैं, निकल जा!''

ऐसा भूल से भी नहीं होता कि मनोज साफ़-सुथरे कपड़ों में स्कूल जाकर साफ़-सुथरे कपड़ों में ही स्कूल से लौट आए! उसके स्कूल से लौटते ही दीदी माथा पीट लेती, ''देखो, हरामी को.. क्या गत करके लौटा है!'' दीदी मनोज के बारे में नहीं उसके देह पर के कपड़ों पर टिप्पणी कर रही होती। दीदी का बोलने का हक़ बनता था क्योंकि घर के सारे कपड़े जो धोबी के यहाँ नहीं जाते थे, की सफ़ाई का भार दीदी के ही ज़िम्मे था। अम्मा बोलती, जाने दे बेटी, हरामी लड़का है, इससे मुँह क्या लड़ाना! मगर दीदी जाने नहीं देती थी, देर तक रसोई और अंदरवाले कमरे में झींकती रहती कि सबलोग उसे घर की नौकरानी समझते हैं! ऐसे मौकों पर मुन्नी चुपचाप जाकर दीदी के पास बैठ जाती और गुमसुम-गुमसुम दीदी को देखती रहती, मानो दीदी का अध्ययन करके अपने भविष्य का पाठ ले रही हो। जबकि मनोज चुप रहकर दीदी का दुःख कम करने के बजाय ज़ोर-ज़ोर से मुँह बजाकर दीदी का दुःख बढ़ाता रहता। दीदी को सुनाकर कहता कि हम बोले थे कीचड़-कादो है स्कूल मत भेजो तब कोई हमारा बात नहीं सुना! दीदी कहती चुप रह, हरामी, एक तुम्हीं दुनिया में स्कूल जाते हो? मुनिया नहीं जाती है? उसका कपड़ा काहे नहीं कीचड़-कादो होता? दीदी की बात सुनकर चुप लगा जाने की जगह मनोज पलटकर ज़िरह करता, ''तुमको क्या मालूम हमको कितना काम रहता है! भागा-दौड़ी करनी पड़ती है। दास आंटी चॉक लाने स्टाफ़रूम भेज देती हैं! मुनिया जैसे एक जगह बैठे थोड़ी रहते हैं? मालूम-सालूम कुछ नहीं, घर बैठे फलतुआ बकबक करती हैं!''

जबकि सच्चाई यह होती कि अपने क्लास के लड़कों के साथ स्कूल से घर तक के रास्ते में सड़क के किनारे जमा हो गए भर्र-भर्र पानी में गोड़ डालकर छींटा उड़ाए बिना मनोज को चैन नहीं पड़ता था। या रिसेस के समय पानी के छींटें पड़ रहे हों तो वह अदबदाकर मैदान में दूसरों के पीछे-पीछे फुटबॉल खेलने उतरता और फुटबॉल पाने के चक्कर में दस दफ़ा ज़मीन पर लोटे बिना उसे लगता ही नहीं कि वह फुटबॉल खेल रहा है! मनोज के लिए फुटबॉल खेलना और कीचड़ में लिसड़ाना

एक ही बात थी।

जबकि मैं और शेखर शाम को पड़िया में फुटबॉल खेलते हुए कीचड़ से कपड़ा बचाकर फुटबॉल खेलते थे। राजू कहता यार, तुमलोग ठीक से खेल नहीं रहे हो! राजू और तेजिंदर का भी मानना था कि बिना कपड़ों के कीचड़ में लिसड़े फुटबॉल खेलने का तुक नहीं है। जबकि मेरा और शेखर दोनों का मानना था कि हम पैर के कमाल से फुटबॉल खेल लेंगे, हमें कीचड़ में कमाल करने की ज़रूरत नहीं। खेल के बीचो-बीच राजू अचानक पलटकर तेजिंदर या शेखर से कहता, "जो मज़ा फुटबॉल में है वो मज़ा क्रिकेट में नहीं, सच्ची!" तेज़िंदर तेज़ आवाज़ में सबको सुनाकर कहता कि क्रिकेट बकवास है! मगर बारिश के खत्म होते ही सबसे पहले तेजिंदर ही अपना विकेट और बैट बाहर निकालकर साफ-सफाई में जुट जाता। बहुत बार दूसरी ओर के लड़कों से हार जाने पर अलबत्ता राजू और तेजिंदर हमें उन्हीं नज़रों से देखते कि तुम लोगों का आधे मन से खेलना ही टीम की हार का कारण बना है। कभी-कभी ऐसा भी होता कि बारिश और कीचड़ की भागा-भागी में मेरी नज़र जाती कि मनोज या भैया कम्युनिटी सेंटर की छत की ओट में खड़े हमलोगों का मैच देख रहे हैं तो ऐसे क्षणों में मुझमें एकदम-से जिम्मेदारी का भाव भर जाता, बेइंतहा जान लड़ाकर मैदान में यहाँ से वहाँ भागते हुए मैं अनावश्यक हल्ला मचाने लगता, "अबे, तुमलोग ढंग से खेलोगे कि हीरोगिरी छाँटने आए हो?" बॉल पर नियंत्रण की कोशिश में न केवल दसियों दफ़े भदभदाकर कीचड़ में गिरता, बल्कि बहुत बार तो घुटने या एड़ी में अच्छी-ख़ासी चोट भी लग जाती।

शाम को खाना खाते में भैया मुझको सुनाकर मनोज से कहते, "आज दिलिपवा फील्ड में कैसे भद्द-भद्द गिर रहा था, ना रे, मनोज?" मनोज उत्साह से सबको मेरे गिरने की नक़ल करके दिखाता। मुन्नी के साथ दीदी भी भात सना कौर बीच में रोककर हँसती और मैं सिर झुकाए मन-ही-मन तय करता कि अकेले में पकड़ आते ही मनोज बाबू को वो सबक सिखाऊँगा कि सारी ज़िंदगी हमारी नक़ल भूल जाएँगे!

मंगल की देर दोपहर बारिश शुरू होती तो बीफे रात तक मुसलाधार की झड़ी लगी रहती। रात में भद्द से धीमी आवाज़ होती तो भैया एकदम-से उठकर बत्ती जला देते। अम्मा नींद में कुनमुनाई बोलती, "का बात है, चूहा घुसा है?" भैया थोड़ी देर तक चुप रहने के बाद डंडा खोजकर निकालते और सबको अपनी जगह से न हिलने की हिदायत दे के ख़बरदार करते कि चूहा नहीं, साँप है! साँप सुनते ही मुन्नी एकदम-से अम्मा से चिपट जाती। अम्मा मुन्नी को थप्पड़ मारकर अपने से

अलग करती, "क्या बुड़बक लइकी है, रे! गेंहुअन का कौनो बिष थोड़े होता है!" हालाँकि असलियत यही होती कि साँप के पकड़ में आने तक सब कमोबेश मुन्नी वाली हालत में ही असहज, अस्थिर बने रहते।

शुक्रवार को आसमान एकदम-से साफ़ उजला हो जाता और लगता ही नहीं कि पिछले तीन दिनों ऐसी घनघोर बारिश हुई है। बाबूजी चबूतरे की धूप पर गुल की डिबिया लेकर अपना आसन जमाते और हँसते हुए सबको दिखाते कि देखो, गड़ही में कैसे बच्चा लोग खेला खेल रहा है! मुन्नी भागी हुई बाहर आकर बाबूजी के निकट खड़ी बच्चा लोगों का गड़ही में पानी उलीचने का खेल देखती। मगर ख़ुद बच्चा लोगों के बीच जाकर पानी उलीचने का खेल खेल ले, ऐसा ख़्याल उसे भूले से भी नहीं आता।

***

चोरियाँ : एक संस्मरण

मेरे लिए यह बात हमेशा रहस्य बनी रहती कि भैया अपनी जरूरतें कहाँ से पूरी करते हैं। मसलन फ़िल्म की टिकट के पैसे, जूतों की पालिश वाली डिबिया या लौंड्रीवाले को पैसे चुकाने की उन्हें जरूरत पड़ती होगी मगर इन ज़रूरतों के लिए मैंने भैया को कभी अम्मा से पैसे माँगते नहीं देखा। बाबूजी से पैसा माँगने का तो सवाल ही नहीं था क्योंकि बाबूजी से कोई पैसा नहीं माँगता था। सब जानते थे कि बाबूजी पैसा नहीं देते। बाबूजी सचमुच पैसा नहीं देते थे। महीने के हिसाब के लिए भी अम्मा को पैसा सौंपते समय वे इसी तरह हाथ से पैसा निकालते जैसे उनकी चोरी हो रही हो।

बीच-बीच में जब बाबूजी का मन दिल्लगी करने को होता तो वे धोने के लिए पुरानी गंजी उतारते हुए मनोज को छेड़ते कि जा, हमारे लिए गुल की डिब्बी ले आ, आठ आने इनाम दूँगा। मनोज चिढ़कर जवाब देता हमें इनाम नहीं चाहिए। मनोज भी जानता था कि बाबूजी दिल्लगी कर रहे हैं। ऐसा पहले कई दफ़े हो चुका

था कि बाबूजी के वादे के धोखे में फँसकर मनोज गुल की डिब्बी ख़रीदकर लाया और इनाम की माँग की बेजा ज़िद के लिए उसे भैया की मार पड़ी। तब बाबूजी के अन्याय के प्रति मनोज रोने-धोने का नाटक करता, बाबूजी चबूतरे पर बेशर्मी से हँसते हुए अपने साँवलेपन को सरसों के तेल से मलते हुए तराशते रहते। थककर अम्मा बाबूजी की दुष्टता पर बुदबुदती हुई मनोज का मन रखने के लिए उसके हाथ में एक चवन्नी रखकर उसे अपने साथ अंदर ले जाती। इस सीधेपन से बाबूजी के हाथों मनोज के ठग लिए जाने पर मुन्नी को भी हँसी आ जाती थी। हाथ में एक बार अम्मा की चवन्नी आ जाने के बाद मनोज मुन्नी के तमाचा जड़कर भैया की मार का अपना बदला चुका लिया करता। मुन्नी समझदार थी। वह मनोज के तमाचे के जवाब में रोने के बजाय उस पर चिल्ला कर संतुष्ट हो लिया करती थी। मुन्नी को मालूम था वह मनोज की मार का बदला उसे पलटकर मारकर चुका सकने में असमर्थ होती। अम्मा मनोज को डाँटने के बजाय मुन्नी को डाँटकर बरजती कि उसे लड़की होने का सऊर कब आएगा।

अम्मा के हाथ अमूमन बँधे होते। मनोज या मुन्नी की छोटी माँगों पर दिक़्क़त नहीं होती थी मगर मैं या दीदी उससे कोई माँग करें तो अम्मा का चेहरा कातर हो जाया करता था। वह दबी आवाज़ में सवाल करती कि कितने से काम चल जाएगा या फिर मैं या दीदी कुछ दिन और इंतज़ार नहीं कर सकते। अम्मा को समझाना मुश्किल होता कि कुछ दिन इंतज़ार करने के बाद ही विवशता में हम उनके आगे अपनी माँग लाने को मजबूर होते थे। मामले की गंभीरता समझकर फिर अम्मा के आँचल से चाभी लेकर स्टील की बड़ी आलमारी खोली जाती और उनकी न पहनने वाली जार्जेट की साड़ी के नीचे से मुड़े-तुड़े कुछ रुपये बाहर निकाले जाते। ऐसे मौक़ों पर न चाहते हुए भी दुःख और भावुकता का अजीब गोपनीय-सा माहौल तैयार हो जाता और जाने क्यों दीदी और मैं एकदम रुँआसे से हो जाते। हमें लगता कि हम अम्मा पर बोझ हैं और ख़ामख्वाह उनके लिए परेशानी खड़ी कर रहे हैं। दीदी बाद में मुझे बाज़ार भेजते हुए सख़्ती से हिदायत देती कि जितने पैसे खर्च हों मैं उतने ही पैसे खर्च करुँ और बाक़ी चुपचाप लाकर उसके हाथ में सौंप दूँ। मैं ज़िम्मेदार भाई की तरह दीदी की आज्ञा का पालन करता और रास्ते भर के असमंजस के बावजूद तक़रीबन सही-सही बचा पैसा उन्हें वापस सौंप देता। कभी-कभी अपनी नीचता से हारकर एक रुपया अपने लिए बचा लेता था। दीदी को मेरे हिसाब में संदेह हो तो उसके कुछ कहने के पहले ही मैं डाँटकर उसका मुँह सिल दिया करता कि आइंदा अपनी ख़रीदारी ख़ुद किया करे! दीदी चुप हो जाया करती मगर घंटे-दो घंटे बाद

यह कहने से ख़ुद को रोक नहीं पाती थी कि घर में सब चोर हैं।

जबकि सच्चाई थी कि घर में सब चोर नहीं थे। चोर इकलौता मैं था। अपने हिस्से का हजम करके बची हुई मिठाई के फ़िराक़ में मनोज भी रहता, मगर अपने अनाड़ीपन की वजह से उसकी चोरी हमेशा पकड़ी जाती। भैया और दीदी इतने बड़े थे कि उनकी चोरी का सवाल ही नहीं उठता था। रही मुन्नी तो वह इतनी छोटी थी और फिर उसके फ्रॉक में जेब भी नहीं था और न उसके अपना कोई बक्सा था जहाँ वह अपनी चोरी छिपा सकती। मुन्नी भोली थी, मुन्नी चोर नहीं थी। बहुत बार तो चोरी के शक में भैया का थप्पड़ मनोज पर गिरता और डरकर मुन्नी रोने लगती। मैं भैया के थप्पड़ से बचकर चलता था इसलिए अपनी चोरियों में मुझे ख़ास होशियारी बरतनी होती थी। खुल्लम खुल्ला रखे पैसों की तरफ़ मैं देखता भी नहीं था। और न अम्मा के सहेजकर रखे पैसों पर मेरी ग़लत निगाह जाती। मैं भरी दोपहर, उठंगे हुए बाबूजी की आँख के नीचे से पैसा उड़ाने में यक़ीन रखता था। और उतनी ही चोरी करता जितने से बाबूजी को तक़लीफ़ न हो। न जानकर उन्हें तक़लीफ़ तो न होती मगर कभी-कभी पैसों की छेड़छाड़ का शक जरूर हो जाया करता। ऐसे मौक़ों पर मनोज का पिटना लाज़िमी रहता।

अम्मा परेशान होकर कहती कि उनके घर में चोरी नहीं थी, जाने ये चोरी कहाँ से चली आई। बाबूजी मज़ाक करते कि चोरी अम्मा अपने पीहर से लेकर आई है। अम्मा बाबूजी की बात का बुरा मानकर एक वक़्त खाना नहीं खातीं। रात को गुल की कुल्ली के लिए बाबूजी को पानी का जग देते हुए मुन्नी बाबूजी को सूचित करती कि अम्मा आज खाई नहीं है। बाबूजी हाथ में जग लेकर सड़क के झिपझिपाते लैंप-पोस्ट को देखकर मन-ही-मन बुदबुदाते कि यह बत्ती फिर जाने वाली है, ऊपर मुन्नी से कहते, "अच्छा?"

दीदी दरवाजे से झाँककर उन्हें इत्तिला करती कि अम्मा पीहरवाली बात का बुरा मानकर नहीं खाई है। बाबूजी को तब अपने मज़ाक की बात याद आती। वे दीदी से कहते कि हम तो मज़ाक कर रहे थे। दीदी लौटकर अम्मा को बताती कि बाबूजी मज़ाक कर रहे थे। अम्मा तिलमिलाकर जवाब देती कि अपने लोग पर काहे मज़ाक नहीं करते? हमरे पीहर वालों पर ही इनको मज़ाक सूझता है और उस रात अम्मा नहीं ही खाती थी और दीदी को अकेले खाना पड़ता था। कई दफ़े बाबूजी के मज़ाक के विरोध में अम्मा के संग दीदी भी उपवास कर लेती।

मैं चोरी के पैसों को चोरी के पैसों की तरह ख़र्च कर देता। दीदी या मुन्नी के

राखी के पैसों की तरह उनका ठीक-ठीक हिसाब-किताब कभी मेरे पास नहीं रहता। ज़्यादातर पैसे फ़िल्म की टिकटों पर खर्च हो जाते या इंद्रजाल कॉमिक्स या मनोज पाकेट बुक्स पर। भैया की तरह लौंड्रीवाले का पैसा चुकाने का भार मुझ पर नहीं था। मैं और मनोज धोबी या दीदी के हाथ के धुले कपड़े पहनते थे। भैया का मानना था धोबी कपड़े ख़राब कर देता है। अम्मा, बाबूजी और दीदी का भी ऐसा मानना था कि धोबी कपड़े ख़राब कर देता है मगर इसकी वजह से वे अपने कपड़े लौंड्रीवाले को न दें, ऐसा नहीं होने लगता। अलबत्ता बाबूजी भैया की टिप्पणी के जवाब में ये जरूर कहते थे कि भैया को बहुत लाटसाहबी चढ़ रही है। भैया भी जानते थे कि उन्हें लाटसाहबी चढ़ रही है मगर वे इसमें कुछ बुराई नहीं देखते थे। भैया को लगता था उन्हें बहुत आगे जाना है और इस आगे जाने के लिए उन्हें धोबी की बनिस्बत लौंड्री की सफ़ाई अपने लिए अनिवार्य लगती। कभी-कभी धुन में आकर वे साइकिल को एक लात लगाकर पीछे ठेल देते कि मन भर गया इस साली साइकिल से, अब तो अपने को एक बुलेट चाहिए।

मनोज हैरान होकर आँखें फाड़े भैया से पूछता, ''सच्ची में भैया?''

मनोज को विश्वास नहीं होता कि उसके अपने भैया उसके अपने घर में एक सचमुच का बुलेट ले आएँगे।

***

भैया की लड़कियाँ : एक संस्मरण

भैया के जलवे थे। हमलोगों के जीवन में एक छोर से दूसरे तक दलिद्दर का साम्राज्य था, जबकि भैया का जीवन और दिल भरा-भरा रहता। एक भरपूर नज़र के मोह में हम भरी दोपहर साइकिलों पर आवारा भटकते, ख़ून जलाते जबकि भैया की घनेरी, शीतल छाँहों में ऐश चल रही थी। हम दो जून की सूखी रोटी को तरस रहे थे और भैया छप्पन भोग की थाली वाली महफ़िल में बैठे थे। यक़ीन करना मुश्किल

होता मगर सच्चाई यही थी कि भैया को लड़कियों की कमी नहीं थी।

चार नंबर या पंद्रह नंबर सेक्टर में हमारा झीरपानी सीनियर्स के अगेंस्ट सेमीफाइनल चल रहा होता। रंजन भौमिक के एक ओवर में तड़ातड़ दो विकेट लेने के बाद हमारी बॉलिंग की धुनाई चल रही होती और स्लिप, गली से लेकर थर्ड मैन तक समूचे फील्ड में एकदम-से घबराहट की हवा तन जाती। खोखोन मिड ऑन से भागा हुआ मेरी तरफ आकर चीखता, "नेक्स्ट मैच में बापी को खिलाने की ज़रूरत नहीं। फोकट में तीन बाउंड्री दी, इससे अच्छा तो मेरे से बॉलिंग कराते!" और मैदान से बाहर सड़क से गुज़रते साइकिल रिक्शे पर निगाह पड़ते ही खोखोन अपनी बात के बीच में अटक जाता और फिर अचानक हड़बड़ाहट में छूटा ख़बर करता, "देख देख, तेरे भैया की हिरोइन जा रही है!" हड़बड़ में तेज़ी से भागकर मैं एक झलक ले पाता, फिर अगले कुछ पलों मैच-सैच सब भूलकर एकदम सन्न खड़ा रहता- यह भी? कितनी लड़कियों का जीवन नष्ट किया है भैया ने?

मुझसे एक क्लास सीनियर राजू जिस तरह अंजलि के पीछे दीवाना बना घूमता होता और अंजलि के पापा के रिटायरमेंट के बाद उनके महाराष्ट्र लौटने की बात आते ही गुमसुम हो जाता या दर्द में नहाई फुसफुसाहट में बात करता। भैया के साथ ऐसी तक़लीफ़ या चिंता नहीं थी। भैया चकाचक-मस्त रहते। क्योंकि उनकी एक नहीं जाने कितनी अंजलि थीं। फूफा की मझलकी लड़की की शादी के समय का क़िस्सा सुनिए। स्थान : बारिडीह, जमशेदपुर, समय : संध्याकाल। बारात अभी आई नहीं है मगर घर से लेकर गली तक में मारा-मारी और गदर मचा हुआ है। मैं और मेरा ममेरा भाई मोटुल बेहाल हैं कि नीले और हरे कपड़ों वाली किसी लड़की को अपनी चुटीली बात कहके प्रभावित कर लें। मगर अब तक न लड़की प्रभावित हुई है और न हम फुआ की आँख बचाकर भंडार से रसगुल्ला उड़ाके भकोसने का आनंदे पा पाए हैं। तब तक मोटुल मेरी कमीज़ खींचकर पंडाल के एक कोने गदर के एक नए तूफान की तरफ ध्यान आकर्षित कराता है। पहुँचकर देखते हैं हल्की हाथापाई वाली हवा के बीच शांति स्थापना की कोशिश चल रही है। हाथापाई को बेचैन हो रही पाल्टी में मोहल्ले के तीन-चार बड़ी उम्र के लड़के हैं और शांति स्थापना वाले दल के अकेले हीरो हैं आसमानी डॉग कॉलर, पॉलिएस्टर शर्ट में अपने भैया जी। झगड़े की वजह ये है कि हाथापाई वाली पाल्टी भैया को आरोपों के कठघरे में खड़ा कर रही है कि वह भले मेहमान और घर के आदमी हों, लेकिन इससे उन्हें ये छूट नहीं मिल जाती कि मोहल्ले की लड़की के ऊपर बुरी नज़र रखें! जबकि भैया अपने सौहार्दपूर्ण पक्ष

से समझाने की कोशिश कर रहे हैं कि उन लोगों ने ग़लत समझा है, संगीता (मैं और मोटुल शाम से जिसे ज़ीनत अमान कह-कहके सिसकारी भर रहे थे) उन्हीं की नहीं, उनकी (भैया की) भी बहन जैसी है। और इलाहाबाद पॉलिटेक्निक के स्टूडेंट और भैया से उम्र में चार साल बड़े छोटके मामा की दखलंदाज़ी के बाद जब पाल्टियों के बीच हाथ मिलवाकर अंततः शांति स्थापित हो जाती, उसके आधे घंटे भर बाद ही हम ज़ीनत अमान को भैया के मज़ाक पर मुँह पर हाथ धरे खिल-खिलकर हँसता और लजानेवाली अदा फेंकते देखते और बेतरह ताज्जुब करते-करते बदहवास बने रहते कि आख़िर भैया के पास वह कौन-सी जादू की छड़ी है कि लड़कियाँ उनके पीछे लट्टू हो जाती हैं। जबकि हम इतनी कोशिशों के बावजूद हमेशा लड्डूलाल ही बने रहते हैं!

शादी की बारात हो, दुर्गापूजा का मेला हो, अस्पताल, स्कूल, सिनेमा हर कहीं भैया की लड़कियाँ फैली हुई थीं। बंगाली, बिहारी, सिंधी, मलयाली यहाँ तक कि एक आदिवासी लड़की तक से भैया का टाँका भिड़ा हुआ था। एक क़िस्से का अभी अंत होता नहीं कि दूसरा गति पकड़ लेता। कभी-कभी तो भैया के रुपहले पर्दे पर दो नहीं तीन-तीन शो एक साथ चलते होते! और राजू या हमारी तरह कभी भी उनका मुँह लटका नहीं दिखता। चीप टाइप मार्केट के मॉडर्न टेलर के यहाँ से नई शर्ट-पैंट बनवाकर घर लौटते तो झट उनकी शोभा देखने के लिए पूरा परिवार उनके गिर्द घेरा बाँधकर खड़ा हो जाता। दीदी भी कहे बिना रह नहीं पाती कि अच्छा है। मुन्नी तो ऐसे मचलने लगती मानो भैया का नया कपड़ा नहीं देख रही हो, राखी के दिन दीदी के हाथ में आया दस रुपये का नोट पा गई हो! जबकि मेरे और मनोज के नये कपड़े सिलने पर कभी घर में इस तरह का उत्सव नहीं होता। अम्मा बड़ी सुखाने में बझी होती और दीदी अपनी सहेली सपना मुखर्जी के घर चली गई होती। मुन्नी दरवाज़े से एक झाँकी लेकर बोलती अच्छा नहीं है और इसके पहले कि मनोज उसे कूदकर पकड़ ले और कूटना शुरू करे, भाग जाती। हम तिरछा लगे आईने के अटपटेपन में थोड़ी देर तक अपने में जाने क्या-क्या अस्वाभाविक, असंभव देख लेने की कोशिश करते रहते, फिर हारकर पुराने कपड़ों में लौटकर नॉर्मल हो जाते। मैं तो समझदार होकर घर की बेरूख़ी का अभ्यस्त हो चला था, मगर मनोज बीच-बीच में घबरा जाता कि शायद कपड़े सचमुच अच्छे नहीं सिले, और बवाल करके घर इतना सिर पे उठा लेता कि अम्मा भी आजिज़ आ के कह देतीं कि जाने दे बाबू, अगली दफ़ा अच्छा सिलवा लेना!

भैया के सारे गुप्त भेद (जिसे वह दुनिया को पढ़वाना चाहते) एक पुरानी लार्सन एंड टूब्रो की डायरी में बंद थे, जिसके पहले पृष्ठ पर भैया के नाम के इनिशियल्स के बाद बड़े-बड़े अक्षरों में भैया का उपनाम 'आवारा' दर्ज़ था। दीदी के प्रोत्साहन पर मैं बीच-बीच में भैया की डायरी चुरा के ले आता और उसमें 'साप्ताहिक हिन्दुस्तान', 'सारिका', 'धर्मयुग' और जाने कहाँ-कहाँ से उड़ाकर टाँकी शेरों को पढ़ते हुए मैं और दीदी ताज्जुब करते कि ऐसी बेहया और गंदी चीज़ों से डायरी भर कर भैया आख़िर साबित क्या करना चाहते थे! दीदी मुँह बनाकर कुछ और भी बोलना चाहती, फिर मेरी हैरानी ताड़कर एकदम-से चुपा जाती, डायरी फेंककर कहती, "इसको हटा यहाँ से!"

दीदी के ग़ुस्से का भेद मैं कभी समझ नहीं सका। प्रेम और कामना के बारे में

अगर दीदी के कोई विचार थे तो उसे हमतक ज़ाहिर करने के लिए दीदी ने अपनी कोई डायरी बनाकर नहीं रखी थी। दीदी का जो भी था वह लाल रंग की एक रेक्सीन की पेटी में था। सिलाई-कढ़ाई की चीज़ों से अलग बोरोसिल, बोरोप्लस के ट्यूब्स थे, 'मनोरमा' के दो कढ़ाई विशेषांक थे, डायरी कोई नहीं थी। हालाँकि गाँव में खाना बनाते ईया (दादी) की साड़ी में जब भक्क से आग लग गई और अफरातफरी में उन्हें गाँव से लाकर बड़े अस्पताल के इंटेंसिव केयर यूनिट में रखा गया तब दीदी का ज़िम्मा बना था सारे दिन अस्पताल में उनकी देख-रेख का। एक दिन स्टैंड में साइकिल पर ताला चढ़ाकर मैं वॉर्ड में पहुँचा तो देखता हूँ ऊपर से नीचे तक सफ़ेद बैंडेज में लिपटी ईया बेड पर अकेली पड़ी हैं, मगर दीदी का आसपास कहीं पता नहीं। थोड़ी देर में दीदी लौटी तो हाथ में मुमताज के कवर वाला 'फ़िल्मफ़ेयर' था और मुझसे बात करने के बजाय वह देर तक वही उलटती-पुलटती रही। यह बात दो दिन बाद खुली कि तीन कमरे पार साँस की बीमारी से ग्रस्त रीज़नल इंजीनियरिंग कॉलेज का एक स्टूडेंट एडमिटेड है, और दीदी बीच-बीच में उसकी खोज-ख़बर लेने जाती है। एक बार हँसते हुए दीदी ने मुझे यह भी बताया कि बहुत ही अच्छा और शरीफ़ लड़का है, फिर थोड़ी देर बाद सोचकर बोली भैया या अम्मा से मुझको ये सब बकने की ज़रूरत नहीं है।

लगभग महीने भर की कोशिश के बावजूद ईया को बचाया नहीं जा सका। जबकि इंजीनियरिंग कॉलेज का स्टूडेंट सही-सलामत ही नहीं रहा, ठीक होकर अपने कॉलेज भी लौट गया। और उसके साथ-साथ 'फ़िल्मफ़ेयर' की वो सारी कापियाँ भी जो दीदी ने पढ़ने के लिए उससे माँग रखी थी, और जिसे भैया और अम्मा सबसे छिपाकर वह अकेले में पढ़ते हुए पता नहीं किस आनंद में भरी-भरी रहती।

***

गरमी : एक संस्मरण

तपते चेहरे के साथ मनोज घर में ऐसे दाख़िल होता मानो बेहोश होकर गिर पड़ेगा। दाँत के बीच जीभ दाबे बाबूजी भी लकड़ी वाला काला छाता बंद करके ऐसे अंदर

आते जैसे युद्ध से लौट रहे हों। मुन्नी भागकर सुराही से लोटा भर पानी लेकर लौटती। दीदी मुन्नी को बरजती कि अभी पानी मत दे, सर्दी लग जाएगी। बाबूजी पंखे के नीचे हारे हुए निढाल पड़ जाते और सिर झुकाए फुसफुसाते कि थोड़ा बेल वाला शरबत मिल जाता तो शांति हो जाती। अम्मा जूटवाले झोले में तरकारी भरे लौटती और पंखे के नीचे बैठने के बजाय नंगे फ़र्श पर चित्त लेट जाती। मनोज हें-हें करता अम्मा के बगल लेट, छेड़खानी करता कि अब बुझाया न, केतना गर्मी है बाहर! अम्मा मनोज की थेथरई का जवाब देने के बजाय फटी आँखों से उसे देखती कि उन्हीं के पेट का जना उनसे कैसा निर्मोही मज़ाक कर रहा है, फिर चेहरा घुमाकर पल्लू से ख़ुद को हवा करते बुदबुदातीं कि आग लगे ऐसे घर में जहाँ थोड़ी-सी हवा नहीं है। मुन्नी भागी हुई बेना लाकर इतनी ज़िम्मेदारी से अम्मा को हवा करने लगती कि इतनी गर्मी के बावजूद भी अम्मा का मन ऐंठ जाता और वह भावुक होकर मुन्नी का गाल चूम लेती। यह नज़ारा देखकर बाबूजी से कहे बिना रहा नहीं जाता कि देख लो, महारानीजी का ठाठ! गाँव चल के रहना पड़े तब खुलेगी इनकी बुद्धि!

बाबूजी की ऐसी टिप्पणी से अम्मा ही नहीं दीदी का भी मन ख़राब हो जाता। सब जानते थे गाँव के नाम से अम्मा को बुखार चढ़ता है फिर भी गाँव की बात कहे बिना बाबूजी का मन नहीं मानता था। दरअसल, ऐसी चुस्की लेकर बाबूजी को मज़ा मिलता। वह गाँव की बात छेड़कर अम्मा का चेहरा देखते कि देखें कैसा असर पड़ा है। अम्मा भी जानती थी कि बात बोलकर ये चेहरा देखेंगे इसलिए गाँव की चर्चा होते ही वह आँचल खींचकर चेहरा ढँक लेती। बाबूजी के उकसावे पे मनोज हरमपना करता और चुपके से सरककर अम्मा के चेहरे से तड़ से साड़ी खींच लेता। अम्मा तमककर बोलती एकदम हरामी छोकड़ा हो गया है और मनोज को गाली देकर बाबूजी से अपना बदला चुका लेतीं। बाबूजी बुरा मानने के बजाय मुस्कराते हुए पंजे से नाक का छोर सहलाते-सहलाते अपने कमरे लौट जाते।

अभी सुबह का नाश्ता ख़त्म भी नहीं हुआ होता कि आठ बजे बिजली चली जाती। मनोज कहता, अच्छा हुआ। अब हम एक ही बार सीधे दुपहरिया में नहाएँगे! दीदी कहती फिर लात खानेवाला काम न करे, चुपचाप चल के नहाये, वो दिन भर कपड़ा-लत्ता के फेर में बैठी नहीं रहनेवाली। मनोज फिर भी तबतक महटियाए रहता जबतक भैया सचमुच उसे एक लात लगाकर नहानघर में ले जा के खड़ा न कर आते। सिर पर दो लोटा पानी गिरा दिए जाने के बावजूद मनोज नहानघर में चुपचाप खड़ा रहता मगर प्रतिवाद में नहाता नहीं। मुन्नी एक नज़र देखकर आती और फुसफुसाकर

सबको ख़बर करती कि नहाया नहीं है। दीदी कहती कि बिना चार लात खाए हरामी का कोई काम थोड़े होता है। मगर प्रतिवाद में पाँच मिनट तक गुमसुम खड़े रहने के बाद मनोज थक-हारकर नहा लेता और लजाया-लजाया सबसे छिपता, तेज़ी से भागकर अंदरवाले कमरे में घुस जाता। दीदी मुन्नी का हाथ खींचकर उसे एक ओर कर देती कि अब तुम दाँत मत दिखाना, हाँ! मगर मुँह पर हाथ ढके खीं-खीं किए बिना मुन्नी का जी नहीं मानता।

दिन भर पंखा, कूलर और बाबूजी का भुनभुनाना चलता रहता कि बिजली का बिल लालमोहर सिंह आ के नहीं भरेंगे! अम्मा चुप पटाए रहतीं, फिर बाबूजी का बुदबुदाना तब भी बंद नहीं होता तो कहे बिना रह नहीं पातीं कि अजीब आदमी हैं, इनसे किसी का सुख नहीं देखा जाता। बाबूजी कहते बिजली आसमान से नहीं गिरती, उसका बिल भरना पड़ता है। अम्मा चिढ़कर कहती कि तब क्या करें, आपके बिल के पीछे आगी में झोंक दे अपने को? बाबूजी कहते आदमी को सर्दी-गर्मी हर चीज़ का आदत होना चाहिए और चुपके से पंखे का स्विच बंद करके बाहर निकल जाते।

मनोज कूलर से जा के ऐसे सट जाता मानो कूलर के अंदर घुसना चाहता हो। कूलर में पानी भरने की भी सबसे ज़्यादा उसी को उतावली रहती। मुन्नी के सिर पे थप्पड़ जमा के बोलता देख नहीं रही है पानी ख़त्म हो रहा है! मुन्नी कहती कि नहीं अभी पानी है तो मनोज चीखकर कहता बहस मत कर, बदमाश, चुपचाप बाल्टी में पानी ला, जा! शायद यही उतावली होगी कि हर दूसरे महीने कूलर ख़राब हो जाता, फिर भरी दुपहरी में भैया गंजी निकालकर पसीने में तरबतर स्क्रू ड्राइवर और सोल्ड्रिंग लिए पप्पू इलेक्ट्रिशियन के साथ कूलर पे भिड़े रहते। मनोज उछलता-कूदता यहाँ से वहाँ ऐसे भागता मानो कूलर भैया और पप्पू नहीं उसकी वजह से ठीक होनेवाला हो। गर्मी से ओट लिए अपने कमरे में पंखा झलते बाबूजी रिपुदमन सिंह और चंद्रमा सिंह को भैया की तरफ़ देखकर इशारा करते कि बड़ा ही लायक लड़का है। कल ही चार किलो केसर ले के आया कि बाबूजी, बहुत गर्मी है, खाइए आम। जबकि सच्चाई यह होती कि भैया नहीं बाबूजी केसर लेकर आए होते और चार नहीं दो किलो जिसे शाम को बाल्टी के पानी में बुड़ो के बाबूजी के सामने सजाकर रख देने का ज़िम्मा मुन्नी के ऊपर होता। बाल्टी में बुड़े आम को बाबूजी चुपचाप निहारते रहते, फिर धीरे-धीरे सारा आम अकेले चट कर जाते। जब मन भर जाता तो कहते अरे, सब हम अकेले थोड़े खाएँगे? लो, तुम लोग भी चख लो। आम के मामले में बाबूजी राखी के पैसोंवाली दीदी से भी गए गुज़रे थे।

शाम के कुछ घंटों से अलग सुबह दस के बाद सड़कों पर एकदम वीरानी छा जाती। लगता कोई भयानक दुर्घटना हुई है और लोग शहर छोड़कर भाग गए हैं। मैं आग बरसाती गर्म दुपहरी में चुपचाप साइकिल लेकर शेखर के घर निकल जाता। फिर हम उसके गेट के बाहर गुलमोहर के पेड़ के नीचे खड़े बात करते कि हमारी तरफ़ बहुत गर्मी है जबकि सेक्टर फाइव और सेक्टर टू में इतने छाँहदार पेड़ हैं, वहाँ के लोगों की मस्ती है। इधर-उधर की बकवास के बाद थककर हम राजू के घर का रुख़ करते और रेडियो पाकिस्तान सुनते हुए कैरम खेलकर गर्म दोपहरों का मुँह बंद कर देते। कभी तेजिंदर अचानक उत्साह में भर के बोर्ड की सारी गोटियाँ गड़बड़ कर देता और चीखकर कहता, ''यार, क्यों हमलोग इस तरह से दिन खराब कर रहे हैं, सेक्टर टू चलते हैं, मज़ा आएगा!''

तीन साइकिल पर पाँच लोग लदे हम चिलचिलाती धूप में हाँफते-काँखते सेक्टर टू पहुँचते और मज़ा एकदम नहीं आता। शेखर, राजू, बापी, मैं सब शिकायत करते कि तेजिंदर पागल है और हमारी इस मुसीबत की सज़ा उसे हम सारे लोगों को एक फ़िल्म दिखाकर उतारनी चाहिए। तेजिंदर एकदम-से साइकिल से उतरकर पागलों की तरह हमलोगों को देखने लगता। फिर हम सेक्टर फाइव में किसी घने पेड़ की छाँह में खड़े होकर आइसक्रीम खाते और आइसक्रीम वाले से दिल्लगी करते कि वह सेक्टर फाइव की लड़कियों को ज़रूर आइसक्रीम मुफ़्त में देता होगा। उसके बाद साइकिलों पर घिसटते हुए हम सेक्टर फाइव की सड़कों पर दीवाना बने यहाँ-वहाँ भटकते रहते। दीपक और कोणार्क सिनेमा की दीवारों पर आनेवाली फ़िल्मों का पोस्टर देखने और उनके अच्छे-बुरे होने का फ़ैसला सुनाने के बाद तेजिंदर के पागलपने से भरे ज़िद पर हम कोर्णाक सिनेमा की पीछे वाली पहाड़ियों पर चढ़ जाते। पहाड़ी की अद्भुत नीरव शांति पर खड़े होकर ऊँचाई से नीचे अपने शहर को देखते रहते।

इतने दूर से अपने शहर को देखना अनोखे, विस्मयकारी अनुभव में बदल जाता। लगता हम पराक्रमी देवदूत हैं जो नीचे झुलसते अपने गाँवनुमा शहर को किसी तरह ज़रूर बचा लेंगे।

***

गाँव : एक संस्मरण

अम्मा के चेहरे से लगता बाबूजी उनको गाँव नहीं काला पानी भेज रहे हैं। जबकि बाबूजी घूम-घूमकर सबके बीच इस तरह इत्तिला करते मानो सबको गाँव भेजकर फैमिली में इनाम बाँट रहे हों। बाबू रिपुदमन सिंह जी से कहते, "अरे, महीना-डेढ़ हुवाँ जरा सपर के रहेगा सब, एहँवा शहर में कौनो जिन्नगी है, जी?" बाबू रिपुदमन सिंह आँख बचाकर पंजे पर तड़-तड़ खैनी ठोंकते और बाबूजी की हर बात स्वीकारते हुए मुंडी डोलाते। दो दिन तक अपने सारे तर्क-बाणों के इस्तेमाल के बाद अंततः अम्मा मुरझाये मन से अपना पक्ष हार जाती और तय हो जाता कि बाईस तारीख को हम गाँव जा रहे हैं। दीदी तक से बिना कुछ बताए अम्मा चुपचाप अपनी क्लोज़ेस्ट सहेली रिनू की माँ से मिलने चली जाती और लौटकर इस तरह गुमसुम सिर झुकाए पड़ी रहती मानो उन्हें फाँसी की सज़ा सुना दी गई हो। ऐसे क्षणों में दीदी भी अम्मा के मुँह लगने की कोशिश नहीं करती। घंटा आध निकल जाता तो माँ के घुटने के पास आकर ख़ामोशी से बैठ जाती मानो अम्मा के सिर पर दुःख का जो पहाड़ गिरा है दीदी ज़ाहिर कर रही हो, वह उसमें अम्मा के साथ बराबर की साझीदार है। अम्मा चेहरे पर आँचल खींचकर चोट खाई आवाज़ में फट पड़ती कि इस आदमी से ब्याह कराके नाना ने उनको नरक भेज दिया। दीदी धीमे से बुदबुदाती कि बाबूजी से बहस करके कभी कुछ हासिल हुआ है? अम्मा आँचल हटाकर रोने लगती कि हमेशा अपनी मन की करते हैं, इनको ज़रा भी अपने परिवार की चिंता नहीं है। दीदी कहती कि केवल दो हफ़्ते की बात है और इस बार पिछले साल जितनी गर्मी भी नहीं है। घर के सारे कामों को आधे में छोड़ दीदी-अम्मा का गोलमेज़ कांफ्रेंस तब तक ज़ारी रहता जबतक रो-गाकर अम्मा आख़िरकार गाँव जाने का मन नहीं बना लेती।

अम्मा के मनते ही दीदी सबसे पहले मनोज को रोमा स्टोर भेजकर हिमालय पावडर का चार सौ ग्राम वाला डिब्बा और कियो कारपिन की नई शीशी मँगवा लेती। मैं शेखर, बापी, खोखोन, राजू, तेजिंदर सबको दुःखी मन से ख़बर करता कि यार, तुमलोग 'काला सोना' अकेले देख लेना, अपन फैमिली के साथ गाँव जा रहे हैं।

गाँव जाने की बात भैया ऐसे सुनते जैसे किसी और परिवार के गाँव जाने की बात सुन रहे हों और उनके चेहरे पर गाँव जानेवाले मुसाफ़िर की रेल के धकमपेल

वाली कोई भी संभावित तस्वीर नहीं बनती। लाल टीन वाली पेटी और अम्मा के अगड़म-बगड़म बक्से की सारी तैयारी देखते हुए भैया इत्मीनान से बोलते कि सब गाँव चले जाएँगे तो यहाँ घर कौन देखेगा? घर अगोरने के लिए किसी का यहाँ रहना रहना ज़रूरी है कि नहीं?

दरअसल, भैया को गाँव जाने में कोई तुक ही नहीं लगता। गाँव में उनका इस्त्री किए हुए कपड़ों में घर से बाहर निकलना गाँववालों से ज़्यादा ख़ुद भैया को बेमतलब और हास्यास्पद लगता। फिर गाँव में ऐसा कोई बाज़ार भी नहीं था जहाँ भैया अदा से गुजर सकें और आसपास गुजरती लड़कियाँ उनकी अदाओं पर रीझकर आपस में बेचैन होकर फुसफुसाने लगें। दरअसल, गाँव में सिर्फ़ बच्चे थे। खैनी और हुक्का गुड़गुड़ाते बूढ़े, मेहनत करती औरतें, गप्प लड़ाते और ईख व कचरी चुराते स्कूल के मोर्चे पर पूरी तरह फेलियर हो चुके लौंडे थे; धूल उड़ाती सड़क, कांसे के बरतन और खरबूजे का मोलभाव करते बाबा थे। लड़कियाँ नहीं थीं। कुएँ का वह पानी था जिसके करियाये, चिपटे बाल्टी के बाहर निकलते ही मुन्नी घबराकर एक क़दम पीछे हट जाती कि हम अंदर बेंग फाँदते देखे थे, हम ये वाला पानी नहीं पिएँगे! मनोज हाथ में पेड़ की कोई टहनी लिए कुएँ के मुहाने की ईंटोंवाली फिसलन पर बेबात इसपे और उसपे हँसता रहता जब तक कि अचानक गीली मिट्टी से कोई बिच्छू न निकल जाए। बिच्छू दिखते ही मनोज मियाँ की सारी सिट्टी-पिट्टी गुम हो जाती और फिर वह शरीफ़ बच्चे की तरह जाकर बाबा के पैताने खटिया के ओरचन पर बैठ जाते। कुएँ पर पानी भरने आई औरतें आपस में बात करतीं कि फलाने के घर के बच्चे हैं, शहर से आए हैं और इनके बड़ मजा है।

मनोज और मुन्नी को सचमुच बड़ा मज़ा रहता। ईया बाबा से छिपाकर मनोज को झोले में और मुन्नी को फ्रॉक के आँचल में अनाज भर-भर कर ठेलकर उन्हें पीछे वाले दरवाज़े से रमेसर के दुकान भेज देती। रमेसर की दुकान से अनाज के एवज़ में लकठो, सूखे हुए लड्डू और इमली की मिठाई, घटिया लेमनचूस पाकर मनोज और मुन्नी ऐसे उड़ते रहते मानो चिरकुट मिठाई नहीं पाए हों, खज़ाना जीत लिया हो। ईया रात में मुन्नी को अपने बगल लिटाकर फुसफुसाकर कहतीं कल बाबा जब खरहाटार बैदजी के यहाँ जाएँगे, तू अनाज के लिए हमसे याद दिलाना! मुन्नी मुँह पर उँगली रखे हिसाब करती कि कितने अनाज से वह कितने लेमनचूस पाएगी। जबकि मनोज कितना भी अनाज पाए हो, ज़मीन पर पैर फेंकता ज़िद किए रहता कि ईया, इतने अनाज में रमेसर कुछ नहीं देगा!

सकल नरायन चाचा का नौकर और सुनरकी फुआ की पतोहु का भाई झोला भर-भर आम छोड़ जाते। इतना आम चला आता कि मुन्नी परेशान होने लगती कि इतने आम को बाल्टी में बुड़ोएँगे कैसे। मुन्नी के भोलेपन से ईया ही नहीं बाबा को भी हँसी छूट जाती और फिर मुन्नी को समझाया जाता कि हियाँ राक्षस थोड़ी बैठा है कि एक्के हाली सारा आम खा जाएगा, जितना बाल्टी में आएगा उतना भिगा दे, जा! इतने सारे आमों के बीच बाबूजी की ज़रूरत की संगत में बाबूजी से कहीं ज़्यादा मुन्नी प्रसन्न रहती। बाबूजी जब तक मन भर खाकर हाथ खड़े नहीं कर देते मुन्नी उनके माथे चढ़ी रहती थी कि वह इशारा करें और वह भागकर काँसे की थाली में चार आम और ले आए! गाँव में चाकू से काटने के बजाय पैर के नीचे पाया दबाकर हँसुए से आम के फाँके कटते। मुन्नी हाथ से ऐसे दूरी बनाकर हँसुआ लाकर दीदी को देती मानो पाया पकड़ने से भी उसे लोहे से कट जाने का डर हो! जबकि दीदी को डर नहीं होता, वह हँसुए से कटहल, भतुआ, लौकी ऐसे काटती मानो सारा जीवन हँसुए से ही तरकारी काटती रही हो।

लकड़ीवाले चूल्हे से जूझते हुए हालाँकि दीदी बीच-बीच में हार जाती और भुनभुनाकर शिकायत करती कि पता नहीं लोग इसमें खाना कैसे बनाते हैं। हमसे ये सब नहीं होगा, हाँ! और फिर थोड़ी देर में अम्मा के रसोई में घुसते ही दीदी हल्ला करने लगती कि अम्मा आख़िर साबित क्या करना चाहती है। और फिर इतना अच्छा खाना बनता कि ईया भी गाँव की औरतों के बीच दीदी की तारीफ़ किए बिना नहीं रह पातीं कि एकदम्मे सुघड़ छौंड़ी है और जौन घरे जाएगी सकल सकारथ कर देगी। जबकि अम्मा के बारे में सकल सकारथ करने की बात ईया कभी नहीं करतीं। हाँ, औरतों के बीच अम्मा कभी शहर के दुखों की चर्चा छेड़ दें तो ईया टोके बिना नहीं रह पातीं कि बड़ पुरनियन के बीच ज़्यादा बड़र-बड़र करे के दरकार नहीं है। अम्मा एकदम्मे चुप लगाकर उठ जाती और उस दिन रात में कभी कोई उनके मुँह से दबी आवाज़ में ज़रूर सुनता कि पाँच बच्चा पैदा करके इस घर को दे दिया तब्बो बुढ़िया को संतोख नहीं है!

दीदी को जैसे ही दो घड़ी की फुरसत मिलती, पड़ोस के ओझाजी की बेटी सुनीता और जेवन चा की लड़की फुलमति उसे घेर लेतीं और फुसफुस करके पता नहीं क्या-क्या सवाल करके दीदी को हलकान किए रहतीं। फिर दीदी रमेसर की दुकान से एक सस्ता कापी मँगवाकर फुलमति से गवा-गवाकर वो सारे गाने नोट करती जो अलग-अलग मौक़ों पर गाँव-बिरादरी की औरतें समूह में गातीं और जो

गाने लाख चाहने के बावजूद दीदी के मुँह पर कभी स्वाभाविक तरीके से चढ़ नहीं पाते। और उन्हें आज तक ठीक से सीख नहीं पाने की खीझ में बेमतलब दीदी का पारा चढ़ता रहता।

दोपहर के खाने के बाद नीम के पेड़ के नीचे खुली हवा में बाबा और बाबूजी के साथ बैठते ही मुक़दमे और पेशी की बात छिड़ जाती। ये ऐसी पेशियाँ और ऐसे मुक़दमे होते जो आजीवन चले आ रहे होते और आजीवन काल तक चलते जाने वाले थे। इनका रहस्य बाबा और बाबूजी के सिवा और किसी के पल्ले थोड़ा-सा भी नहीं पड़ता। भैया तक ने उन्हें समझने से हार मानकर माथा पीट लिया था।

दोपहर के सन्नाटे में जब फुलमती दीदी से ढील दिखवाने के बाद अम्मा झपकी ले रही होती और ईया मनोज और मुन्नी को अपने माँ के ज़माने का दस रुपये का दस इंची वाला बड़ा नोट दिखाकर लगभग पागल बना रही होतीं, मैं सबसे नज़र बचाकर ईया की लकड़ीवाली बड़ी पेटी खोलकर, उसका सारा अगड़म-बगड़म उलट-पुलट करता चकित होता रहता। संदूक में पता नहीं किस ज़माने की एक गोटेवाली चुनरी थी, एक नक्काशीदार सरौता था। तकिये के बसाते खोल और एक जूते की जोड़ी थी जिसके पहने जा सकने की कल्पना किसी के भी लिए अकल्पनीय होती। फिर कुछ बहुत ही पुराने टाइप प्रेस वाले अक्षरों में छपे जासूसी उपन्यास और चाचा के स्कूल की किताबें थीं। अंकगणित व नगर-विज्ञान की किताबों को इधर-उधर खँगालने पर उनके बीच स्कूल से भागकर सिनेमा गए चाचा की दुष्टताओं की कहानी खोलता, सिनेमा के टिकट का आधा टुकड़ा ज़रूर मिल जाता।

बीच रात मसहरी हटाकर मैं पेशाब करने के लिए उठता और खटिये से बाहर के खुलेपन के निबिड़ वीरान सन्नाटे में चौंककर खड़ा एकटक चारों ओर तकने लगता। लगता सारी आवाज़ें बंद हो गई हों और सिर्फ बहती हवा की आवाज़ सुन पड़ रही हो। इतनी प्रचुरता में सब कहीं, सब तरफ हवा होती कि लगता चाहें तो उसे छू, सूँघ सकते हैं। आसमान का नीला रंग और तारों की झर्र-झर्र रोशनी सब कहीं, सब तरफ गिरती होती। कभी भावुकता की मदहोशी में इच्छा होती भागकर सबकुछ अपने हाथों में भर लें! और तभी चार हाथ की दूरी पर बाबा की खटिया से बर्र-ठाँ पाद की आवाज़ गूँजती और सारा जादू तहस-नहस हो जाता।

***

खवनई : एक संस्मरण

उसिना चावल और गुड़ से बनी खीर या ताज़ा बियाई गाय के फेनुस दूध को औंटा के बनी छेने की मिठाई की महक में मैं और मनोज बहकने लगते। खवनई के ऐसे मौक़ों पर अम्मा की कही हर बात का हम भाग-भागकर पालन करते। मनोज गाय की सानी में चोकर मिलाने जैसे गंधाते काम के लिए भी बिना सोचे-समझे हाँ कर देता, जबकि मुन्नी इस समूचे मुँह-माया से एकदम अनछुई बनी रहती। मुन्नी का हिसाब-किताब ही अलग था। अम्मा को परात में आटा निकालते देख ही उसका चेहरा उतर जाता। पैर पटकती वह जाकर बिछौने पर पट लेट जाती। अम्मा के बगल पीढ़ा पर बैठी फुआ पुरईन जैसे बुदबुदाती कि ये लइकी को रोटी सुहाता नहीं है। फूफा मज़ाक में छेड़ते इसका नाम मुनिया नहीं भातकुमारी होना चाहिए था, का रे, मुनिया? मुन्नी जवाब में कुछ नहीं बोलती, बिछौने पर चुप्पा ताने बुलके चुवाती पड़ी रहती। अम्मा नाराज़ होकर भुनभुनाती एकदम भात से परिक गई है, बदमाश! अभिये कानी उमेठ के चार लप्पड़ लगाएँगे, सब भात भूल ज़ाएगी!

मगर मुन्नी भात भूलती नहीं थी। रात के ही समय नहीं, सुबह नाश्ते के वक़्त भी जब मनोज सूजी के हलुवा के लिए पैर पटकता और मैं अम्मा से चिरौरी करता कि अम्मा, परौठा और भिंडी का भुजिया बना दे ना, मुन्नी बेशर्मी से रात का बचा भात कटोरी में तरकारी से मीस-मीस के ऐसे खाती जैसे भैया कभी मकुनी वाले सतुआ में चावल सान के खाते और आनंद में गोड़ हिलाते रहते। भात और गुपचुप (गोलगप्पा, फुचके) के सिवा मुन्नी को दुनिया में और किसी खाद्य पदार्थ से लगाव नहीं था। बाहर कहीं खाने को जाएँ तो मुन्नी को सबसे पहले यही बेचैनी होती कि गुपचुप खाएँगे कि नहीं।

थाली में भूले से भी आलू के सिवा कोई दूसरी तरकारी डल जाए तो मुन्नी एकदम हाथ-पैर फेंकने लगती, मानो थाली में सेम और बरबट्टी नहीं गिरगिट और बेंग देख ली हो! जबकि मनोज भी सिर्फ आलू खाता मगर थाली में दूसरी तरकारी पाकर इस तरह घर सिर पर नहीं उठाता था। नाक चढ़ाए, मुँह बनाकर एक बार दीदी और अम्मा को देखता, फिर तरकारी में से बीन-बीन कर आलू अलग करता और

बकिया को एक ओर करके धीमे-धीमे खाना ख़त्म कर लेता। ऐसा न हो खाना बनाते बखत दूसरे कामों में बझी अम्मा भूल जाएँ, मुन्नी हमेशा उनको चोखा के लिए दाल के अदहन या चूल्हे की राख में आलू डालना मन पड़वाती। भैया तक मुन्नी के इन नख़रों से आजिज़ आकर कभी-कभी फूट पड़ते कि बहुत फुटानी चढ़ा है तुमको, जिस दिन चोटी पकड़कर झा सर के सामने खड़ा कर देंगे, दन्न देना लाइन पर आ जाओगी! झा सर और साँप दुनिया में दो ऐसी चीज़ें थीं जिनका नाम भर सुनकर मुन्नी रुँआसी हो जाती। सबके खा चुकने पर अंत में थाली में चार कौर सजाकर दीदी अम्मा साथ खाने बैठती तो थोड़े असमंजस के बाद दीदी आख़िर कह ही देती कि अभी मुनिया को डरा रहे थे और खुद्दे एक बेर आलू के बिना अन्न घोंटाता नहीं था, वो दिन भुला गए? दीदी की बात पर अम्मा को ऐसी हँसी छूटती कि मुन्नी का रुँआसापन भी उड़न-छू हो जाता और वह भागकर भैया को उनको कमज़ोरी का क़िस्सा सुनाकर हें-हें करती दाँत चियारती उन्हें चिढ़ाती रहती।

भैया आलू के सिवा कब और कुछ नहीं खाते थे इसकी मुझे, मनोज या मुन्नी किसी को याद नहीं है। क्योंकि हमलोग भैया और बाबूजी को हमेशा बिना शिकायत सबकुछ खाते देखते। फुआ के छत से बतिया लौकी या किसी दोस्त के बग़ान से अरवी का पत्ता लिए भैया घर लौटते और रसोई में हल्ला करने लगते कि ताज़ा लाए हैं, ताज़ा बनाओ सब। अम्मा सब काम छोड़कर रसोई में ऐसे लग जाती मानो घर में मेहमान आनेवाले हों, और थोड़ी देर में, अभी भैया चखें उसके पहले ही, मनोज और मैं हाथ में लौकी का गरमा-गरम बजका और अरवी की पकौड़ी चीख-चीखकर धन्य होने लगते। बाबूजी हाथ में छाता लिए गाय का सानी-पानी देखते हुए घर में दाख़िल होते और बिना क़िसी के बताए ही जान जाते कि आज घर में अरवी की मसालेदार पकौड़ीवाली तरकारी बनी है। ऐसे मौक़ों पर बाबूजी हमेशा एक मुट्ठी ज़्यादा भात खा जाते। अम्मा और दीदी ही नहीं समझतीं, मुन्नी भी ताड़े रहती कि बाबूजी आज मुट्ठी भर ज़्यादा खाएँगे। जबकि मैं और मनोज ज़्यादा खाने के लिए आलू के परौठे और सेवई वाले खासमखास डिनर भोज की राह तकते। या जिस दिन दीदी गोभी, टमाटर, मटर डालकर मसालेवाली पानीदार खिचड़ी बनाती उस दिन का।

गाजर, मूली का अचार दीदी चुटकी बजाते तैयार कर लेती मगर उससे ऊपर के एरिया पर अम्मा का विशेषाधिकार था। अजवाइन, पंचफोरन और सिल-बट्टे पर मसालों के मेल की ढेरों चीज़ें थीं जिसकी तैयारी में दीदी लाचार होकर अम्मा का मुँह जोहने लगती, और जबतक अम्मा आकर राह न दिखाए, दीदी बे-राह कातर

बनी अटकी पड़ी रहती। दीदी के छोटा बन जाने के इन क्षणों में मुन्नी भी होशियार बन जाती और दीदी के रास्ते आने से बचती, क्योंकि तब दीदी का ग़ुस्सा एकदम सातवें आसमान पर रहता। हर बार अम्मा के किए का ग़ौर से अध्ययन करते रहने के बावजूद कुछ ऐसा रह ही जाता कि अगली दफ़े दीदी हारकर भुनभुनाती अम्मा को आवाज़ लगाने को मजबूर हो जाती। लेकिन ढेरों ऐसे आइटम भी थे जिनमें अम्मा का हाथ ही न चलता और दीदी खुलकर उस्तादी झाड़ती। जैसे चने की घुघनी और सांबर-डोसा जैसा दीदी बनाती, अम्मा का उनसे दूर-दूर का भी मुकाबला न होता।

अभी डोसा तावा से उतरता भी नहीं कि मैं और मनोज हँसते-हँसते, क्या टाप क्लास बनाई हो दीदी, करके उसे चट कर जाते, और इतना-इतना खा लेते कि दीदी डर जाती कि बाक़ी लोगों के लिए बचेगा भी या नहीं। घबराहट में हमलोगों की तरफ़ छनौटा फेंककर मारती कि एकदम्मे दलिद्दर हैं सब, हरामी!

यही हाल दीदी की बनाई खिचड़ी के साथ भी होता। सड़-सड़ पीकर पेट भर जाता, लेकिन आत्मा की इच्छा नहीं भरती। मैं और मनोज इतना खा जाते कि देह में उठने की ताक़त नहीं रह जाती। भैया आकर बरजते कि उठते हो तुमलोग कि लगाएँ एक लात? हारकर थाली का पानी पीते डकारते, पादते हें-हें करके अंततः हमारी खिचड़ी की खवाई ख़त्म होती।

दीदी सबकुछ इतने चाव से बनाती मगर ख़ुद उनको इन चीज़ों का चाव नहीं था। दरअसल, दीदी मुँह की चटोर नहीं थी। पक्का चटोर घर में केवल मैं और बाबूजी थे। दीदी की बस एक कमज़ोरी थी। बाहर सड़क पर गुपचुप के ठेलावाले के गुजरते ही दीदी बेचैन होने लगती, उनको लगता वह काम में बझी रह जाएँगी और ठेलेवाला निकल जाएगा। बहुत बार ये होता ही कि दीदी सुबह से अम्मा को सुनाती रहती कि आज मालूम नहीं क्या है। आज गुपचुप खाने का बड़ा मन हो रहा है और गुपचुपवाला आकर निकल जाता और दीदी को ख़बर ही न लगती। मनोज भी दीदी की बेचैनी जानता था। रास्ते में दोस्तों के साथ हरमपने में लगा जैसे ही मनोज की गुपचुप के ठेलेवाले के आने पर नज़र जाती, वह घर की तरफ मुँह घुमाकर ज़ोर से आवाज़ लगाता, गेट पर गुपचुपवाला आ रहा है! और दीदी सुनकर सावधान हो जाती। बीच-बीच में ऐसा भी होता कि बाबूजी घर पर सोए हों और भैया साइकिल ले के अपनी हीरोगिरी पे निकले हों तो दीदी चुप्पे से मुन्नी को साथ लेकर डेली मार्केट निकल जाती और तीन रुपये का गुपचुप या मद्रास कैंटीन में मसाला डोसा खाकर बाक़ी के पैसे से अम्मा के लिए पैक कराकर, चुप्पे लौट आती। सारा समय घर पर रहनेवाली

दीदी को डेली मार्केट में इसकी ठीक-ठीक जानकारी रहती कि रामधनी के ठेले पर अच्छा गुपचुप मिलता है कि जैपरकास के। फटी बाँहवाले सोफ़े पे बैठे जूते का फीता बाँधते भैया अम्मा या दीदी किसी को गुपचुप खाते देखते तो मुँह बना के कहे बिना उनका जी नहीं मानता कि एकदम्मे देहाती है तू लोग! गुपचुप से भरे मुँह से उस समय दीदी के मुँह से कुछ नहीं निकलता मगर भैया के घर से निकलते ही दन्न से बोलती, "बड़का अपने को शहराती समझते हैं!"

भैया का शहरातीपना माछ, मुर्गी और सूअर का माँस खाने में छिपा था। बाबूजी भी मीट का ज़िक्र होते ही भावुक हो जाते। जबकि अम्मा एकदम-से भड़क जाती कि मीट-सीट करना है तो बाहर जाओ सब, हमरे रसोई में ई सब कुकर्म न होगा! बाबूजी हारकर दाँतों के बीच जीभ दबाए चिढ़कर कहते, बड़ पगलेट औरत है जी, और फिर उनका और भैया का कुकर्म घर के पिछवाड़े आम के पेड़ के नीचे छै ईंटों को जोड़ एक टेम्परेरी चूल्हे पर मिट्टी की हांडी और एक पुराने अलमुनियम की करियल देगची में अंज़ाम दिया जाता। प्याज़ काटते हुए, मसाला कूटते हुए जिस प्रेम और सहोदरभाव से भैया और बाबूजी खस्सी का मीट बनाते, उस अनोखे प्रेम की झाँकी देखने के लिए आँगन का दरवाज़ा खोल दीदी और अम्मा भी मुँह पर साड़ी रखे दस हाथ की दूरी पर आकर खड़ी हो जातीं।

मुन्नी और मनोज अलमुनियम की देगची के इतना क़रीब झुक-झुक कर देखते रहते कि दस हाथ की दूरी पर रहने के बावजूद अम्मा को घिनाइन-घिनाइन-सा महसूस होने लगता। यह कहने के बजाय मगर अम्मा यह कहकर हल्ला करती कि आज गोड़ जारे बिना तू लोग को चैन नहीं पड़ेगा क्या? भैया इतनी तल्लीनता से रंधाई करते कि लगता जैसे कॉलेज के पहले साल में अपने फेल होने का प्रायश्चित कर रहे हों।

अम्मा ही नहीं फिर दीदी भी मुन्नी को मीट खाता देख हैरान होती कि जाने कैसी बीमार लड़की है कि बैंगन तक मुँह में जाने पर उल्टी कर देती है और मर्दों के बीच हबर-हबर आलूदम जैसे मीट खा रही है!

मैं हर बार ईंटों पर हांडी चढ़ते ही मन-ही-मन अंदर हिम्मत बटोरता कि इस बार मीट खा लूँगा, मसाले की महक लेता ख़ुश होता लेकिन अलमुनियम की थाली में मीट परसते ही मेरे हाथ-पाँव फूलने लगते। दो मिनट इंतज़ार करने के बाद भैया चिढ़कर बोलते, "अब खा क्यों नहीं रहा है, चिरकुट?" चार काटा खा चुकने के बाद बाबूजी के चेहरे पर चरम तेज चला आता, स्वर्गीय आनंद की तरन्नुम में झूमते

हुए वह समझाइश देते, ''खा लो। खा लो बेटा, बड़ा उत्तम परसाद है!'' इसके पहले कि भैया के हाथों मैं और जलील होऊँ, थाली एक ओर ठेलकर मैं अंदर अम्मा और दीदी की जनाना शरण में भाग आता। दीदी मेरी तारीफ़ करने के बजाय चीखती कि चलके साबून से हाथ धो के आ पहले। जा!

शायद चुमकी के घर किसी पूजा-सूजावाला भोज था। मुन्नी, दीदी, अम्मा सब आई हुई थीं। ख़ूब हुड़दंग मचा हुआ था। लड़कियों की जमघट की वजह से भैया भी वहीं जमे हुए थे। और इससे और उससे ऐसी-ऐसी छेड़खानी कर रहे थे कि दोस्तों के बीच अंताक्षरी में फँसे होने के बावजूद मुझे भैया के वहाँ होने से शर्म महसूस हो रही थी। दूसरी ओर मनोज का हरमपना चालू था; दो-तीन आवारा लड़कों की संगत में वह ऊँचे जामुन पेड़ की इतनी ऊँचाई पर चढ़ गया था कि अम्मा देख लेती तो खड़े-खड़े बेहोश हो के गिर पड़ती। मैं ताड़े हुए था कि मुँह सिये रखूँ और एक बार नीचे आ जाए हरामी तो जम के कुटूँ। मगर फिर पता नहीं अंताक्षरी का टेंशन था या क्या, बात एकदम ध्यान से उतर गई। स्कूल के सेक्शन बी की रंजना मैक्सी में आई थी मैं कनखियों से उसको देखता उलझा रह गया, और फिर औरतों के हल्ला करने पर बाक़ी लोगों के साथ मैं भी भुक्खड़ों की तरह खाने पर टूट पड़ा। अभी मुँह में तीन-चार कौर ही गए होंगे कि पता नहीं कहाँ से भैया आ खड़े हुए और मुस्कराकर पूछा, ''कैसा लग रहा है?'' तब तक इतनी थकान हो गई थी कि ये भी नहीं समझ आया किसकी बात कर रहे हैं। मैंने कहा, ''क्या कैसा लग रहा है?'' भैया इधर-उधर लड़कियों को देखकर और मुस्कराने लगे, ''अरे, वही चिरकुट, जो चाभ रहे हो, सूअर का माँस। कैसा लग रहा है?''

हाथ की प्लेट हाथ ही में जम गई। मैं सबके बीच स्टैच्यू बनके जड़ हो गया। इतनी हिम्मत भी नहीं हुई कि देखूँ प्लेट में वह किस आकार-प्रकार की क्या चीज़ थी जिसका अजीब-सा स्वाद मैं अब जाकर मुँह में महसूस कर रहा था। नहीं, मुझे एकदम-से उल्टी नहीं हुई (वह घर लौटकर हुई और अगले दो दिनों तक जाने कितनी दफ़े हुई)। अचानक मन बहुत भारी हो गया और आँखों में बरबस आँसू चले आए। देह में ताक़त होती तो उस दिन मैंने भैया की हत्या कर दी होती। मगर भैया बचे रहे और लड़कियों के बीच नौटंकी कर-करके ख़ूब मज़ा लेते रहे।

***

बारिशी अँधेरे में बिन भाँग एक उलट दोपहर के चित्र

सरपट भागते घोड़े नहीं दिखते, जाने कौन किसकी सवारी होती कि बारिशी जत्था पलक झपकते में बांग्ला स्कूल के पिछवाड़े से लाल्टू के घरवाले मैदान तक पहुँचता, सबको अपनी चपेट में लिए-लिए और अगले मिनट सँकरे डेली मार्केट की दुकानों के कमज़ोर टीनों पर अपनी गोलियाँ पटपटाता! झारसुगुड़ा से लाए कपड़े के थानों और संबलपुरिया साड़ियों से घिरा मेघनाथ, एस्बेस्टस के बजते छत के नीचे ट्यूब की टिमटिमाती रोशनी में घबराया-दुबका बैठा होता, मानो अब-तब में जब कभी भी उसकी दुकान की छत गिरे, मृत्यु का वरण वह वहीं दुकान के अंदर करे, घर लौटने की हड़बड़ाहट में साइकिल पर प्रतिकूल हवाओं और बारिश से जूझते हुए सेक्टर पंद्रह के अपने मकान तक के रास्ते के कीचड़-कादो में नहीं।

काली गाय को नाथकर मंदिर के पीछेवाला मैदान पार करा सोमारु भी, अचक्के में चल आए इस बरसाती हमले में, एकदम अकबकाया गइया पर चिचियाकर मंदिर की दिशा में भाग खड़ा होता। पत्ते इकट्ठा करने पीपल के पेड़ पर चढ़ा ब्रजभूषण का बेटा नंदन तो वहीं ऊपर शाखों में फँसा रोने लगता! जबकि उसका रोना पेड़ के नीचे खड़ी शांत व निस्पृह जनार्दन की गाय और तापस का झबरा कुत्ता 'गोपा' तक सुनते नहीं होते। और सुनते होते भी, तो उसे सीरियसली लेते नहीं।

रुना आंटी के घर के आगे पता नहीं कब की और किसकी छोड़ी एक पुरनिहा एम्बेसेडर कार का मुरचाइल अस्थि-पिंजर होता, जो दुस्साहस में नंगे देह बारिश की मारों को झेलता और उ.फ.फ़ तक न करता! उसके सामनेवाले हरे मैदानी टुकड़े में, पहले से ही भरे बड़े गड्ढे के भूरे पानी पर पट-पट बारिश की तीर छूटते। जंगले की सलाखों में आँख और गाल धँसाए बाबुन कहता, "भूल के भी गड्ढे के पास मत जाना। गड्ढे के खोह में सात साँप छिपे हैं!"

घर में सब कुशल मंगल होता। मतलब मैदान में फुटबाल खेलते हुए फिसलकर किसी बेटे के घुटने पर चोट आई न होती, न रसोई में चूल्हे के पीछे साँप का कोई बच्चा गोला डालकर छिपा होता, और न ही मर्तबान के अचार में फफूँद पड़ा होता, फिर भी पता नहीं क्यों माँ, मुँह पर आँचल रखकर लंबी आह छोड़ती। बाबूजी सीमेंट

के नंगे फ़र्श पर बग़ल में बाल्टी में भिगोया आम लिए बैठे होते और बादामी का गुठली चूसते हुए, बाहर से भींजकर कीचड़-सने गोड़ से लौटे मनोज को देखकर बरजते, "का लेने लौटे हो, छोहाड़ा परसाद? बहरिया अभी और मजा करते?"

मनोज, जो कुछ लेने नहीं लौटा होता, मगर सामने आम की बाल्टी देखकर अब लौटने की सार्थकता समझ आई की अनकही समझदारी में चटपट बाबूजी के बग़ल चुका-मुकी जाकर बैठ जाता। और फिर दीदी बरजने लगतीं कि कीचड़-कादो के गोड़ से घर गंदा कर रहा है, तो गुठली चाभते हुए बाबूजी, दीदी को नहीं, पता नहीं किसे संबोधित करते हुए, मुस्की काटकर जवाब देते कि बरसात में घर गंदाएगा नहीं तो क्या अगरबत्ती का धुआँ छोड़ेगा?

गुलाब के पौधों से लगे छोटे गलियारे में स्टैंड पर लगी चुमकी के बाबा की एटलस साइकिल चुपचाप खड़ी बरसात की चोट सहती होती, जबकि परदा खिंचे खिड़कियों पर नज़र ताने-ताने मेरी आँखें दुःखने लगतीं, मगर फिर भी चुमकी का कोई पता न चलता। झमाझम होती ऐसी बरसात में तीन-तीन दिन गुज़र जाते और चुमकी का चेहरा देखे बिना मैं भयानक उदासी और घबराहटों के बाद बारिश से नफ़रत करने लगता। ऐसी बेहया बरसात को कैसे साँप का ज़हर पिला दूँ की रणनीति बुनने लगता। ओह, फिर भी बारिश कहाँ थमती?

***

बीच रात की लोरी

उर्फ़ आदमी और औरत और रात
और दिन और जीवन

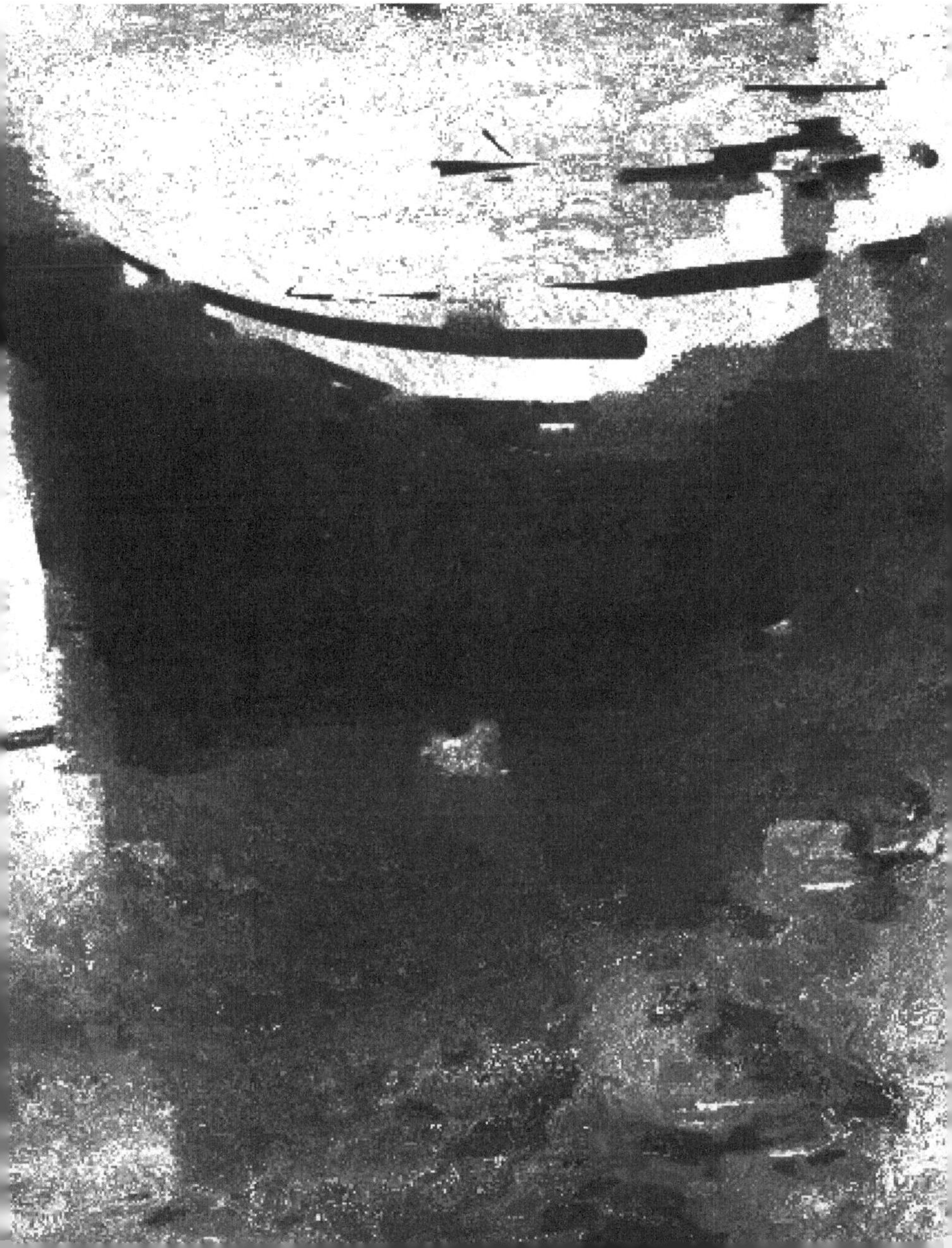

जैसा होता सुख

लड़की और लड़के की बातचीत

देर तक चुप रहने के बाद लड़की ने कहा मैं तुम्हें जानती नहीं। उस कहने में सब जान चुकने का दंभ और न जान सकने की झुंझलाहट छिपी थी। धूप और दिन की थकान में पिघलती ठहरकर पूछा लड़की ने कि आख़िर तुम चाहते क्या हो। अकबकाए लड़के ने जहालतभरा जवाब दिया कोई, फिर हो गया गुमसुम। इस दरमियान पूछता रहा ख़ुद से वह चाहता क्या है, कितना जानता है। लड़की का हाथ पकड़कर किसी सस्ते-से बाग़ की छाँह में टहलना चाहता है। या सड़क के उस पार खड़े होकर साथ-साथ देखना चाहता है साथ-साथ देखते हुए कैसा दिखता है शहर। ढलती दोपहर गोद में डाब लिए लड़की के कंधे पर सिर टिकाकर उसकी फुसफुसाती शिकायतें सुनना चाहता है। पूछना चाहता है इस रंग से क्यों रंगती है नाख़ून या उसके बालों व कंधे के बीच उठती महक का नाम क्या है। चुपचाप मुँह पर हाथ धरे सोते में उसकी साँसें सुनना चाहता है। या फ़ोन पर बात ख़त्म करके मुस्कराती पलटकर कैसे आती है लड़की उसकी तरफ़, देखना चाहता है। रुमाल से माथे का पसीना पोंछती लड़की भन्नाकर कहती है, "यही दिक़्क़त है तुम्हारे साथ, किसी बात का सीधा जवाब नहीं देते। नौकरी के इतने झंझट हैं, साँस लेना मुश्किल है और मैं तुम्हारे पीछे दिन ख़राब कर रही हूँ। वैसे तुम अच्छे हो। नेक हो। कल हाथ में सेब लिए आए थे कितना अच्छा लगा था मगर रोज़ इस तरह दिक करके मुझे कहाँ ले जाओगे, ख़ुद कहाँ जाओगे सोचा है। यह रोज़-रोज़ सेब नहीं खाती। अच्छा होता, उस दिन तुम

पास नहीं आते मैं किसी और रास्ते शहर चली जाती। अच्छा होता।''

आदमी कहता है, ''कैसे आता है सुख? आकर किन नज़रों से देखता है कि उस ज़रा-सा देखने के छोटे पल के दरमियान ही उसकी टेक बदल जाती है? हमारी संगत में घड़ी भर साथ रहने का ख़्याल सुख को शर्मिंदा करता है? किसी कातर, दुखियारिन बिरहन की तरह निहोरा करते हैं इतने दिनों बाद दिखे हो। आज मन थोड़ा थिर हो जाये तब जाना? जवाब में सुख ऐसे देखता है मानो ग़लत पते आ गया हो! जैसे कभी हमसे दिल लगाया था आज उस दिन की याद से शर्मसार होता हो! इच्छा होती है सुख के मुँह पर तेजाब फेंककर उसे भूल जाएँ। हमेशा-हमेशा के लिए! जैसे ग़लती उससे नहीं, हमसे हुई थी कि सुख-से बेग़ैरत से कभी दिल लगाया था! मगर भूलना कहाँ हो पाता है? और दुष्ट सुख भी हमेशा-हमेशा के लिए ग़ायब हो जाऊँगा, ऐसे क़रारनामे पर दस्तख़त करके कहाँ जाता है? अचक्के में, जब एकदम उम्मीद न हो, सपने के भीतर सपना के किसी सूराख से झाँकता यकबयक सामने चला ही आता है कैसे आता है?''

औरत कहती है, ''जैसे कोई बिल्ली कूदती आती है दबे पाँव, वैसे आता है सुख। नाख़ूनों में, बाल की जड़ में, साँस की हवा में। आता है सुख। गले के गोल सुबुक गड्ढे में, गर्दन के पिछले हिस्से में, घुटनों के पीछे, कलाई की नस पर। आता है सुख। मुड़ कर देखना मत। पानी में चहलती है मछली.. चाँदी का तार, सूरज की किरण करती है अठखेली, बनाती है सुख की एक तस्वीर, खींचती है रेखा दिल के पार से, ठकमकाता है एक पल को ये समय फिर बिखर जाता है किसी निर्दोष हँसी में। पानी के बीच बालू के ढूह पर एक अकेला ढाक का पेड़ सुलगता है सिमटता है बिखरता है, ठीक उस हँसी को रंगता है लाल जैसे सूरज शाम को, जैसे ख़ुशी गाल को। खिल-खिल धारा-सी हँसी जैसे उफनता हो फेनिल जल प्रपात कोई। ऐसे आता है सुख। कॉफ़ी के झाग में, देर रात तारों की संगत में, गुर्जरी तोड़ी के आलाप में। ऐसे आता है सुख। सफ़ेद काग़ज़ पर एक कोने में उँगली से नारंगी पीले गोल में। शब्दों के सपनीले महीन झुरमुट में, रात के बियाबान सर्द अकेलेपन में और दिन के भागम-भाग के रेले पेले में। ऐसे आता है सुख। एक दीर्घ निश्वास में, एक जम्हाई में, भूख की मीठी रोटी में, मटके के एक घूँट पानी में आता है सुख। नींद में, जागने में, हँसने और रोने में, जीने में.. जाने कब दबे पाँव आता है सुख।

जब खोजती हूँ दिखता नहीं, जब चाहती हूँ मिलता नहीं। दिन और रात के दरम्यान किसी दूसरी ओझल दुनिया में जाने कहाँ दुबक गौरैया बन छुपा रहता

है। और किसी दिन जब सब फिसलता-सा लगता है तब आता है किसी एक झूठी-सी हँसी की पीठ पर सवार और लद से गिर जाता है मुँह में किसी घुलते हुये कलाकंद-सा, सुख। किसी किताब के पन्ने से झाँकता है शैतान दुष्ट, पकड़ लेता है बाँहों में ढीठ दबंग प्रेमी कोई। मुँदती है आँख, गर्म पानी के सोते में जाड़े की सर्द रात का हमाम। ऐसे, सिर्फ़ ऐसे ही आता है, उफ़्फ़ ये कमबख़्त कमबख़्त सुख!

सपना था फिर कोई संगीत का कोई सुर था। अ म्यूज़िकल स्ट्रेन। ऐसा जैसे साँस बजती हो अपनी संपूर्ण कोमलता में, पानी की सतह को हवा की उँगलियाँ छू भर दें बस जैसे ज़िन्दा हों..बेसिक बेसिक। कलंदर खाए कोई कलाबाजी, उछाल दे गेंद। तीन-चार-पाँच हवा में और लोक ले बिना देखे, मुस्कुराते हुए स्वाभिमान से। काले घूमते तवे से उछलकर चकरघिन्नी कोई आवाज़ फँसे रेशे-सी हर खरोंच पर किसी खर्राहट से गूँजे, ऐलान करे.. मैं कमला बाई झरिया। कितनी कैसी बचकानी वैसी ही मधुर और कुछ तीखा तुर्श। होंठों पर कासनी रंग। कोई मीठा स्वाद कहाँ। फिर फ़ुरसत से बैठें, पैर फैलाएँ, बदन सीधा करें, मन ढीला करें, आँखें मूँदें और सो जाएँ? बस ऐसे ही। पीछे गाती रहें कमला बाई, रसूलन बाई टप्पा ठुमरी, मोगरे के फूल महकते रहें गजरे! मुर्झाते रहें बासी बोसीदा, पानी पर पड़ी रहे कोई झिल्ली। याद करें थ्योरी सरफेस टेंशन की फिर बुहार दें आलस से बाहर, अभी नहीं कभी और। किसी और वक़्त में। टलता रहे टलता ही रहे हर फ़ैसला ग़लत सही.. किसी और वक़्त में। पीछे से झम्म से कूदती जैसे दीवार से बिल्ली.. आवाज़ सिर्फ़ आवाज़ जिसे पकड़ कर, जिसके सहारे मैं कूद आऊँ अँधेरे से रौशनी में.. सपने से जागने में.. टेक्नीकलर से ब्लैक एंड व्हाइट में और जागकर सोचूँ, क्या ऐसे आता है? ऐसे दिखता है क्लाइडोस्कोप के अंदर मल्टीपल? इतने सारे सुख?''

***

औरत कहती है, ''मन की रेल पर ये जो तुम हसरतों की ऐसी मीठी, पगलाई लतरें बिछाए जाते हो, कुछ सूझता है मुझे कहाँ-कहाँ खींचे लिए जाते हो? यह समय है और कितना अच्छा है हम ज़िंदा हैं, मगर फिर?''

फिर क्या? आदमी हँसता है चार वर्ष के बच्चे-सी निष्पाप हँसी। बेवक़ूफ़, भूला हुआ कि किस भूले से आया है किस भटकन जाएगा कि मोहब्बत की देह के हाड़-माँस नहीं होता, कि ख़्यालों के मीठन में सँजोकर रोपे पौधे के ज़रा-सी हवा की कमी कितना तकलीफ़ देगी। मन मुँह को आएगा, साँस ख़ुद से छूटी-छूटी-सी जाएगी। फिर क्या नहीं सोचता आदमी, सिर्फ़ बच्चे-सी हँसी हँसता है। बेवक़ूफ़।

औरत दूर तक देखे जाती और दूर तक सोचती दंग होती है। जब और सोचना दिल को डुबाने लगता है तो आदमी के ख़्यालों की महीन रेशोंवाली चटाई पर गिरकर ढेर होती है, अपनी ख़ुशी में मीठे उदास, मदहोश होती, मानो वह हथेली पर दिए गए ज़रा-से समय को नहीं जी रही, ताउम्र ख़त्म न होनेवाली शराब पी रही हो, और फिर अपने को वैसा बोलता सुनती जिस मिठास को हवा में महसूसती वह लगभग बेहोश हुई जाती हो, ''लो, मैं अपनी जिरह में तुमसे हारी, अब ?''

आदमी सुरीलेपन के महीन तागों पर ख़ुशियों की बहुत दूर तक उड़ाई पतंग की संगत में डूबा चला जाता और फिर उसी तेज़ी से वापस लौटा आता, ''तुम बताओ !''

अपने में भूली हुई औरत जवाब नहीं देती, सिर्फ़ देखती देखे चली जाती, हवा में टटोलती हरफ़ों का मजमून बनाती, धीमे-धीमे फिर बुदबुदाती, ''यह अनमने, असमंजस का हिसाब अच्छा नहीं। ठीक-ठीक बता दो तुम्हारे बारे में कितना सोचें। कम सोचते हों ज़्यादा कर दें और ज़्यादा हो रहा हो तो कम कर दें। स्केल बाहर करो आज ठीक-ठीक हिसाब कर ही लें। दफ़्तर के समय की तरह तय वक़्त शुरू करें और घड़ी देखकर तुम्हें दिमाग़ से उतार दें ? दाएँ देखें तो तुमको और बस तुमको ही देखे जाएँ ओर बाएँ भुला दें सब, ऐसा ? सब्जियों पर से छिलके की तरह हटा दें, किताबों में जो कहीं नज़र आओ मिटा दें। दूर तक सड़क पर बेसुध चलते चले जाएँ और तुम्हारी हर बात को हवा में उड़ा दें। बोलो न, अकेले कितनी दूर निकल जाएँ आगे फिर कहाँ ठहरकर सिरा पकड़ें, करें सोचना शुरू और कितना सोचें। निर्जन रात में कपाटों के बीच बंद कर दें सुबह के उजाले तुमको चादर से ढँक दें। हँसते-हँसते सोचकर अन्यमनस्क उदासी में बदल दें, बीस शब्द सोचकर बाईस खारिज़ करें, बोलो न, कितना सोचें। किस रंग में सोचें और किस रंग में सोचने से बचकर निकल जाएँ। सोच का हल्कापन बनाए रखें और इतना न ऊपर जाएँ कि भार के नीचे दब जाएँ। कितनी भाषाओं में पढ़ें तुमको और कितनों में भूल जाएँ, बोलो न, कितने शब्दों और कितनी सभ्यताओं में सोचें तुमको ?''

***

लड़की भीतर बहुत ही अकुलाई होती जभी वह लगातार इस तरह बोले जाती थी। एक के बाद एक इस और उस बात के सिलसिले, और ऐसा नहीं कि लड़के ने लड़की से जिज्ञासा की हो, या उसे इस तरह का कोई संकेत दिया हो कि उसकी अस्थिरता और उद्विग्नता से वह हैरत में है। लड़की ही थी जो बार-बार अपने होने में हैरान हो रही थी, मानो कभी एक सहज कौतुहल में तो कभी एक चोटखाई झुंझलाहट

में स्वयं को पहचानने की कोशिश कर रही हो, और इस अस्थिर मन:स्थिति में जो उसके हाथ आता उससे वह और-और बेचैन होती, हाथ पकटती ग़ुस्से में फुत्कारती वह ऐसी क्यों है कि उसके जीवन का कुछ भी उसके नियंत्रण में नहीं? इस बेकली और अवसाद ने उसे कहीं नहीं पहुँचाया फिर भी वह इससे हाथ झटककर अलग क्यों नहीं हो पाती? कभी हो पाएगी?

मालूम नहीं की एक कमज़ोर मुस्कान मुस्कराकर लड़का कातरता से लड़की की दिशा में तकता रहा। हालाँकि लड़की कभी अपने अवसादीलोक से अलग हो पाएगी के जवाब की अनिश्चितता के लिए वह नहीं, लड़की जिम्मेदार थी, फिर भी कुछ था, रहा होगा, कि लड़के के मन का स्वाद कड़वा हुआ। शायद वह इस दिशाहीन ग़ुस्से और बेमतलब की हँसियों में गुँथी लड़की के शनै:-शनै: एक उचाट, उदास औरत में बदलने के ख़्याल की कड़वाहट महसूस रहा था। या शायद इससे भी कहीं इस बात की ज़्यादा कि अस्थिरता में दौड़ती लड़की ठहरकर अपने को पहचान सकने का सलीक़ा सीख सकेगी, कभी? शायद। शायद नहीं।

अपने बाह्य, भौतिक पहचानी पहचानों के अनंतर व्यक्ति अपने निज की सच्ची संगत में कहाँ जा रहा है, कैसे गीत गा रहा है की पहचान ठीक-ठीक कभी कर पाता है? या उसके नज़दीक के उसके अंतरंग, हमदम इस खोज में उससे साझा कर पाते हैं? दोस्तों के साथ बिताई ऐसी शामों के कितने मौक़े होंगे जब किसी सहज क्षण लड़के के होंठों तक आया सवाल एक संकोच और असमंजस में वहाँ तक आकर भी फिर अटका रह गया होगा।

औरत जानती है उस पुरुष को जो उसके नौ वर्षों की बेटी का पिता है, लेकिन उसे जानती है जो रहते-रहते अचानक अपनी शर्मिंदगी में एकदम ख़ामोश हो जाता है, या सारी-सारी रात अकेला व्हिस्कीखोरी करता थेलोनियस मोंक को सुनता रहता है? बीवी आकर पूछे क्या बात है, किस बात का ग़म मन रहा है? तो लाल आँखोंवाला आदमी सिर झुकाए चुपचाप बुदबुदाए, कुछ नहीं, कुछ भी तो नहीं..

अकुलाहटों की भी कितनी किस्में हैं। जैसे प्यार की। अपने को पहचानने की। अपने आंतरिकता की भीतरी, बीहड़ यात्राओं की। पुरुष से सवाल करो कि अकुलाहटेर गुरु, किछु पेयेछेन? सत्ती बोलबेन किंतु खोजछेन की?

ज़ाहिर है पुरुष जी जवाब नहीं देंगे, जवाब की प्लेट पर राज़दारी की एक महीन, लापरवाह मुस्की धरेंगे।

***

हसरतें

होंगी बहुत सारी, कभी बर्फ़ की बरसात नहीं होगी
जैसे स्निग्ध सितारों की आभा हमारी आत्माओं पर
झरे, सारी रात झरती रहे, खुले में नंगे पैर भागें वो
सचमुच की चाँदनी रात-सी रात कब होगी, नहीं होगी
दिखेगा जीवन नाख़ुश कुछ झुँझलाया-सा, अचक्के
सामने पड़े पुराने ग़रीब दोस्त के मुँह चुराया-सा
हँसना मिलना कमीज़ उतारकर चप्पल पहनना
गिलास की शराब होगी, बातों के पिये का
सुरुर बने, आँखें ख़ुशी में धँसीं चमकती रहें
वो बातें नहीं होंगी, चमकीली थरथराती रेशमी
रातें नहीं होंगी। जीवन होगा जैसे बटुली में
ढँककर रखी बासी रोटी, गिरते-उठते बेमुरव्वत
शब्द होंगे, एक भरपूर गाना नहीं होगा।

***

औरत देखेगी मन के फाँक से, कितना गहरे देख सकती हूँ की झाँक से और फिर दिलटूटी आवाज़ में बुदबुदाएगी, "मैं तुम्हारा भरोसा नहीं करती। इसलिए तुमसे नफ़रत करती हूँ, सुनो। और प्यार करती हूँ इसलिए नफ़रत नहीं कर पाती!"

गोद का बच्चा एकदम-से गिर पड़े की तरह आदमी सुनेगा, सिर्फ़ औरत की नफ़रत सुन सकेगा, अपनी नफ़रत में सिहरता कि वह मन के किस गाँव बसता है जहाँ भरोसे की इतनी ज़रा-सी हरियाली नहीं? हर समय दिखता है पानी में डोलती पुरानी डोंगी और अपना तैरना, बहे चले जाना, फिर क्यों होता है कि साथ कहीं पहुँचना नहीं होता?

बाँस के जंगल में एक अकेला बाघ विचरता है। अकुलाया, अपने बाघ होने से भय खाया। बचपन के कुछ क़िस्से याद आते हैं, कुछ लगता है उसके नहीं, जंगल की कहानियाँ हैं। घुटने पर पैर जमाए पीठ के बल लेटी गिलहरी उस मेले की याद दिलाती है जब बाघ उसे साथ लिवा कर चकरी के चक्कर काटने गया था और बाद में

गिलहरी ने कैसे उसकी उल्लू काटी थी जब कुएँ में बाघ को उसकी परछाईं दिखाकर वह उसे ललकारती, उस गहरे लगभग गिराती छोड़ आई थी, याद आया, डॉन बेप्पे बाघानो? बाघ क्या करेगा एक बेचारी मनभली गिलहरी का, कातरता में अपनी बेढब मुस्कराता है। रात मन के सूने-हारों के अलग-अलग वृंद सजाती है। बाघ किसी बूढ़े बाँस की पकी देह से माथा लगाए वही पुराना सवाल एक बार फिर पूछता है जिसे अब सुस्ताती हवाएँ तक अनसुना किए जाती हैं, 'पुराने पुरोहित, बताओ, सचमुच वही हूँ जो समझता हूँ मैं हूँ?'

अपनी उलझन में बेसुध धुत्त आदमी बुदबुदाता है मालूम नहीं भरोसा किस चिड़िया का नाम, जिस गाँव बसती है, मैं उस गाँव शायद कभी गया नहीं। या सपने में गया होऊँ तो भरोसे से कभी मुलाक़ात नहीं हुई, मैंने देखा नहीं चेहरा, तुम्हारी नफ़रत का चेहरा दिखता है, भूखे होने की-सी शर्मिंदगी होती है, भूख के बंजारे भूगोल पर तुम्हें एक सच्चा गाना गुनगुनाता मिला, ग़लती हुई?

औरत जुड़ी हथेलियों पर ठोढ़ी गड़ाए ख़ुद को बताती है, "एक गुमनाम शहर के बिसराए पुराने सिनेमाघर के अँधेरों में रुपहली छायाएँ डोलती हैं, टॉर्च लिए एक बूढ़ा संतरी खोजता है अब हाथ न आनेवाला ज़माना, पुराना, भूला गाना.."

***

सबकुछ ख़ामोशी में धुत्त, नींद के गाढ़े में बेहोश पड़ा हो वैसे में अचक्के लड़की आँख खोले अँधेरा तकती सोचना शुरू करती है कि लड़के ने उस औरत के सामने ऐसी बात क्यों कही। और कही तो उसके बारे में इतने घंटों बाद सोचते हुए मुझे ऐसा कष्ट क्यों हो रहा है? जानती है लड़के का उसके लिए कितना स्नेह है फिर भी उस औरत की दिल्लगी में वह साझा हुए, उसे एकदम से कितना कष्ट होगा का ख़्याल उन्हें नहीं हुआ, चुप रहकर औरत के कहे को स्थूल हो जाने देते, सोफ़े पर बैठे उनके कंधे से सिर टिकाकर लड़की के मन का भार हट जाता, औरत का व्यंग्य उसके व्यक्तित्व के प्रहसन का प्रमाण बना रहता, वह हल्की लड़के की नंगी पीठ के रोओं से चेहरा सटाए नींद में वही लड़की बनी रहती जिसके कोमल, खिले साहचर्य में लड़के की हँसी को ऐसी सेंसुअस पुलक मिलती है, लेकिन अपने 'औरतपने' से छिटकी हुई लड़की सो नहीं पाती, अन्यमनस्क बनी हुई है। थमी-थमी एक सुर में दबी हुई लड़के की साँसें बजती हैं, रोज़ के उस सुरीले की अभ्यस्त लड़की उस संगीत से बाहर ठिठकी हुई जैसे नींद में डूबे अपने अंतरंग से एक ख़ामोश ज़िरह छेड़े बैठी हो कि तक़लीफ़ में नहाई तुम्हारी दिलहारी अपनी तुमसे शिकायत कर रही

है, मेरे अपने तुम, तुम सुन रहे हो?

पुरुष के सिर के बाल, कंधे, काँखों के बाल सोए हुए हैं। दिन भर की बढ़ आई दाढ़ी के खूँट, हाथ की उँगलियाँ, पैर के नाख़ून सोए हुए हैं। जब औरत ने तैंतीस पूरा किया था उस दिन के लिए छत्तीसगढ़ी हाट से खरीदकर लाया वह बेड-स्प्रेड भी आँखों पर अँधेरा ढाँपे निश्चेष्ट निश्चल पड़ा है। फ़र्श पर क़रीने से प्लेस्ड दो जोड़ी स्लीपर्स, दीवार पर औरत का उकेरा हुआ अपनी माँ का उसके चोटभरे दिनों का एक ज़रा-सा बेढब चारकोल स्केच, सब पलकें गिराए, अपने में चुपचाप।

जगी बेटी से दूर, बहुत दूर, एक छोटे कस्बाई शहर के साफ़ बरामदे और गेंदा और चमेली फूलों के अलसाए उनींदेपने के पड़ोस अपने ऊँघते पति के सिरहाने अधबीच नींद में उठी माँ करवट बदलकर अस्थिर उठ बैठती है। परिचित अँधेरे के अभ्यस्त पैर बिना जतन ख़ुद को चप्पल पहनाते हैं, उचटी नींद में घिसटते औरत के पीछे-पीछे रसोई तक जाते हैं, औरत रसोई की बत्ती जलाकर जानती है जब सोई थी तब थी, मगर अभी बिजली नहीं है। पति की ऊँघाई में व्यवधान आता है। रसोई के अँधेरे में पीतल का उल्टा लोटा टटोलती औरत सुन रही है पति उठकर नाक पोंछता असमंजस में समझने की कोशिश कर रहा है उचटी नींद की असल वज़ह क्या होगी, और घर में बिजली के न होने का ध्यान उसे अभी कुछ हौल के चौंकन्नेपन के बाद आएगा, और इससे पहले कि वह औरत से सवाल करे, लोटे से दो घूँट पानी पीकर औरत ख़ुद जवाब देगी, 'कुछ नहीं हुआ, बिजली गई है। पानी पिओगे?'

आदमी अस्पष्ट-सा कुछ बुदबुदाएगा। औरत हाथ में पानी का लोटा लिए कमरे में वापस लौटेगी, जानती कि अँधेरे के होश में लौटकर पति पानी नहीं पिएगा, चाय की एक कातर, भोली-सी गुहार करेगा, औरत चिढ़कर उसे देखेगी, बिछौने उसके बाजू सहारे के लिए बैठेगी, उभरी नसों वाले उसके भारी, रुखे पैर पर हाथ रखकर कहेगी, 'अभी एक सपना देख रही थी, बेटी के बारे में!'

आदमी कुछ देर बाद चौंककर औरत की ओर देखेगा, जैसे उनकी बेटी नहीं जाने किस अजनबी की बात हुई हो, या मानो वही अजनबी हों और अपने पहचाने के अचानक के इस सामना से पल भर को ठिठक गए, खुदी को खोजने लगे हों।

***

गाढ़ी रातों में आदमी बहेलिये की तरह कहीं बहुत दूर अपने में कुछ ढूँढ़ता बाहर जाता है, मछुआरे के जाल-सा गहरे कहीं उतरा डूबा हुआ, ख़ामोश। रात की

परछाइयाँ पानी में 'गुड़प' डोलती हैं, ऊपर आती हैं। सोयी मछलियों के सिलसिले, किस दावत की किस अफ़ीम ने हमको हमारी मोहब्बत में ऐसा नकारा बना दिया! की बेकली का गाना फुसफुसाते हैं अपने सपनों, सोए जल का नील छाँह-नहाया आँगन सजाते हैं। आदमी मंत्रमुग्ध इंतज़ार करता है।

औरत की साड़ी के किसी कोर खँसा होता है कहीं अनदिखता वह ज़रा-सा इंतज़ार। काम की मेज़ पर झुकी वह काम काम लिखे जाती है, फिर सिर पर हाथ धरे पढ़ती तो पढ़ा जाता इंतज़ार। औरत को अच्छा नहीं लगता इस तरह अपना काम में जिये जाना, जीने में जाने वह क्या है किसलिए है के इंतज़ार को अपने से बारहा हटाते, अपने में फिर-फिर वही गुँथा पाना। हाथ से लगकर दवात उछलता है, नीली सियाही आँख के भौं और हाथ की उँगलियों को नीला कर जाती है। औरत थककर बटुआ उठाती है।

रात की पीठ पर आदमी एक-के-बाद एक जाने कितने अनप्रोसेस्ड सूत्र टीपता चलेगा, उमगता औरत को बताता, इतने सारे संगीत के बीच खड़ा क्यों भूलता रहता बार-बार मैं अपना तरन्नुम, इस भूले में तुम मुझे कहाँ छोड़े जाती हो? औरत लंबी साँस लेगी, चुप रहकर कहेगी भागते रहते हो हर वक़्त, दिखता है मेरा संगीत कहाँ मुँहछुपाए खड़ा है, कभी उसे पास बुलाते हो? अंजुरियों की कोमलता में थामे उनको नेह में नहलाते ?..

फीकी मुस्कराहट में लिपटी औरत काँपते सुर धीमे सँभलकर अपने शब्द सजाएगी, "सच जानो, सब समय चाहती हूँ तुम तरन्नुम में रहो, हमारा भला हो, और फिर सब समय पाती हूँ कि मेरे बोलने में गाना ख़राब होता है, कब तुम्हारे काम आती हूँ? तुम हर वक़्त टाँगे रहते हो गले में हारमोनियम, मैं एक ज़रा-सी बाँसुरी तक कहाँ उठा पाती हूँ? दिखता नहीं तुम्हें? इतने सारे संगीत के बीच कहीं दिखती हूँ मैं?"

***

तुम कहोगी

तुम हुमसकर नज़दीक आओगी, पूछोगी पूछना चाहती हूँ कुछ, पूछ सकती हूँ। मैं हँसता माथे के पीछे हाथ बाँधकर कहूँगा पूछो-पूछो। तुम कहोगी छोड़ो, जाने दो, मेरे मन की बात है, तुम कहोगे कहाँ-कहाँ से खोदकर बात लाती है, बेवजह सिर खाती है। मैं चेहरे पर मचलने का बच्चों-सी मासूमियत चढ़ाऊँगा अरे, यह कौन बात हुई, बात उठाकर दबाती हो, उठाया है तो अब निपटा ही डालो। चलो, पता नहीं क्या वहम है अंदर बाहर निकालो। तुम कहोगी खामख़्वाह बुरा मान जाऊँगा, बैठे-बिठाए बेमतलब का झंझट, गुम्मा मुँह फुलाऊँगा। मैं करवट बदलकर बुरा मानने का चेहरा बनाऊँगा कि कहोगी भी कि बस लच्छे बुनती रहोगी। तुम कहोगी ठीक है, नज़दीक आओ, एक बात बताओ। अब भी तुम्हारे अंतर्तम को मुझसे रोशनी मिलती है? कितनी मिलती है, अब भी बचा है तुम्हारी बेचैनियों में मेरा 'मिस्टीक' कितना बचा है, बताओ न! मैं कसमसाकर, तुमसे ज़्यादा ख़ुद से नज़रें बचाकर कहूँगा- क्या?

कितनी बार कितनी-कितनी बार हम फिर उसी अँधेरे में आकर खड़े होंगे जिससे बाहर निकलने को हम मिले थे इन द फ़र्स्ट प्लेस। तुम हारकर कहोगी इतना अँधेरा क्यों है? मैं जाने किस घिसी बौद्धिकता में दोहराऊँगा कहाँ जाएगा इसी में तो बड़े हुए हैं, नींद से बाहर और खिड़कियों के परदों पर डोलता रहता है, असल बात यह नहीं कि अँधेरा है। असल बात है तुम उस अँधेरे में कैसे अपनी रोशनी तैयार करती हो, कितना समझती हो कहाँ दबी-छुपी है तुम्हारी ताक़त, अपनी बैटरी चार्ज करती हो। तुम कहोगी थक जाती हूँ हर बात में तुम्हारी बुद्धि सुनकर। कभी कुछ और सुना नहीं सकते, मेरे हिस्से की थोड़ी बैटरी जला नहीं सकते? मैं अपनी दुलराई, जंगखायी बुद्धिमानी में हँसने लगूँगा। तुम्हारी ख़ाली आँखें और अपनी हँसी की बेहुदगी देख किसी दिन क्या मालूम शायद उसी क्षण ख़ुद से डरने भी लगूँगा। अँधेरा कहीं नहीं जाएगा और हम दो कमज़ोर जान आख़िर इतने बड़े अँधेरे का क्या बिगाड़ लेंगे। कुछ नहीं बिगाड़ेंगे, कहीं कुछ नहीं बदलेगा, बस धीमे-धीमे अँधेरे में ज़रा आगे तक हम साथ चलेंगे।

आदमी के हैरत से परेशान होती बेटी का सपना देखनेवाली औरत ने ख़्याल करके पति के रुखे पैर सहलाते हुए सवाल किया, "क्या बात है? पैर में फिर

झन्-झन् हो रहा है? दबा दूँ?'' और बिना जवाब पाए औरत आदमी के पैर दाबने लगी। आदमी को अच्छा लगता है तक़लीफ़घने पैरों पर इस तरह के स्नेहभरे हाथों का फिराव पाना, लेकिन जाने मन के संकोच का कैसा बँधाव है, पैर पीछे खींचकर बुदबुदाता है, ''बेटी के बारे में क्या सपना देख रही थी?''

औरत का चेहरा एकदम खिल जाता है। पति के खिंचे पैर को वापस अपने दायित्व और मोहब्बत की गिरफ़्त में लेकर अपने को जताना शुरू करती है कि अभी भी इन बूढ़ी हड्डियों में कितनी ताक़त है।

आदमी सपना देख रहा है। कभी बहुत पहले बचपन में की गई यात्रा और जंगलों में भटकने के गड्ड-मड्ड होते बिंब हैं, आस-पास से आती कुछ पहचानी हँसियाँ हैं। लेकिन कौन हैं और किस बात पर हँस रहे हैं इसका भेद नहीं साफ़ हो रहा। जबकि जंगलों में खो जाने की घबराहट हो रही है, साथ ही उस घबराहट का एक दबा-दबा रोमांच भी हो रहा है। अजब दबे रंगों की रहस्यकारी परछाइयाँ बन रही, फैल रही हैं। उस मटमैले अँधेरे के जादू में सूखे, घबराए हलक आदमी डूबा जाता है, और इसके पहले कि हँसी की सारी आवाज़ें एकदम से ग़ायब हो जाएँ, जंगल का भेदभरा धुँधलका उसके स्वत्व को पूरी तरह लील जाए, तमिल में चीखती एक फ़ेमिनिन आवाज़ उसे उबार लेती है, सपने में आदमी एक साथ ख़ुशी और घबराहट में पलटकर आवाज़ का हाथ थामता है, कौन है, दीदी है? एकदम चेहरे पर झुकी फिर दिखता है औरत है।

सपने से बाहर उसकी आँख खुलती है तो दिखता है कि अभी भी सपने में ही हैं। मटमैले सपने को अब ज़रा रंगीनी मिल गई है, मालूम नहीं दुनिया के नक़्शे का कौन अनजाना देश है, उस देश के जाने किस अनजाने शहर के किसी सस्ते कॉफ़ीघर की सस्ती मेज़ पर सामने हाथ बाँधे मुस्कराती वो बैठी है और उससे नज़र मिलते ही सवाल करती है, ''तुम ख़ुश हो?''

आदमी उसका हाथ उठाकर उसे अपने हाथों के बीच दबाए दुलराने लगता है, औरत छोटी बच्ची की तरह ख़ुश-ख़ुश उस रसभीजे चेहरे को तकती रहती है। दीवानगी में सपना 'वक़्त' के आशा भोंसले का 'आगे भी जाने ना तू, पीछे भी..' का किसी अनजानी ज़बान का वैरियेशन गुनगुनाए जाता है।

आदमी के सपने में औरतें मसाला कूट रही हैं, केले के पत्तलों पर भात परसा जा रहा है। औरते-ही-औरतें। बच्चों की धमाचौकड़ी, सफ़ेद, लाल, पीले रंगों का घालमेल। बड़ी कड़ाही में टीने से सरसों का तेल पलटा जा रहा है। माथे पर चंदन

की बिंदियाँ लगाये नंगे बदन धोती में खड़ा एक लड़का रुँआसा हो रहा है। कोई लड़की छत से जाने किसके लिए आवाज़ लगा रही है। पल्लू के छोर से गरम दूध का भगौना लिए आई फुकन की मासी माँ पूछ रही हैं किसके बच्चे को दूध चाहिए था? जाने कहाँ-कहाँ की कैसी ख़ुशबुएँ उड़ी आती नींद में उस को विचलित कर रही हैं, भरे-पूरे घर की जगर-मगर भीड़ में यह किसकी उपस्थिति की ख़ुशबू है जो वह अपनी सहज प्रसन्नता से अजाने विगलित हो रहा है? भारी साँस खींचे सोचता है और उसकी आँख खुल जाती है। इसका उसे कुछ देर बाद, लड़की के विरोध से, अहसास होता है कि वह उसके गरदन से मुँह सटाए जाने वहाँ क्या खोज रहा है, और वो उसे रोक रही है।

"हटो, अभी ये सब करने की ज़रूरत नहीं है।"

"हूँ।"

"सुना तुमने, मैं क्या कह रही हूँ? छोड़ो मुझे!"

"हूँ।"

"अभी लाकर लोटा भर पानी गिरा दूँगी सिर पे फिर देखोगे!"

"हूँ।"

***

प्यार, शब्द दो-चार, किस काम के, दाम के

काश! मेरे शब्द तुम्हारे फटियारे दिनों का कपड़ा हो पाते। भूख में कुम्हलाए, पपड़ाए होंठों पर रंगों नहाए, कुछ ओह! नारंगी बहार बनते, मन के गहरों में उमगती, कहाँ-कहाँ तक तो उतर गई, सारंगी सितार बनते। इतना तो...इतना तो... इतना तो संगीत लरजता कि छींट के मलिनियाए सूती परदे पर मुरझाए नीले फूल की पंखुड़ियाँ थिहरने, काँपने लगतीं, बरामदे के मुहाने पर रखे लोहे के जाले में काँसे की कटोरी नम आँखें अपनी ढाँपने लगती। मेरे शब्द तुम्हारे दु:खियारे दिनों के अकेले सुनसान

की सुकूनदेह सड़क, रिक्शे की उठँगी फैली सवारी, मुश्किल दिनों में अख़बार के नीचे जाने कब दबाकर रखी और अब अचानक पा लिए थोड़े रुपए और ओह! कैसे तो आह्लादकारी रेजगारी होते। निकलते घनी बारिश के बाद के आसमान की तरह, फड़फड़ाते नन्हे परों को गर्दन के नर्म रोंयें सहलाते काश! मेरे शब्द तुम्हें टहल घुमाने निकलते, पूरे रास्ते तुम ठिहलतीं, नये पत्तों की मानिंद फुनगतीं, ओह! कित्ता... कित्ता... कित्ता... कित्ता सारा तो हँसती चलतीं। काश!

औरत कहती है, मैं कभी तुम्हें दुःख देने का सबब नहीं बनना चाहती, मगर मान लो ऐसा मौक़ा बना कि तुम्हें तक़लीफ़ हुई, तब? मेरे बाबत ग़लत फ़ैसला सुनाओगे? अपनी नज़रों मुझे नीचे गिराओगे? आदमी देखता रहता औरत की तरफ़, चुपचाप सुनता। औरत के रोओं, पैर के नाख़ूनों पर एक ख़ुशी की लकीर खिंची जाती कि वह देखती किस मुहब्बत से देखता है उसे आदमी, मगर फिर यह सोचकर दिल भारी होने लगता कि मन में इतने सारे फूल खिलते हैं, हमेशा वह क़रीने से सजाया बाग़ान नहीं होता। और जब नहीं होता तो उस जंगली-वन में जाकर वह भूल जाती है कि वह कौन है, हसरतों के पहाड़ पर क्या खोजने आई है, तब?

आदमी देखता है औरत पास बैठी है, मगर उसके साथ नहीं है। उसके केश, उसकी उँगलियाँ पहुँच की ज़द में हैं लेकिन उसका होना ख़यालों के किसी और समय में, भाषा की किसी अपहचानी लिपि में सामने खुला हुआ है। मानो रेल के एक ही डिब्बे में आमने-सामने बैठे हों लेकिन उनके मन के स्टेशनों की लंबी दूरियाँ हों, उन फ़ासलों में जाने कितने जंगलों, पहाड़ों का भराव हो? आदमी असमंजस की बड़ी तक़लीफ़ में है, मगर झाड़-पोंछकर ख़ुद को बुहारता है, मुस्कराकर कहता है, "तुम्हें नज़रों से गिराकर फिर मेरे खड़े होने की कोई कहीं जगह होगी?"

आदमी कहता है, सिर्फ़ इतना जानता हूँ कि कितने भी दूर निकल जाऊँ, लंबे सफ़र से लौटा आऊँ, तो उम्मीदों से बँधी उस ज़रा-सी पोटली के साथ लौटना, तुम्हारे पास ही लौटना होगा। और मुझे मेरे गाते में, और रोते में, सुनोगी तो इसीलिए कि तुम्हीं को सुना रहा होऊँगा। तुमसे अलग तो ठीक-ठीक मैं ख़ुद से ककहरा भी न कहला पाऊँगा। समझती हो?

***

आदमी शहर और अपने गहरे में उदासीन, आवारा, निस्संग घूमता ख़ुद से हारकर ज़िरह करता कि वह इतना आसान है, फिर मन इतना मुश्किल क्यों?

मन के एक दूसरे रेल पर सवार औरत आदमी के नज़दीक आकर बुदबुदाती, ''तुम जानते तुम इतने आसान नहीं, फिर कितना तो सब आसान हो जाता!'' और बेआवाज़ गुज़र जाती।

घर की दीवारों पर, पुरानी तस्वीरों के माढ़े, नये तकिये के गाढ़े में आदमी औरत के होने की तस्दीक़ करता, कानों में फुसफुसाहट सुन पड़ती, ''मैं यहीं हूँ!'' कातरता में लजाया आदमी सवाल करता फिर वह कौन थी जिसे मैंने गुज़रती रेल में देखा?..

आदमी घबराकर फिर देर तक बताता होता कि वह फँस गया, उलझ गया है, औरत बताती कि नहीं, दरअसल वह आसान हो रहा है। आदमी कहता किसी भी क्षण रोने लगूँगा, फिर देखोगी? औरत हँसती कहती तुम अभी-अभी हँसोगे, मैं देख रही हूँ।

***

पतनशील साहित्य

लेखकों की चुराई डायरी व अन्य कथित सेंशेसन

हिंदी लेखकों की चुराई डायरी का एक असंपादित, अन्यतम संकलन

किसी बांग्लादेशी कवि, छत्तीसगढ़ी दार्शनिक, या अफ़ग़ानी उपन्यासकार की मार्फ़त ये अंतरंग रचनात्मक विद्युतरंग उजागर हुए होते तो स्वाभाविक है हिंदी लेखकीय बिरादरी इन डायरियों को हँसी और थोड़ा पहले ही शुरू हो गए होली का खेल मानकर, हँसी में उड़ाती अपनी नवरचनाधर्मिता में सिर छिपाकर इस तुच्छ अपमान को भूला देती। लेकिन चूँकि ये डायरी किसी अफ़ग़ानी उपन्यासकार के झोले की जगह मुझे, एक रेगुलर हिंदी लेखक को (हालाँकि दिवाकरजी अब भी अपने आलोचनात्मक प्रबंधों में मेरी उपलब्धियाँ गिनाने व गहराई में मुझमें, मेरे विमर्श से बचते हैं। मगर दिवाकरजी हैं कौन? सरसठ साल का बुड्ढा स्साला! फक्क दिवाकरजी!) टिकट-सटे, कोनों से ज़रा फटे, अपने नियमित डाक से प्राप्त हुए हैं, तैसे में इनकी विश्वसनीयता पर संदेह करना बेमानी हो जाता है। अलबत्ता डायरी में एंट्री लेखकों के नाम से नहीं है मगर फिर भी मुझे घबराहट हो ही रही

है कि कहीं ऐसा न हो दूसरों की नंगई की खोलाई में ख़ुद मेरी डायरी के पन्ने भी बाहर आ जाएँ! भई, स्वाभाविक है इतने लंबे रचनात्मक जीवन में कब किस मसले, व्यक्ति, विवाद या रचनात्मकता की महीन गुत्थियों पर, मैंने क्या चिंता की, का इतने अर्से बाद अब मैं ठीक-ठीक स्मरण न कर पाऊँ। आख़िरकार लेखक ही हूँ, महापुरुष नहीं।

हालाँकि दो वर्ष हुए हिमाचल बिजली विभाग ने शिमला में एक संगोष्ठी आयोजित की थी। दुबली-पतली एक गौरवर्णा कमज़ोर-सी पाठिका ने अपने परचे में मुझे महापुरुष कहकर चिन्हित किया था (और दिवाकरजी ने तत्काल वहीं खड़े होकर बेचारी संवेदनशील कन्या की नासमझी [?] पर आपत्ति जतायी थी! मुझे सचमुच बड़ा ग़ुस्सा आया था। अरे, एक सुघड़चित्त षोडशी अपने मन के झरोखे खोल दुनिया को नयी नज़रों से देखने की कोशिश कर रही है और आप बुड्ढे, गँवार, ज़ाहिल, उसकी खिड़कियाँ बंद कर रहे हो? मैंने तभी सत्येंद्र जी को कहा था मुझे लगता है धन्वा ने 'भागी हुई लड़कियाँ' इसी खूसट, प्रेमहीन को ध्यान में रखकर लिखा होगा! सत्येंद्र जी ने भी कहा था छोड़ो, जाने दो यार। अमरीका में ओबामा आ गए, और ये अभी तक बिहारी, रसखान और जयदेव के लोकोपकारी चित्रणों में घुसे हुए हैं? ऐसे ही लोगों से तो हिंदी अभी तक बंदिनी बनी हुई है। टू हेल विथ दिवाकरजी! मैंने भी सोचा ठीक है यार, जाने दो। हटाओ। कोई सठियाया आलोचक महापुरुष नहीं मानता है, न माने। असल बात है पाठक के अंतरंग मन में आपकी क्या छवि बनती है। नहीं? मगर शाम को तीन पैग अंदर उतारने के बाद फिर मैंने बुड्ढे को घेर ही लिया! सिर्फ फैला होऊँ ऐसा नहीं, सीधा-सीधी ऐसी की तैसी करने की नीचाइयों तक उतर आया। भाई लोग बीच-बचाव में रोकने-वोकने लगे लेकिन मैं भी ज़िद पर अड़ा रहा कि होंगे अपने घर में दिवाकरजी, हमारे सिर पर पेशाब करेंगे और हम यहाँ साले को मुँह सिए बैठे रहें? सालभर विचार-भुवेश्वर व साहित्य-सुरंगम सभा में यहाँ-वहाँ साले को सड़ाँध पादते रहते हैं, चाहते हो सबके साथ हम भी उसको सुगंधि मानें? दिवाकरजी ग़ुस्से में काँपने लगे कि देखिए, हमारे स्वास्थ्य की सार्वजनिक चर्चा में मत जाइए! मैंने भी उखड़कर जवाब दिया था बहुत बिहारी, जयदेव करते रहते हैं, बेला बेलिंस्कि पढ़ा है? दिवाकरजी घबराकर पूछे **बेला बेलिंस्कि** कौन? मैंने चिढ़कर कहा था मुझको क्या मालूम कौन है, मगर आपने पढ़ा है?)

ख़ैर, लेखक होने, प्रतिभा-प्रसूत होने का यह नुकसान भी है कि जहाँ एक

ओर पाठकों की आत्मा में आपके लिए अन्यतम प्रेम संचित हुआ चलता है, वहीं कुछ ईर्ष्याग्रस्त अंधी आलोचना आपको दु:ख-कातर भी बनाती चलती है। अब यही देखिए, तहलका के नववर्षांक में कोई वीरेंद्र यादव हैं, वर्षभर का पता नहीं क्या अगड़म-बगड़म साहित्यिक असेसमेंट किया है। जो किया है सो किया है, मज़े की बात, मेरे नाम का कहीं ज़िक्र तक नहीं! ऐसे पत्रिका चलेगी? हिंदी साहित्य? ऐसे चलेगा? *चलेगा मगर फिर पहुँचेगा कहाँ?*

छोड़िए, इन कहानियों का कोई अंत नहीं। ऐसे ही नहीं है कि हिंदी की ऐसी दुर्दशा है। डायरी में अंतरंग प्रसंगों की ऐसी-ऐसी नंगी चर्चाएँ हैं कि आपको पता चल ही जाएगा कैसी दुर्दशा है। मेरी बस आपसे इतनी करबद्ध प्रार्थना है कि मेरा ख़ुद का लिखा कहीं कुछ ग़लती से प्रकाश में आ जाए तो मुझे तत्काल सूचित करके सावधान कीजिएगा, क्योंकि, सहृदय पाठक, आप भी जानते हैं हिंदी का असल नुकसान मुझसे नहीं, दिवाकर जीओं से है।

बहुत इन लियू ऑफ़ एन इंट्रोडक्शन हुआ, अब सामने से हटता हूँ। मैं नहीं, अब डायरी बोलेगी! आमीन!

***

घर में घर, मन में साहित्यमणि, होगा?

(आमतौर पर 'एम' से इशारा 'मर्डर' का होता है, हिचकॉक की फ़िल्म 'डायल एम फॉर मर्डर' जैसे मशहूर साहित्यिक दृष्टांत इसकी पुष्टि करते ही हैं, लेकिन डायरी की वर्तमान एंट्री के नैरेटर 'एम' से किसी मर्डर के बजाय ज़्यादा आशय संभवत: उसके 'मोरोज़' होने का लगाया जाना चाहिए। कम-से-कम मैं तो इसी सहूलियत का सहारा ले रहा हूँ।)

वापस घर लौट आया हूँ (जाने की अब जगहें भी कहाँ रहीं? जीपी के यहाँ रम पीने जा सकता था, लेकिन रम से ज़्यादा उसके ठिये उसकी तक़लीफ़ों का वही घिसा जाम होता कि दोस्त, लंबी कहानियाँ बारह निकाल लिए किंतु उपन्यास कभी निकाल पाएँगे? और खींच-खाँचकर किसी तरह निकाल ही दिया तो अपने को सर्वतत्ववादी

समझनेवाले ये बुड्ढे उसकी हवा नहीं निकाल देंगे? बहुत डिप्रेसिंग है यार, लिख-लिखकर रीम-पर-रीम काग़ज़ के निकाले जाओ, और कोई अजाना-दीवाना एक ख़ास नज़रों से देखता, मिठास में लपेट तंजभरा एक वाक्य कह जाता है और आपका समूचा लेखन मिनट भर में गदहे की लीद में बदल जाता है! मैं इतना गंदा लिखता हूँ, एम? इतना बुरा है मेरा लेखन। टेल मी, यार? ऑर जस्ट टेक्स्ट मी..

पूरी शाम साला, इसी का रोना! मैं गंदा हूँ, मैं महान हूँ! अबे गोबर, पहले अपनी लीद पर ख़ुद एक राय मुकर्रर कर लो, फिर दूसरों का मुँह जोहना शुरू करना! और मुझसे तो न ही पूछा करो। उपन्यास क्या मैंने तो किसी दिन तुम्हारी लंबी कहानियों पर एक लाइन कह दिया तो उसके बाद रम क्या, तुम हमें रेंडी के तेल के लिए भी न पूछो? अबे, कहाँ-कहाँ के जोकर अदब में आकर, फिर वहीं पड़े हुए हैं? गोबर के ऊपर कितना भी भीमकाय गोबर रखो, रहेगा अंततः तो वह गोबर ही? सड़कों पर भटकते साहित्य की चिंताओं में सचमुच कभी-कभी दिल टूट जाता है! उसके बाद घर लौटो तो वहाँ भी दिल के टूटे रहने की ही समाँ बना रहता है?

वापस घर लौटा हूँ, और घर वैसा ही बदरंग और बेमतलब दिख रहा है जैसा सुबह छोड़कर गया था। छोटा बेटा खिड़की का लोहा थामे लरजती नज़रों से फ़र्श और खिड़की की ऊँचाई ताड़ रहा है कि खिड़की से नीचे कूदकर हीरोगिरी छाँटी जा सकती है या वह मुँह फुड़वाने का शॉर्टकट साबित होगा; अब चूँकि बेटा मेरा है तो कैसे भला ऐसे चैलेंजिंग रिस्क ले ले? नहीं लेता, नीचे कूदने की जगह नाक में उँगली से कुछ खोजने की नयी रचनात्मकता में संतुष्ट होने लगता है। दोनों बेटियाँ आपस में लड़ रही हैं। और एक अदद पेंसिल के पीछे लड़ रही हैं। निचली, भागी अपने बचाव में मेरे पास आती है कि पप्पा पप्पा, देखो। दीदी ने मेरा पेंसिल चुराया है!

मैं कह सकता हूँ आख़िर बेटी किसकी है। दिन भर मैं भी तो वही करता हूँ! यहाँ-वहाँ से शब्द और बिंबों की जेब काटता फिरता हूँ, तेरी बहन बेचारी ने तो एक पेंसिल भर चुराया है! (ओह, तीनेक महीने पहले की बात है। जाने जीपी के यहाँ की ख़राब रम का असर था या मेरी पिटी समझ का, भक्तिमय कुछ तमिल काव्यपंक्तियाँ थीं, उनकी चोरी तो चतुराई से कर ली मैंने मगर मेरे भावपूर्ण गद्यानुवाद में वह कुछ ऐसे कामोत्तेजक बिंबों में बदल गया कि इसका सही-सही अहसास तो मुझे तब जाकर हुआ जब एक क्रिस्तान स्कूल में बच्चों के बीच मेरे परचे के पाठ पर ननें मुझे पीटने को उद्यत होने लगीं! क्या जीवन में कवि-स्वाभिमान के ऐसे तुच्छ अपमानों का सिलसिला कभी बंद होगा? फारसी के किस कवि ने कहा है कि चोरी

बड़ी सुकुनदेह हुआ करती है। एक बार कर लो तो फिर ताउम्र आरामदेह हुआ करती हैं? कवि ने कहा है तो साफ़ दर्शाता है कवि आरामदेह कमरों में रहा है, जीवन की वास्तविकताएँ उसे छू तो गई हैं, लेकिन वह उनको छूने व उनका वास्तविक मर्म आत्मसात करने से रह-रह गया है!)

तब तक रसोई के दरवाज़े पर बीवी नमूदार होती है और बजाय इसके कि किसी ऐसी ख़बर से मेरा जी हल्का करे कि बिलासपुर या मनोहरपुर (या छोड़ो हटाओ, राजगांगपुर ही सही) में मेरी रचना का सार्वजनिक सम्मान हुआ है, राजकीय पुरस्कार की घोषणा हुई है। गँवार औरत वही वाक्य दोहराती है जो पिछले तेरह वर्षों से रोज़ शाम को सुनते-सुनते अब मेरे कानों में मवाद जमने लगा है कि बैंगन के साथ कढ़ी बना दूँ? जल्दी बन जाएगा और आप पसंद भी करते हो? इच्छा तो हुई कहूँ, नहीं। स्त्री, पसंद तो मैं यह करता हूँ कि बाथरूम की नाली के आगे तुझे पटक-पटककर तब तक पीटता रहूँ जबतक मेरी देह न दु:खने लगे। लेकिन ऐसा मैंने अंततः स्वगत ही कहा, प्रकट महज मुस्कराकर अपनी ख़ामोशी को महिमामंडित किए रहा।

ओह! क्या मेरे जीवन के सारे प्रेम चुक गए हैं? वह महीन, कोमल, विद्युतरंग दृष्टि जो मेरी साहित्यिक उत्प्रेरणाओं का उद्‍गमस्थल होगा? क्या मन की उतृंग हरीतिमाओं में बांग्ला कन्याओं का अब फिर पुनः विचरण न होगा? क्या आगे का सबकुछ महज कबीर के एक दोहे में सिमटकर रह जाएगा:

जऊ निरधन सरधन कै जाई
आगे बैठा पीठि फिराई।

क्या सचमुच सुघड़, संस्कृति-सुरुचिसंपन्न बंग-बालाएँ भोबिसत्त में हमेशा अब मुझे पीठ ही दिखाएँगी? जबकि मैं पेट देखने को तरसता रहूँगा? आह! रचनात्मकता में व्यस्क परिपक्वता प्राप्त करना भी क्या एक क्रूर दुर्योग है?

मेज़ पर 'प्रांजल बंग्ला प्रेमपत्रों का सरस हिंदी गद्यानुवाद' व 'क्या आप **हूलियो सारांतिनो** के साहित्य से परिचित हैं?' के अनूठे साहित्यरत्न सुशोभित हो रहे हैं, लेकिन पता नहीं क्या है उन्हें हाथ लगाने की मन में इच्छा नहीं हो रही!

(एम फॉर?.. महिषादल, मेदिनीपुर, मार्मिक, मांगलिक, मोहाबत, महावत, किंबा मरणासन्न?)

जनवरी 3, 2009

***

क्या वजह है लिख नहीं पा रहा

काफ़ी दिन हुए लिख नहीं पा रहा। ख़ैर, फिर कुछ दिन होंगे लिख पाने लगूँगा। सभी बड़े लेखकों के साथ होता है। वह क्या तो पुर्तगाली या पता नहीं कहाँ का लेखक था नोबेल पाते-पाते रह गया था, लेकिन हाथ का ठहरा-ठहरा क़लम उनासी वर्षों तक चला रहा। उसके बाद जीवन का अंत हुआ तो लाज़िमी है लिखना अटक गया। उस पुर्तगाली या जहाँ कहीं का भी वह नामवर लेखक था, ईश्वर उसकी आत्मा को शांति दे। मेरी आत्मा को भी दे क्योंकि रहते-रहते सोचकर कब्जवाली चढ़ी-चढ़ी-सी ख़ासी झुँझलाहट होने लगती है कि क्या वजह है लिख क्यों नहीं पा रहा। मकान-मालिक ने घर ख़ाली करने का नोटिस नहीं दिया। न जिस मकान में साले साहब ने हमारी पूँजी लगाई हुई है (साठ परसेंट हमारा है, तैंतीस साले जी का, बाक़ी के सात परसेंट पूजनीय सास, अबे, कहाँ की पूजनीय! हरामखोर खड़ूस बुढ़िया कहीं की!) उसके बिल्डर के पैसों के साथ फरार होने के अंदेशे हैं, फिर जगजीवन प्रकाशन की संवेदनप्रभा मालकिन ऊषाजी अब भी मेरे मेंहदी रंगे बालों पर इसरार से इत्र छिड़कती हैं और मेरे किसी जिगरी यार ने अभी तक तो मेरी किसी लंबी कहानी का प्लॉट उड़ाकर 'संभव' या 'यथासंभव' में अपने नाम से छपवाया नहीं है। फिर क्या वजह है कि मैं लिख नहीं पा रहा?

क्या मेरे अंतर की ईर्ष्या है जो मुझे लिखने से रोक रही है? बलराज की कहानियों का सुनते हैं हंगरी के किसी गुमनाम से प्रकाशन में अनुवाद छप रहा है, या बलविंदर की ताज़ा कविताएँ एक अवांगार्द मणिपुरी एंथॅलॉजी में आ रही हैं। क्या बिरादरी में हमपेशा साथियों को यह अचानक मिल रही सफलता है जो मेरे रुद्ध लेखन व अवसाद के मूल में है? या मेरे अमूल्य कहीं और जाकर छिपे हुए हैं। क्या मैं उम्र के वसंतों को पीछे छोड़ने के साथ इस कदर छिछला, आत्मकेंद्रित होता जा रहा हूँ? क्या मैं किसी भी दिन यह भूल सकता हूँ कि बलराज (और किन्हीं सीमित अर्थों में बलविंदर भी) मेरी बदनामियों व बदगमनों में मेरा सबसे क़रीबी यार रहा है? सब्जीमंडी वाले मकान और चोरकलान गली वाली घटिया नौकरी के बावजूद मैं आज, अभी तक अगर लेखक बना हुआ हूँ तो उसके पीछे एक और सिर्फ़ एक शख़्स ज़िम्मेदार है, मेरा अपना बलराज (और किन्हीं सीमित अर्थों में, बलविंदर)?

यह सच है कि मेरी मशहूर लंबी कविता 'ओ मेरी नाक़ामियाँ तू छोड़ आना मुझे उस गाँव, जिसके नमक का स्वाद जानने से मेरा अजन्मा बच्चा रह गया' का अनुवाद गुजराती में तब हुआ था जब बलराज को लोग हंगरी क्या हरियाणा तक में नहीं जानते थे (अब भी जानते हैं इसकी काफ़ी आशंका है)! गुजरात के रास्ते बंबई के उपनगर गोरेगाँव पूर्व में भी मेरा एक संक्षिप्त नागरिक अभिनंदन हुआ था। मेरे हाथों तीन सौ रुपयों का एक पोस्ट डेटेड चेक व एक सस्ते शॉल की अर्पणा हुई थी (क्षमा करें, जानता हूँ वाजिब शब्द नहीं लिख रहा, लेकिन अर्पणा से अलग फ़िलहाल कोई अन्य शब्द सूझ नहीं रहा। अर्पणा तक ही लिख पा रहा हूँ यही अपने में अचीवमेंट नहीं?)। गुजरात की उस ऐतिहासिक यात्रा से वापस शहर लौटकर ख़बर हुई कि मेरी ग़ैरहाज़िरी में बलराज ने यहाँ-वहाँ, कहाँ-कहाँ मेरे कवि-कल्पना, काव्य-रचना व मार्मिक साहित्यउत्सों का गंदा मज़ाक बनाकर रखा हुआ है, मेरे व मेरे साहित्य के ख़िलाफ़ कैसी बेहूदी गॉसिप-माँगरिंग करता रहा है (और सिर्फ़ बलराज ही नहीं, किन्हीं सीमित अर्थों में बलविंदर भी!)। हम काफ़ी महीनों तक एक-दूसरे के संपर्क में आने से बचते रहे। वस्तुत: बचता बलराज ही रहा था, मेरे मोर्चे पर महज ख़ामोशी थी। क्योंकि इस समूचे आततायी, आतंककारी, एंटी-लिटरेरी प्रसंग का मुझपर ऐसा गहरा सदमा पहुँचा था कि महीनों न मैं ऊषाजी के प्रति मन में कोई विशेष मनोभाव अथवा प्रेम जेनरेट कर सका, न किसी भी तरह का साहित्य उत्पादित कर सकने में समर्थ हुआ। शोक व सन्नता के वे गहरे, भीषण सियाह काले दिन थे।

लेकिन यह सब बहुत पहले की बातें हैं। इधर काफ़ी दिन हुए मैं लिख नहीं पा रहा, क्यों नहीं लिख पा रहा हूँ? राजस्थान की एक मशहूर कवियत्री(?) कह गई हैं (या कवियत्री गुजरात की हैं, कोई साहित्यिक षोडशी कृपया इस पर शोध करेगी?): "संतो, मारो कलम हेराणो हो, संतो, मेरो कलम हेराणो।" मेरा तो क़लम भी नहीं खोया, हमेशा का पेंसिलधारी ठहरा, फिर क्यों नहीं लिख पा रहा? संतो, कुछ बको भाई?

फरवरी 1, 2009

***

लंबतम, किंबा 'लंबीतम' कविता?

29 दिसम्बर, 2008, प्रयाग

लिख ली। अंततः। अबतक की अपनी सबसे लंबतम (किंबा 'लंबीतम'?) कविता! ओह! सोचकर चकित हूँ। विगत कई दिन हुए सोचकर चकित होता था इच्छाशक्ति के चरम मँजाव पर भी यह संभव न होगा। न लिखी जा सकेगी। लेकिन लिखते-लिखते अंततोगत्वा लिख ही ली गई। कैसा तो विरल अनुरागी रागात्मक रचनात्मक क्षण! अर्से बाद ऐसा हुआ कि गहरे अंतर्द्वंद्व के तनावबद्ध शब्द ऐसे सरस शब्दबंध में सहजभाव निसृत हुए, होते गए। मन में लगता है मानो दस झरने बह रहे हों। अंत:प्रातंर में माधुर्य-सुरभि का कोई दिव्यप्रकाश दिप्-दिप् जल रहा हो! इच्छा हुई पृष्ठ में डोलती स्त्री के गंदले नयन पट स्नेहरत्न उन्नत अपने चुंबनपुष्पों से ढँक दूँ! जानता हूँ कविताविमुख स्त्री उसकी अधिकारिणी नहीं, किंतु मनमादल पर तीव्र शृंगारदल दोल-वादन कर रहे हैं, उनका क्या? ओह, क्या जल्दी ही मैं अपने समय का मेघदूत लिख रहा होऊँगा? उत्साह का इतना अतिरेक संभवत: न्यायसंगत नहीं। अपने समय का लिखूँ, इसके पहले उचित नहीं कि कालिदास के समय का पढ़ लूँ? किंतु मेघदूत पढ़ना क्या सचमुच ज़रूरी होगा?

***

समझ नहीं पा रहा अपनी लंबतम (या 'लंबीतम'?) 'नया साहित्य' को प्रेषित करूँ कि 'नया सूर्योदय' को? दोनों ही ग्लानिपूर्ण म्लान साहित्येतर राजनीतिक विवादों का केंद्र। मेरी कविता के प्रति वहाँ न्याय हो सकेगा? सोचता हूँ मित्र सत्यव्रत नारू की राय लूँ, फिर पुन: यह भी सोचता हूँ मित्र सत्यव्रत नारू की राय क्या होगी। कहेंगे अभी कविता हुई नहीं, शिल्प में इसे और बाँधो, माँजो। या कि कविता पर विष्णु खरे, किंबा कुँवर नारायण के प्रभाव की छायाएँ हैं! नहीं, तत्क्षण मित्र सत्यव्रत नारू की राय लेने की इच्छा राय लेने के पहले ही मृत्युप्राप्त होती है। कविता को ख़त्म हुए तीन घंटे हो चुके हैं और वह कहाँ भेजी जाएगी का प्रश्न अभी भी अनिश्चित है की बात सोचते हुए मन में भय के काले, घनेरे बादल फैल रहे हैं!

5 जनवरी, 2009, इलाहाबाद

नववर्ष मंगलतम! रचनात्मकता के गहरे रागात्मक चुंबकीय एंद्रिकता की नम अंतरंग आत्मीय क्षणों के अनंतर बहुत दिनों बाद घर से बाहर निकलना संभव हुआ। ओह! समाजानुराग के कैसे ताज़ा हवा के झोंके। कभी-कभी ? पुष्पवंदन व ताजवंतजी से मुलाक़ात हुई। पुष्पवंदन भी इन दिनों लंबी कविताओं को लेकर पिले पड़े हैं, मैंने किंचित प्रभावोत्कारी मद में लरजते इशारा किया 'निशांत' का नया अंक आने दो गुरुवर, फिर अपन लंबी कविताओं पर चर्चा करेंगे! पुष्पवंदन का चेहरा फक्क। मैं इलायची की चाय की चुस्कियों में महकता, लंबवत लताओं-सा लहकता रहा।

ताजवंतजी भारी ज्ञानी पुरुष। उनके आगे मुँह खोलते भय होता है। किंतु पुरानी आदत है मुँह खोले बिना रहा भी नहीं जाता। इन दिनों ताजवंतजी आदि-तमिल साहित्य की भक्ति में गहरे डूबे हुए। मैंने किंचित आश्चर्य दर्शाते कहा, "बाबा, साहित्य में क्या इतना पीछे लौटकर चीज़ों को देखना उचित है ? वह भी तमिल साहित्य ? क्या साहित्यिक कार्यव्यापार भविष्य इंगन-दिग्दर्शन नहीं ?" ताजवंतजी भड़क गए, मैंने कहा, "शांत हों, गदाधारी गुरुवर! संक्षिप्त-सी मुलाक़ात में मन खिन्न हो गया। कैसे-कैसे क्षुद्रमना, खिन्नधनी लोगों से अपना साहित्य भरा पड़ा है ? अपना ही क्यों, संभवत: तमिल साहित्य भी इन्हीं गंदगियों में लिप्त हो ?" जेब में अपनी लंबतम (या 'लंबीतम' ?) कविता लिए गया था लेकिन ताजवंतजी के संकुचित लघुकाय संकीर्ण संसार में उसे प्रकाशित करने की इच्छा पर मानो आघात हुआ। कविता जेब में ही रही। मन में मौनवीणा का मौनरागम् बजता रहा।

***

इंदु ने पत्र लिखकर जानना चाहा है क्या बिंदु से भी मेरे वैसे ही गहरे, आत्मीय, रागात्मक संबंध हैं जैसे चंद महीनों पूर्व इंदु के प्रति होने की मैंने सघन घोषणाएँ की थीं ? (वैसे मेरे लिए ख़बर है, कब की थी, भई ? ओह, यह क्लांतकन्याएँ कैसे-कैसे तो कल्पना प्रांजल विहानों में विहगती रहती हैं, यथार्थतल पर लाई जाते ही क्या-क्या तो अनर्गल बकने लगती हैं ?) इंदु को तत्काल पत्र लिखकर सूचित किया, "प्रिये इंदु, तुम मेरे जीवन का पूर्वप्रांतर हो, हमेशा रहोगी।" जबकि बिंदु का कहाँ कोई प्रांत है, वह तो सदा-सदा की देशनिकाला है, नहीं है ? (किंतु क्या किसी देशनिकाला को स्नेह-शरणागत होने का हक़ नहीं ? यह मैंने इंदु से नहीं, बिंदु को अलग पत्र लिखकर स्नेह-सूचित किया।

फरवरी 2, 2009

किसके लिए लिखती हूँ का जवाब इतना आसान है? आई डोंट थिंक सो..

(ए मैसमैराइज़िंग रिवीलेशन बाई :फ़ाम तेरिब्ब्ल ऑ.फ़ नुवेल लेतरातूर दे हिंदी)

कल लालमदन ने सवाल किया और मैं तब से विस्मृत हूँ, चमत्कृत हूँ, इन फैक्ट भयाक्रांत हूँ, क्योंकि अचानक लगता है एक छोटी बच्ची को (? छोटी? बच्ची? अधेड़ावस्था को पीछे छोड़ने के इतने वर्षों बाद अब भी स्वयं को छोटी बच्ची पुकारने की भोली ज़िद क्या एक व्यर्थिल, बेमतलब का दुराचार नहीं? ओह, ऐसे व्यर्थ के केंचुलों से किस दिन मैं पूर्णरूपेण स्वतंत्र हो सकूँगी? किंतु इस देश में स्त्री का पूर्णरूपेण स्वतंत्र होना कभी संभव होगा? शबाना और आलोकिनी दीदी के जीवन को व्यर्थ विगलित होते मैंने स्वयं अपनी आँखों नहीं देखा? सारा जीवन ये ज्ञान विदुषियाँ इस मुग़ालते में रहीं कि वे अपने समय, व समाज से स्वतंत्र हैं, और फिर उनका कैसा दुर्दांत, कष्टकारी अंत हुआ? आत्मा के तल से निकलते उन दर्दसने, मर्मभरी चीखों को मैं कभी भूल सकूँगी?

ओह! ईश्वर न करे दुश्मनों का भी ऐसा अंत हो! सोचकर राहत होती है कि मैं ऐसी निर्बंध, आज़ाद नहीं, राजीव मेरी पीठ पीछे खड़े रहते हैं कि कभी गिरती मिलूँ तो वह संभाल लें! कितना शुक्रगुज़ार हूँ मैं राजीव की, मेरे जीवन में राजीव का संबल न होता तो कैसे अँधेरों में भटक रही होती मैं? लेकिन यह कहना तर्कसंगत होगा कि अब नहीं भटक रही? स्त्री के सवाल, उसपर केंद्रित समूचे साहित्य की दिशा में एक भोला भटकाव नहीं? पिछली बार ममताजी से मिलने पर उनके आगे भी मैंने यही बात रखी थी कि रवींद्रों के अभाव में हम अपनी विभूतियों को कहाँ दिशा दे सकते हैं, कैसे दे सकते हैं? ममताजी वॉज़ सो इम्प्रेस्ड बाई माई ऑब्ज़र्वेशन, शी इमिडियेटली आस्क्ड व्हॉई डोंट आई स्टार्ट राइटिंग इन इंग्लिश? इट विल गेट मी ए वाइडर ऑडियेंस एंड सोसायटी के साथ एक ज़्यादा मीनिंगफुल संवाद संभव होगा! मैंने स्माइल करके कहा था लेट मी थिंक ओवर इट, बट थैंक्स इन लोड्स, एनीवेज़, ममताजी, फॉर यूअर कन्सर्न! कितना ख़ुश थी मैं उस शाम कि ममताजी का मुझमें इतना .फ़ेथ है, एंड शी सो स्पॉनटेनियसली अलाउड मी टू बीकम पॉर्ट ऑ.फ़ हर इनर कॉटरी! लेकिन इस उम्र में अब अंग्रेज़ी में शुरू करना, आई रियली डोंट नो? नल्ली

हैज़ फिनिश्ड हाई स्कूल, एंड देन, आई एम ऑल्वेज़ रनिंग आफ़्टर राजीव, एंड ही इज़ ऑल्वेज़ सो बिज़ी दैट वी हार्डली हैव एनी प्रॉपर टाइम टुगेदर। ऐसे माहौल में मैं खाक़ एनिथिंग वर्थवाइल अंग्रेजी में शुरू कर सकूँगी! समटाइम्स आई फील सो वर्थलेस एंड वेस्टेड, विल आई एवर हैव एनी प्रॉपर ग्रिप ऑन माई लाइफ़? हैव एनी वर्थवाइल राइटिंग? राजीव, विल यू टेक मी आउट ऑफ़ दिस मेस, माई लव? प्लीज़, प्लीज़, प्लीज़?)

कांट फैदम हाऊ कैन आई गेट डिस्ट्रैक्टेड सो इज़ीली? लालमदनजी से शुरू करके देखो, मैं बनारस, बीकानेर कहाँ-कहाँ निकल गई! सच्ची में एक छोटी बच्ची ही तो हूँ व्हाटेवर अदर्स कॉल मी, ऑर प्रिज़्यूम! बट आई रियली फेल्ट सो वल्नरेबल इन फ्रंट ऑफ़ लालमोहनजी'ज़ क्वेश्चन। यही लगता रहा मानो किसी छोटी बच्ची, ओके, आई विल स्टॉप बिहेविंग लाइक अ लिटिल गर्ल (बट आंट आई वन?), या होम साइंस की स्टूडेंट के हाथ आईआईएम का परचा थमाकर कहा जाए कि चल, जवाब दे! कहाँ से क्या जवाब देगी बेचारी, लालमदनजी? आप ही क्यों नहीं जवाब देते किसके लिए लिखते हैं? बट लालमदनजी इज़ वन रियल स्मार्ट एलेक, फट बोलेंगे मैं 'लोकतंत्र के फूल' के लिए लिखता हूँ, या 'मशाल' के लिए लिखता हूँ, दैन देयर इज़ हिज़ 'चिंगारी' ऑल्सो! लालमदनजी की फिक्स्ड ऑडियेंस है, फिक्स्ड इश्यूज़ हैं, बट व्हेयर डू आई स्टैंड? नवम्बर हैदराबाद कॉन्फ़रेंस में भी आई फ़ेल्ट लाइक अ फ़ूल, साऊथ की लड़कियाँ वर सो आर्टिकुलेट अबाउट व्हाटेवर दे वर अप टू, लेकिन माइक पर मेरे बोलने का जब मौक़ा आया, मैंने काँपते-काँपते **मार्ता साबातिनी** की वियेना मेनिफेस्टो का फ़र्स्ट पैरा क्वोट किया, एंड द सदर्न बिचेज़ स्टार्टेड टू मेक सच अ ह्यूज रैकेट, दैट आई कांट टेल, एंड दिज़ इज़ नॉट द प्लेस, ऑर ऑकेज़न। और राजीव, मैंने तुमसे कहा था बी देयर इन हैदराबाद, आई विल नीड यू, लेकिन तुम कहाँ थे? तुम पीपुल्स गैदरिंग के लिए हवाना गए थे! और मैं शर्म के पिट में गिरी जार-जार कितना तो रोती रही थी! व्हॉट अ फेलियर माई लाइफ़, एंड राइटिंग ऑल्सो, हैव बीन!

किसके लिए लिखती हूँ? टू टेल ऑनेस्टली, आई डोंट हैव अ क्ल्यू। शायद 'यथासंभव' और 'नया सूर्योदय' के लिए? लिखती हूँ?..

फरवरी 3, 2009

***

एन अर्जेंट रेजोंयडर : पतनशील स्पेशल

मैत्रेयी गार्गी की कलम से

सेवा में,
संपादक मंडल
पतनशील साहित्य
केंद्रीय कार्यालय, धनखार

नमस्ते, लाल सलाम एटसेट्रा! पंकजजी आजू-बाजू बैठे हों तो कृपया उन्हें मेरा हैलो कहिए (अभी तक पतनशील में ही हैं न? नहीं, सोच रही थी मंदी के इस दौर में क्या मालूम कहीं पतनशील मैनेजमेंट ने उन्हें भी.. ? या पतन से थककर पंकजजी ने स्वयं विचार-स्थान बदल लिया हो? लेकिन उनकी उम्र में पहुँचकर फिर कहाँ आदमी इतनी फेरबदल के लायक़ बचता है)! एनीवे, मैं अपने ख़त के असल पॉयंट पर आती हूँ। आज सुबह दफ़्तर पहुँचते ही चैट पर खंडितजी से एक निहायत सीरियस इश्यू पर आर्ग्यू कर रही थी (द करेंट पोलित ब्यूरो डिबेट इन द एनसीपी हम सबके लिए ग्रेट सबक है, एंड आई थिंक वी ऑल शुड लर्न फ्रॉम ईट!) कि फ़ोन पर पवनजी घन्न-घन्न करने लगे, मैंने सोचा वही युजूअल चिट-चैट होगा एंड आई इग्नोर्ड हिम, वैसे भी आई हैव लॉस्ट इंटरेस्ट इन पवनजी, ही हार्डली हैज़ एनीथिंग वर्थवाइल टू से फॉर लास्ट सो मेनी ईयर्स, सो आई वॉज़ हैविंग दिज़ इंटरेस्टिंग आर्ग्यूमेंट विद खंडितजी, बट दैट ईडियट (पवनजी) फ़ोन की घंटी बजाए रहा तो हारकर मैंने आनसर किया कि आई नो यू हैव बीन टू काबुल, व्हॉट एल्स यू वॉट टू टेल मी? ऑफ़्टर ए लॉग पॉज़ ईडियट ने पूछा इफ आई हैव सीन द करेंट नंबर ऑफ पतनशील, और जैसा कि है मेरे साथ, मैंने कैजुअली आनसर किया कि नो, आई हैव नॉट, आई डोंट रीड पतनशील एंड देयर काइंड ऑफ़ लिटरेचर। आई नेवर हैव, एंड यू नो ऑल दिज़। माई लव, टेल मी व्हाट इज़ इट दैट यू आर बॉदरिंग मी फॉर?

फिर जाकर पवनजी से मुझे पतनशील में छप रही डायरी शृंखला व निरुपमाजी (या अनुपमाजी? आई एम ऑल्वेज़ कन्फ़्यूज़्ड बाई हर नेम, बट व्हॉई बॉदर इन द

फ़र्स्ट प्लेस? सारे जीवन बुर्ज़ूआ साहित्य के सिवा निरुपमाजी (या अनुपमाजी?) ने लिखा क्या है?) के शबाना व आलोकिनी दी के गोपन जीवनभेदों को सार्वजनिक तौर पर गंदा करने के कांड की ख़बर हुई, और मैं सच कहूँ आपलोगों से (प्लीज़, डोंट फॉरगेट टू से माई हैलो टू पंकजजी! वी हैव हैड सच अ नाइस टाइम टुगेदर इन माइसोर इन लेट एटीज़, ओह, व्हॉट अ ग्लोरियस रोमैंटिक टाइम इट वॉज़!) मैं सन्न हो गई। नॉट फॉर व्हाटेवर क्रैप दैट निरुपमाजी वॉज सेइंग, ऑर इंटेंटेड, बट कि पतनशील ऐसी सामग्री अपने यहाँ छाप रही है?

पतनशील में वाईडर सोशल इश्यूज़ और वीमेंस कन्सर्न पर डिसकशन की एक लंबी परंपरा रही है, हाऊ कुड यू गाइस डेवियेट फ्रॉम सच अ ग्लोरियस ट्रेडिशन? निरुपमाजी (या अनुपमाजी?) जानती क्या हैं शबाना या आलोकिनी दी के बारे में? शी हैड द बॉल्स टू क्वोट फ्रॉम वियेना मेनिफैस्टो, एंड ड्रैग पुअर मार्ता टू पुल ऑफ़ हर पैथेटिक आर्ग्यूमेंट? जिसका सिर-पैर वैसे भी आजतक किसी को समझ नहीं आया? वॉज़ शी क्रूनिंग इन फेवर ऑफ़ लेस्बियन्स ऑर व्हॉट? मुझे आज भी यह बात पज़ल करती है कि हैदराबाद में लड़कियों ने निरुपमाजी की (वैचारिक नहीं, फिजिकल) मरम्मत क्यों नहीं की! प्लीज़, मार्ता साबातिनी पर एक लंबा लेख पतनशील में छपे अब इसका स्ट्राँग रीज़न बनता है, इन दिनों एंड फैब में गौहाटी कॉन्फ़रेंस को लेकर मैं बहुत व्यस्त हूँ, बट डोंट वरी, मैं समय निकालूँगी! बट अगेन, दिस होल इश्यू ऑफ़ शबाना एंड आलोकिनी दी आल्सो नीड्स ए वैलिड, क्लियरर, लॉगर क्लैरिफिकेशन, पतनशील ने चिंतनशील महिलाओं के खेमे को बेवज़ह एक उलझन के गड्ढे में लाकर छोड़ दिया है, और अब यह आपलोगों की रेस्पॉसिबिलिटी बनती है कि इस टंटे से उज्ज्वल, उद्यमशील महिला बहिनों को बाहर निकालें? कांट यू गाइस टेक माई ओल्ड राइटिंग ऑन बुर्ज़ूआ डिजेनेरेशन एंड मेक यूअर नोट्स एंड इमिडियेटली पब्लिश इट इन पतनशील?

मैं परसों रोमानिया के लिए निकल रही हूँ जहाँ सिख साहित्य के डेवोशनल एसपेक्ट पर मुझे एक पेपर पढ़ना है, जिसका अभी र.फ़ ड्राफ्ट तक तैयार नहीं है, फिर देयर इज़ अ कोर्ट हियरिंग अबाउट माई इनवैलिड डाइवोर्स इन द लेट आफ़्टरनून (मी एंड मिलिंदजी आर टुगेदर अगेन, आपलोगों तक हैपी न्यूज़ पहुँची या नहीं? डोंट वरी, पता नहीं था तो अब चल गया! वन ऑफ़ दिज़ डेज़ आई एम गोइंग टू थ्रो अ बिग पार्टी टू सेलिब्रेट अवर ओल्ड लव!)।

लेकिन इस बेवक़ूफ़ निरुपमाजी (या अनुपमाजी?) का करें क्या? प्लीज़, लेट

मी नो अर्लियेस्ट पॉसिबल (एंड दैट बास्टर्ड लालमदन! अपने को पीपुल्स राइटर कहता है! आप जैसे समझदार लोगों ने ऐसे एंटी-पीपुल नेम को अपने यहाँ पब्लिश होने कैसे दिया? इट ब्रेक्स माई हार्ट। PS: प्लीज़, से माई हैलो टू पंकजजी! एंड प्लीज़ टेल हिम नॉट टू कॉल मी ऑन माई होम नंबर, विल यू? आपलोग जानते हो इनस्पाइट ऑफ एक्सटिरियर अपीयरेन्सेस मिलिंद कितना ओल्ड स्कूल है, एंड वी हैव नॉट इवेन गौटेन टुगेदर प्रॉपरली)!

यूअर्स ट्रूली

मैत्रेयी गार्गी

(लेखिका स्वयं को द ट्रू आइडोलॉजिकल इनहैरिटर ऑफ़ आलोकिनी दी बताती हैं। 'दैनिक दुर्दिन' और 'माछेर झोल' में इनके सुलगते लेख बिला नागा पढ़े जा सकते हैं।)

Anonymous - February 3, 2009 6:46 PM

होल्ड इट, होल्ड इट! क्या जी, पतनशील सोल्ड इट हो गया क्या?

पतनशील साथियो, क्रांतिकारी जीवन में यह दिन भी देखना बदा था कि मेरे ऊपर सत्ता संकायों में नहीं, आप ही के यहाँ कीचड़ उलीचा जाए? और आपलोग उसे अपने यहाँ प्रश्रय दें? मन तो यही मानने को कर रहा है कि सब उस क्षुद्रमना पंकजप्रताप की शह पर हुआ है! वर्ना इस गार्गी मरेली की मजाल थी हम पर कीच-प्रच्छालन करे? कन्वेंट की छतरी व पंचसितारा सुविधाओं के नीचे खड़ी, बढ़ी, रेलवे मजदूरों की रोटी पर बड़े, अपने साहित्य का नींव चुनवाए हमारे साहित्य को गालियाँ देती हैं? अंग्रेजी, इस्पांहानी और चार किरगिज़ क्रिस्तानी शब्द फेंककर अपने को डेमोक्रेटिक स्पिरिट का बताएगी और जनता यक़ीन कर लेगी?

देखिए, देखिए, जा कहाँ रही है! रोमानिया जा रही है! चायसेस्कू को पब्लिक भूला नहीं है, और न इन गार्गी-टार्गी को भूलेगा! किसको जूल दे रही है कि सिख साहित्य का डेवोशन पढ़ने जा रही हैं उधर? जनता जानता नहीं है कि एक रुमैनियन रोमैंटिक कुकुर रखी हैं वहाँ, उस पर अपना बुढ़ौती बहार लुटाने जा रही है कुलटा?

सामने आए, आए सामने, करे हमसे बहस! आज जनता देख ही ले अपना आँख

से कौन जन साहित्ययकार है और कौन फ्राड सत्ताखार?

– कामरेड लालमदन 'चिंगारी'

Anonymous - February 3, 2009 6:52 PM

यक़ीन नहीं होता पतनशील विमर्श को आपलोग इस स्तर तक नीचे उतार ले जाएँगे? अगला क़दम क्या साड़ी और लँगोट उतारना होगा? ओह, कल्पना में शर्म से मैं अभी से अपसेट हो रही हूँ!

– एक कन्सर्न्ड सिम्पैथिसाइज़र,

(किस कैंप की हूँ बताकर क्या .फ़ायदा)

Anonymous - February 3, 2009 6:55 PM

Lalmadan is a big idiot. always was. you stay out of all this stupid muck, Maitreyi di!

Minki Pal Parbani,

Bonn, Germany

Anonymous - February 3, 2009 6:59 PM

Is it really true that Gargi has got back her ex? Could really Milind be such a joker? Can't he see what sort of woman he was entangled with?

Swati

(Milind's ex girlfriend, but publicly a well-kept secret)

Anonymous - February 3, 2009 7:07 PM

who is this anand what chap? can't he see what is being sorted out here? what sort of dumbwits one has to deal each minute in this country?

won't tell my name radical
from powai, mumbai

***

साँवली रुपाली की तीन तुकबंदियाँ

फरवरी 3, 2009

क्षमा करें इन्हें कविता मानने से पतनशील संपादक मंडल गुरेज करेगा, कर ही रहा है..

तुम्हारी यादों में

रेगिस्तान के प्यासे को जैसे गाँव का कुआँ याद आता है
लुटे व्यापारी को याद आएगी ईश्वर की फिंकी, फाड़ी तस्वीर
जब सारे मेले चुक लेंगे जब रात अँधेरी काली गाढ़ी होगी
आऊँगी तुम्हारी यादों में खोई टिमटिमाती एक लकीर।

अंतर की चाहना

खींच लो खिंची आऊँगी, भूला दो भूल जाऊँगी
सब कहीं हूँ सुबह की ओस भोर का सपना हूँ
अंतर की चाहना में पुकारोगे मिलूँगी हर पल

रोकर गुज़ारोगे हैरान देखूँगी, हसूँगी, उड़ जाऊँगी।

मेरा ठिकाना

नाम मत पूछना, नाम में कभी बँधी नहीं
काम मत पूछना, काम कभी समझोगे नहीं
पढ़ सको तो मेरी आँखें पढ़ना वही नाम है
मेरा आँगन मेरी दुनिया सारे ठिकाने वहीं हैं
जहाँ दिखती वहाँ होती नहीं जहाँ हूँ वहाँ मुझे
सुनने सँवारने पहचानने कभी तुम आए कहाँ।

(निरुपमा दी के लिए)

Anonymous - February 4, 2009 9:04 AM

ओहो, ओहो, केतना अच्छा, केतना अच्छा, जय हो रुपालीजी मतवालीजी?

रात कली एक खाब में आयी सुबह हुई त माथा पे टेकुलि सजायी?

दुनिया ओ दुनिया तेरा जवाब नहीं, तुम मेरे पास होते हो तो कोई दूसरा नहीं होता!

ओहो ओहो ओ जानेवाले हो सके त लौट के आना?

–प्रीतक्रंदन प्रामानिक

पुरुनिया

Anonymous - February 4, 2009 10:04 AM

तेरे पीछे ठाड़ा है जमाना, दीदी
नहीं पिछुआना घबराना, दीदी
कवनो के पटक-पटक के पीटे
के होगा त हमको बोले से नहीं
सकुचाना मत लजाना, दीदी!
–बजरंगी महतो, मोजफ्फरपुर

Anonymous - February 4, 2009 10:13 AM

This post has been removed by the blog administrator.

Anonymous - February 4, 2009 10:16 AM

Are we ever going to have a clean and democratic governance in this country? We all need to pull ourselves together and make something amazingly beautiful out of this wreck of a country.

-Marc Zelip, PR, Botswana

Fair & Lovely, Central African Distribution

Anonymous - February 4, 2009 10:45 AM

सब मित्था है, झुट्ठा गल्प-परपंच है!

साँवलिया रुपलिया परेम का क ख ग क्या घेंवड़ो नहीं जानती! परेम में जनाना पगला जाता है, लैन पे लैन का मोहबत मुसंबी सेतार नहीं छेरता!

-प्रेम कलंकिनी

पीरमोहाना, सहरसा

Anonymous - February 4, 2009 10:50 AM

We are keeping an eye on you, Mr. Marc, we're not letting you spoil and dirty this pure, godly soil of our mother earth!

Young Botswana Radicals

Feb Nine Declarations

Anonymous - February 4, 2009 11:01 AM

अरे, एही बदे न जमाना तोहरा के प्रेम कलंकिनी बोलाता है? चोट्टी कहीं की,

जबरिये दीदी को गारी दे रही है। जरा मजाली त देखो मुँहजार का? अरे, हरमख़ोर, परेम में दीदिया पगलाइल लैन थोरे लिख रही है। आसिक पगला जाए, उसका चैनधन हेराय जाए, उसका मनिफेस्टो परई रही है! मगर तू कलंकिनी को कइसे बुझाएगा? तरंगिनी होती तब न बुझाता, जी?

–बजरंगी महतो, मोजफ्फरपुर

फरवरी 4, 2009

***

कहानियाँ लिखनेवाले की कहानी?

सोचते हुए माथा धुनने की इच्छा होती है कि आख़िर क्या है जीवन का तार पकड़ में क्यों नहीं आता, आएगा तो किस तरह आएगा? खिड़की पर खड़े होकर बाहर देखते हुए वह पकड़ में चला आएगा, या बाहर से खिड़की के भीतर झाँकने पर वह स्वयं को प्रकट करने लगेगा, वह क्या तरीक़ा होगा जिससे जीवन के तार को जीत लूँगा? या कम-से-कम ऐसी पहचान हो जाएगी कि उसकी गुत्थियों का कुछ सिरा मेरे हाथ लगेगा? सोचता हूँ और फिर तालू पर सूखेपन की अनुभूति होती है, सदियों का सूखापन, जैसे इस प्यास का इलाज नहीं!

लिखता हूँ लिखता हूँ लिखे चला जाता हूँ फिर जिस बिंदु पर ठहरता हूँ वह क्या जगह होती है और उसके आगे जो स्पष्ट नहीं दिख रहा होता है वे कैसे, किन रास्तों के इंगित होते हैं? फिर सोचते हुए लगता है कि इस उलझन की सरल, जटिल जैसी भी समीक्षा करूँ, वह स्वयं को एक भोली उम्मीद में भुलाए रखने, एक नशीले झाँसे से अलग कुछ है, हो सकेगा? क्या यह अधबीच लेखन ठहरा बिंदु नये पाठों, संदर्भों को जाँचते हुए फिर वहाँ से शुरू करो आगे चलो का महज़ इशारा भर होगा? किंतु इसका स्पष्ट मतलब यह कैसे नहीं होगा कि आगे का लिखा पढ़े पाठ के प्रभावी छायाओं के असर में तब ख़ुद को लिखवा नहीं रहा होगा? क्या यह लेखन साथ पढ़े जा रहे पाठ की संगत का घटिया 'डबल' मात्र न होगा? ओह, अधबीच अटके लेखन

के आगे की अवचेतना के झीने परदों के गुँठनों को सलझाना क्या एक आंतरिक, मर्मांतक अंतहीन युद्ध का आयोजन नहीं? ऐसा युद्ध जिसमें साथी और दुश्मन की पहचान लगभग, लगभग असंभव हुई जाएगी, बनी रहेगी?

कभी सोचता हूँ जीवन में 'विचार' को ऐसी प्रमुखता देना ही कला के सहज, स्पॉनटेनियस उद्‌गम के रास्ते सबसे बड़ी बाधा है। 'विचारमुक्त' होकर संभवतः रचनात्मकता के मैं नये मुकाम पहचान पाऊँ, स्वयं को नयी चेतनता की नीली झील में उमगता रौशन देख पाऊँ? बुद्ध के सहज, सरस 'द एंड ऑफ़ सफरिंग' की निस्सीम शांति की चरमावस्था? दिक़्क़त है बुद्ध का गहरे क्या मैंने अगंभीर अध्ययन भी नहीं किया (ओह, इतने वर्षों ज्ञान के कैसे कुसंगों में उलझा रहा मैं?)। धर्मशाला में बिताए तीन महीनों बौद्धों के बीच मैं केरल में अरब व्यापार की चर्चाओं में उलझा रहा था? क्या करता रहा था धर्मशाला में? मनुष्य की स्मृति ऐन नाजुक मौक़ों पर उसे क्यों धोखा देती चलती आती जाती, लौटती फिर चली जाती है? किंतु यह भी सत्य है कि धर्म मेरे जीवन का अपेक्षाकृत कमज़ोर तत्व रहा है। बचपन में माता के संग कसौली में बिताए वर्ष ऐसी यादों से भरे पड़े हैं (माता कहतीं धर्म से तू इतना अछूता क्यों रहता है? पुष्पांक, कहीं मेरी ममता के प्रकाश में धब्बे तो नहीं रह गये?)। विमलजी भी मेरी धार्मिक निस्संगता के प्रसंगों पर स्तब्ध रहा करते।

किंतु 'विचार', 'चिंतन' से स्वतंत्र लेखन में आस्था व जुड़ाव को बाँधे रखा जा सकेगा? क्या वह नये आंतरिक स्खलन, एक नयी उच्छृंखल व्यर्थकारी उद्यमशीलता बनकर न रह जाएगी? सोचता हूँ कितना प्रीतिकर होता जो बुद्ध के सत्संग में इन प्रश्नों की गहरी, बौद्धिक समीक्षा हो सकती! *पिरिंदी, दसकानसोंदाली, त्राक्ष्वी, तोमास्सो* सब ही मेरी तरह मुश्किल क्षणों में बुद्ध सत्संग की ऐसी ही करुण कामना करते रहे हैं (किंतु क्या मेरा साहित्य उन ऊँचाइयों को छू सका है? 'तद्‌बल' और 'वियोगवाणी' का श्रद्धापर्व उस अनुरागी मनोहारिता के कहीं भी निकट पहुँच सका है?)।

किंतु असल प्रसंग तो अशेष रहता ही है कि जीवन के तार पकड़ में क्यों नहीं आते..

फरवरी 5, 2009

***

साहित्य बीहड़ रत्नाकर

'स्पैन' पलटने के बाद *'एल नुवोबो मोंदो'* के पन्ने पलटता हूँ। कल ही दफ़्तर में आ गई थीं लेकिन देख सकने की फ़ुरसत नहीं बनी (यही दिखता रहा कि मेरे नाम विदेशी पत्रिकाओं के आने से कैसे सोढी एंड पार्टी की आँतें जलती हैं! *जलती है दुनिया जलती रहे, आँखें अपनी मलती रहे?*), अब फ़ुरसत बनी है तो उसकी अच्छी तस्वीरों व प्रचारात्मक सामग्री में पता नहीं मन क्यों नहीं लग पा रहा। दिल्ली हिंदी अकादमी से फ़ोन आ सकता था लेकिन नहीं आया है। राजौरी गार्डन के लालजी पंडित कह रहे थे विशेष काव्यपाठ का आयोजन करेंगे किंतु कहाँ कर रहे हैं? साहित्य-रत्नाकर वाले भी चुप हैं। साहित्य अकादमी तो मुझे जैसे भूल ही गई है! फिर मैं किसके लिए लिख रहा हूँ?

जनम-जनम का साथ है निभाने को कितने जनम लिए? तुम मुझे कभी भूला न पाओगे, ओ जानेवाले हो सके तो लौट के आना। कहीं दीप जले कहीं दिल। कभी तन्हाइयों में हमारी याद आएगी। दिल के झरोखों में मुझको बिठाकर यादों की अपनी दुल्हन बनाकर रखोगे तुम दिल के पास, मत होऊँ तेरी जाँ उदास? मेरे दुःख अब तेरे तेरे सुख अब मेरे, मेरे ये दो नैना चाँद और सूरज तेरे? गुमनाम है कोई बदनाम है कोई, लेकिन काले हैं तो क्या हुआ दिलवाले हैं! वो चाँद-सा रौशन चेहरा ये झील-सी नीली आँखें तारीफ़ करूँ क्या उसकी जिसने मुझे बनाया! तुम अगर साथ देने का वादा करो, मैं कहीं कवि न बन जाऊँ तेरे प्यार में ओ कविता?

ओह। *ना कोई उमंग है ना कोई तरंग है मेरी ज़िंदगी है क्या कटी पतंग है!* साहित्य अकादेमी मुझे फ़ोन नहीं कर सकती? या हिंदी ग्रंथ रत्नाकर ही सही? श्री फणिधर हर कहीं पहुँचने का एयर-फेयर पाते हैं और मुझे ज़रा-ज़रा से शराब तक का मोहताज़ रहना पड़ता है, इस दुनिया में कहीं न्याय है? सुरेंद्र मोहन पाठक तक का अंग्रेजी में अनुवाद छप गया जबकि मेरे पास अब तक किसी फ्रेंच प्रकाशक का पत्र पहुँचा है न ऊँची राशि का कोई चेक। नीची राशि का भी नहीं पहुँचा! फिर मैं किसके लिए लिखता हूँ?

शायद फ्रेंच में मेरे अनुवादों के छपने के बाद अंग्रेजी पढ़नेवाली बड़ी दुनिया में मैं छा जाऊँ? *कोई होता मेरा अपना हम जिसको अपना कह लेते यारो। तित्तली उड़ी*

उड़ के चली फूल ने कहा आजा मेरे पास तित्तली कहे मैं चली आकाश? ज़िंदगी कैसी है पहेली कभी ये हँसाए कभी ये रुलाए (मेरे संदर्भ में ज़्यादा तो रुलाती ही क्यों रहती है? ज़िंदगी तेरा ऐतबार ना रहा?)। आपसे हमको बिछड़े हुए एक ज़माना बीत गया। ना जा मेरे हमदम। बहारो फूल बरसाओ तेरा मेहबूब आया है!

लेकिन फ़ोन नहीं आ रहा। लालजी पंडित का भी नहीं। *दुनिया ओ दुनिया तेरा जवाब नहीं।* सचमुच मैं किसके लिए लिखता हूँ?

फरवरी 6, 2009

***

क्रांति के एक परम-चरम शिखर का अवसान
एक पतनशील श्रद्धांजलि

गहरे शोक का विषय है क्रांतिकारी कवि ब्रह्मशंकर गोस्वामी अब हमारे बीच नहीं रहे। उनकी कविताएँ रहेंगी। माने जिन प्रकाशकों को कवि ने माँ-बहन की गालियाँ नहीं दीं वे निश्चित ही उनकी कविताओं को जीवित रखेंगे। ढेरों वैसी कविताएँ भी हैं जो सिर्फ़ माँ-बहन की गालियाँ हैं। वे तो वैसे भी पाठकों की ज़बान पर चढ़ी रहेंगी। प्रकृति व पौराणिक कविताओं के बारे में अलबत्ता शंका बनी हुई है। इनके बारे में फ़िलहाल यही कहा जा सकता है कि समाज में प्रकृति व पुराण बच गए तो कविताएँ भी बच जाएँगी। मेरी धारणा में पुराण अब भी समाज से गहरे आबद्ध हैं, और आनेवाले पचास वर्षों तक 'सुमिरन सभा', 'यज्ञवर्ण शुद्धि समाज' जैसी संस्थाएँ भारी डोनेशन पर जबतक ज़िन्दा हैं, पुराणों का कोई कुछ नहीं बिगाड़ सकता। जेन्युइन ख़तरा प्रकृति को है। कवि की कल्पनालोक से बाहर उनका अस्तित्व शायद ही बचे। ऐसे में गोस्वामीजी की प्रकृति संबंधी कविताएँ निश्चय ही आश्वस्त नहीं कर पातीं!

लेकिन जो ऐसी धारणा के प्रचार में लगे हैं वे भूल रहे हैं कि गोस्वामीजी ने

आश्वस्ति-श्रावस्ती गान कभी नहीं किया। मृत्युपर्यंत वे क्रांतिगान ही करते रहे और वही उनका मूल स्वर था। यह गोस्वामीजी की विलक्षण प्रतिभा ही थी कि वे क्रांति के पारंपरिक खाँचों में फिट होने से बचते रहे। या प्रतिभा की विलक्षणता उन्हें फिट होने से बचाती रही। क्रांतिकारी दल राजनीतिक मुखपत्रों में इस और उस बहाने से गोस्वामीजी की कविताएँ छापकर उन्हें अपनी नकेल से बाँधने की कोशिश में जुटे रहे, जबकि क्रांतिचेता कवि बार-बार इस नकेल को तुड़वाकर अराजनीतिक विमुखपत्रों में छपता व अपनी जगह सुरक्षित किए रहा। ये दो ऐसे मूल्य थे जिनकी रक्षा में कवि ने आजीवन लोमहर्षक संघर्ष किया। जैसे वे समाज में क्रांति लाने के मर्मांतक पक्षधर थे उसी तरह अपने छपने व जगह की रक्षा में उन्होंने कोई कसर उठा न छोड़ी।

जहाँ न पहुँचे रवि वहाँ पहुँचे कवि की तर्ज़ पर निहायत मारामारी वाली जगहों में भी गोस्वामीजी अपने लिए जगह बनाने में सक्षम होते रहे थे। यही वजह है ढेरों कवि व प्रकाशक उन्हें अपनी कविता, सविता, संध्या, रात्रिगंधाओं से मिलवाने में हिचकते थे (कविता एक वरिष्ठ कवि की बड़ी बेटी का नाम था, जबकि संध्या उनके यहाँ काम करनेवाली बाई थी)। क्रांतिकारी कवि के बारे में किंवदंती थी कि वे आम तो आम गुठली के दाम भी नहीं छोड़ते। गुठली से आशय संभवत: घर की नौकरानियों से था। यथास्थितिवादी ताक़तों के भ्रांत प्रचार से अलग इसे समाज के पददलित-शोषित समुदाय के प्रति कवि के अतिशय, कोमल जुड़ाव के बतौर, और किसी भी तौर पर नहीं, देखा जाना चाहिए। 'सात शहरों में सात बार', 'मैं था नहीं था' जैसी मर्मस्पर्शी रचनाएँ इसका सजीव प्रमाण हैं। सुधी पाठक याद करें इन उद्दिप्त रचनाओं में सेक्स संबंधी सारे विहंगम दृश्य निम्नवर्ग के चरित्रों के इर्दगिर्द ही बुने गए हैं, जबकि किंवदंती नहीं अकाट्य यथार्थ था कि कवि उन दिनों शिमला में किसी निम्नवर्ग की स्त्री नहीं, एक धनाढ्य बिधवा में फँसा हुआ था और वापस गोरखपुर अपनी देहातन स्वकीया के पास लौटने के बजाय फ्रांस या अमरीका निकल उड़ने के मंसूबे बाँधता फिर रहा था।

उनके बाक़ी समकालीन जबकि दिल्ली में रहते हुए पहाड़गंज व पड़पड़गंज की ही बातें करते रहे, गोस्वामीजी ने गोरखपुर के सुदूर देहात में भी अपने लिए फ्रांस व अमरीका को संभाव्य बनाया। बाक़ी कवि बिहारी, अष्टछाप व गोरखपंथी लीक पर रचनाएँ उगलते रहे जबकि क्रांतिचेता कवि ने रिवियेरा, पॉल वेलरी व मोंतेन की बातें ही नहीं कीं, उनके हिज्जे तक सही-सही लिखकर अंतर्राष्ट्रीयता की पहचान की

एक नयी लीक स्थापित की।

भयानक शोक का विषय है कि ऐसा उदीयमान युवा कवि इतनी अल्पायु में चल बसा। माने नेपाल की ओर बसने के लिए चला था लेकिन जाने क्यों रास्ते में बस से उतरकर अपनी मौत की ओर चला गया। दिल्ली के कतिपय गैरक्रांतिकारी हलकों में यह बात उड़ायी जा रही है कि कवि के बीच रास्ते बस से उतरने की वजह एक कमनीय स्त्री का वहीं उस स्टॉप पर उतरना था। गोस्वामीजी ने स्त्री को तो ठीक-ठीक पहचान लिया, लेकिन स्त्री के संगी पुरुष को पहचानने से वे रह गए। कविता पर विमर्श करते हुए जिसे अंत तक वह नेपाली कवि माने रहे, वह वर्गशत्रु माने गोरखपुर का मशहूर गुंडा दिवाकर तिवारी निकला। पहचान की यही मामूली चूक जाजल्व्यमान क्रांतिकारी संभावनाओं के मर्मांतक मार्मिक मर्डर में परिणत हो गई।

क्रांति के अग्रिम दस्ते के ऐसे सुलगते अग्निशिखर को हमारा अंतिम नमन।

गोस्वामी तुम जाओ। हम तुम्हारी कविता को बचाकर रखेंगे?

जुलाई 24, 2007।

***

अभी जुगलबंदी

एक कैसी तो गीली थकान में नहाई बेहया अलसभरी बरसात

"फिर क्या हुआ, बताओ ना?" बाँस की छड़ी पर कपड़े चढ़ा दिए गए हों-सी दुबली देहवाली सिंधु आठ-नौ वर्ष की होगी, चिंहुककर बोली।

"फिर क्या होता, बाहर बरसात होती रही, कहानी ख़तम!"

सिंधु को दीदी का यह तरीक़ा पसंद नहीं। इतने अच्छे से कहानी चल रही थी गाँव के मेले में ग़रीब बच्चों का इतना अच्छा सीन था! गोईंठे की धुएँ में डूबी गुड़ की जलेबी खाने का सुख, दूसरे दिन मंदिर के बाहर बताशे और पंजीरी का प्रसाद। पंडितजी के कहने से सब पर रौब गाँठने के लिए अंकित भैया ने उपवास का .फ़ैसला लिया था और दो ही घंटों में घर में बड़ीवाली काली कड़ाही में समोसा छन रहा था तो अपने .फ़ैसले पर पछताने भी लगे थे। झूठमूठ का उपवास किया था जभी कुएँ में गिर गए थे, सूखा कुआँ था जो बच गए लेकिन फिर भी पैर में का.फ़ी सारी चोट लगी थी, एक हिस्सा पूरी तरह छिला गया था। छिलाया था न, कितना, बहुत ज़्यादा छिलाया था? बोलो न, दीदी, फिर? देखो, कैलेंडर पर साँस रोके छिपकिली भी कान लगाए हमारी कहानी सुन रही है और तुम अंकित भैया को कुआँ में फँसा छोड़ के भाग रही हो, क्यों?

"कहाँ भाग रही हूँ, यहीं तो हूँ। तुझसे कहा न फिर बरसात होने लगी!" इतना कहकर दीदी मुस्कराती रही सिंधु ने साफ़ देखा पंजे में किसका तो फोटो दबाए दीदी किसलिए मुस्करा रही है, और अच्छा है किसी का भी फोटो लेकर ख़ुशी मिलती है तो ख़ुश होती रहे लेकिन हमारी कहानी का गुड़-गोबर करने का दीदी को कोई हक़ नहीं है!

"इतनी गरमी है इलेक्ट्रिक भी नहीं है और तुम अलग से परेशान कर रही हो, क्यों ऐसे परेशान करती हो, दीदी?"

चटाई पर गिरी दीदी ने सिंधु को छाती के क़रीब खींच लिया, इतना क़रीब कि दीदी की साँस सीधे-सीधे सिंधु के चेहरे पर इलेक्ट्रिक की तरह गिरने लगी। सिंधु की बड़ी-बड़ी आँखों में अपनी आँखें गड़ाकर होंठ नचाती पता नहीं मन के अंदर कैसे खेल चला रही थी, दीदी फुसफुसाकर बोली, "क्या-क्या बताऊँगी तुम्हें, तुम समझोगी? नहीं समझोगी, अभी बहुत छोटी हो।"

सिंधु ने एकदम से बुरा मानकर जवाब दिया, "लिपस्टिक लगाती हूँ छोटी नहीं हूँ, अब!"

इतना नन्ही सिंधु भी देख पा रही थी कि दीदी होंठ टेढ़ा किए मुस्कराती भले आँखों से उसको देख रही हों लेकिन मन में उनका ध्यान कहीं और है, पता नहीं किसके ध्यान में एक ठंडी साँस भरकर, सिंधु की पीठ पर अनमने उँगलियाँ फिराती बोलीं, "अब और कुछ नहीं, बाहर बारिश हो रही है, बस।"

सिंधु ने आँख नचाकर कहा, "कहाँ बारिश हो रही है? इतनी गरमी है तुम भी किधर-किधर की कैसी बहकी बातें करती हो, दीदी?"

"कहानी में बारिश हो रही है, पगली।" इतना कहकर दीदी ने लड़की से ख़ुद को अलग किया, करवट फेरकर आँखें मूँद लीं।

***

चौबीस घंटे से ज़्यादा हो रहे थे बारिश की जो झड़ी लगी थी अभी भी उसके छूटने के आसार नहीं दिख रहे थे। ऐसी बरसातों में बाल्कनी में नॉर्मली एक नमी रहती है, सीधे देह पर छींटे नहीं पड़ते मगर अभी हाल यह था पानी के ऐसे झपास उड़ रहे थे कि बैठना तो दूर वहाँ खड़े होना तक मुश्किल था। इतने दिनों बाद मन में उठते

प्रतिवादों को दबाकर शैलजा ने एक सिगरेट जलाया था, बाल्कनी में खड़ी अभी दो कश भी नहीं ली होगी कि सिगरेट गीली हो गई। सोचा, चलो, अच्छा हुआ, डिवाईन सिग्नल है कि मेरे सिगरेट के दिन ख़त्म हुए। ज़िम्मेदारी के भाव से बेमन पेंटिंग का साज-सामान फैलाकर बैठी थी, बाल्कनी से भीतर लौटी तभी बिजली चली गई। पूरे घर में एकदम-से अँधेरा हो गया। उसी अँधेरे में किचन गई, पहले की बनाई कॉफ़ी गैस पर गर्म करने को चढ़ाया, फ़ोन लेकर दुबारा अंकित का नंबर ट्राई करने लगी। इस बार नंबर रिंग हो रही थी लेकिन रिसीव नहीं हुआ। शैलजा अपने छोटे भाई को जानती है, बुरा मानने का तुक नहीं था। फ़ोन बंद करके कप में कॉफ़ी ली, बैठक के अँधेरे में लौटकर सोच रही थी क्या करे। अंकित को एक बार और ट्राई करे या जब उसे फ़ुरसत बनेगी वही करेगा, सोचकर उसके फ़ोन की राह तकती बैठे।

छुटपन में इतना एक्साइटेबल रहता था अब चेहरे पर ऐसी मुर्दानी रहती है मानो पैलेस्टाइन में यूएन का एन्वॉय हो! दस मिनट की बातचीत में कुल चार वाक्य बोलेगा और वह भी इस तरह बोलेगा मानो बोलने में पैसे खर्च होते हों! नाराज़गी दिखाओ, कोंचकर पूछो कब सुधरोगे? तब भी अधिक-से-अधिक यही कि आई एम सॉरी, दीदी, बट बताने के लिए कुछ है नहीं, रियली।

कभी-कभी तो यह होता है कि अंकित के बारे में भी शैलजा को ख़बर दिव्या से लगती है। दिव्या, कलकत्ते के बंगालियों के बीच पली-बढ़ी अंकित की मुँहफट पंजाबन वाईफ। यह भी सरप्राइज़िंग है कि हर समय बक-बक बोलनेवाली दिव्या, अंकित के साइलेंसेस कैसे टैकल करती है!

हवा के जोर में रसोई के अंदर किसी चीज़ के गिरने की आवाज़ आई। शैलजा खिड़की भेड़ने गई थी जभी उसे फ़ोन का बजना सुनाई दिया, भागी हुई आकर फ़ोन उठाया, "हैलो?" दूसरी ओर से जवाब मिला, "कैसी हो, दीदी? मैं सिंधु बोल रही हूँ।"

***

इतने ज़ोरों की बौछार थी कि ओसारे के सामनेवाले ढलान से लगी कच्ची सड़क तक दिखना बंद हो गई थी। बीच में नीम का एक पेड़ था वह भी अंदाज़े से ही कह सकते थे कि हाँ, वहाँ है, दिख नहीं रहा था। तीन-चार जगह तो ख़ुद ओसारे में ऐसे थे जहाँ से भर्र-भर्र पानी बह रहा था, फिर भी हुड़दंगी बच्चे थे कि दामोदर चाचा की चौकी से लगे हुए बरसात के अँधेरे में शोर का तूफ़ान उठाए हुए थे। दामोदर चाचा भी अपने पागल ही हैं कीचड़-सने पैरों की की टप्-टप् कभी इधर कभी उधर

गिराते, जाने कब के करियाए, गंदे चौकी पर पसरे, हारमोनियम सजाए बैठे हुए थे!

अंकित था बिना साँस रोके एक कोने से छूटकर दौड़ता जाता, दूसरे छोर पर जाने किस ज़माने की एक जंग-लगी साइकिल की ठठरी रखी थी, उसे छूकर फिर बीच वाले खंभे का घेरा वैसे ही वहशीपने में घूमकर पूरा करता दौड़ा-दौड़ा वापस चाचा के आगे आकर खड़ा हो जाता कि अब बोलिए!

और बदमाश ने चप्पल भी पता नहीं कब से निकालकर किधर फेंक रखा था। मैं चिल्लाना चाहती थी कि गिर पड़ोगे, मुँह फूट जाएगा। पिछले महीने फूटा था इतनी जल्दी भूल गए? लेकिन इतना हलकट शोर उठाए, अनजान लोगों के बीच क्या बोलती। जाने किस घर के बच्चे हैं सब, ज़्यादा मजदूरी करनेवालों के ही होंगे, जब देखो दामोदर चाचा ऐसी ही अगड़म-बगड़म पलटनों की संगत में धँसे-फँसे रहते हैं! मैं सुबह से कह रही हूँ आपसे एक बहुत अरजेंट इंपोर्टेंट बात करनी है, तो तब से राग छेड़े हुए हैं कि ज़रा-सा हारमोनियम सेट कर लूँ फिर तसल्ली से तुम्हारी बात सुनेंगे!

भाड़ में जाओ आप, मैं क्या इतनी फालतू हूँ कि आपके पीछे भाग-भागकर आती रहूँगी, मन की बताने? जाओ, मेरे मुँह से अब कुछ निकलेगा ही नहीं! (लेकिन मान लो, इन केस, तभी दामोदर चाचा ने कहा होता, ठीक है बोलो, जो बोलना था। मैं बोल पाती? हिम्मत होती मेरे अंदर?)। उ.फ़.फ, ये बच्चे इतना शोर क्यों कर रहे हैं? बारिश की वज़ह से भरे दिन इतना गाढ़ा अँधेरा हो गया है लगता है ग्रहण लगा है और उससे ख़ौ.फ़ खाने की जगह ये हल्ला कर रहे हैं। दामोदर चाचा की मौज़ूदगी है इसीलिए बर्दाश्त कर रही हूँ नहीं फिर एक-एक को ऐसी डाँट पिलाकर खदेड़ती कि दुबारा इस घर की तर.फ कभी पैर भी नहीं धरते!

मैं दावे के साथ कहती हूँ इनमें एक भी बच्चा ऐसा नहीं होगा जो स्कूल जाता हो (वैसे अभी तो अंकित तक को देखकर यही लग रहा था कि स्कूल से उसका दूर-दूर का नाता नहीं!)। एक चिमरख नीली गंजी पहने नंगा बच्चा था, पागलों की तरह मुँह बाये जानवरों जैसी आवाज़ निकाल रहा था तो एक दूसरा शैतान पता नहीं कहाँ से चुराई दो रंगों की अलग-अलग चप्पलों में गोड़ डाले, कीचड़ के पानी को फुटबाल की तरह उड़ा रहा था और मैं दामोदर चाचा के आसरे थी कि आख़िरकार साल के ज़्यादा वक़्त गाँव में रहते हैं, सबको पहचानते हैं, बच्चों को बरजेंगे तो वो बारिश, बच्चे सबसे लापरवाह आराम से हारमोनियम की ठेपियों पर हाथ फेरते अपनी ही राग में खोए थे। थोड़ी-थोड़ी देर में बच्चों के शोर के ऊपर चिल्लाकर

आवाज़ लगाते इसके बाद अब कौनवाला गाना सुनना है, बोलो?

ऐसी भयानक बरसात में कोई गाना सुन सकता है? मैं तो नहीं ही सुन सकती! इतनी तान छेड़े रहते हैं, कभी मुझसे कहा कि यह ख़ास तुम्हारे लिए है, सुनाऊँगा, सुनोगी?

कहाँ-कहाँ के इतने बच्चे नहीं होते तो मैं चाचा की ज़रूर ख़बर लेती कि आप भी क्या-क्या अगड़म-बगड़म बोलते रहते हैं, क्यों बोलते हैं, मिस्टर? लेकिन अभी पेटी पर इधर-उधर हाथ मारकर दुबारा फिर वही बोले तो मैं अन-मन करके पटाई, छत से पानी का भरर-भरर बहना देखती रही। इतने तेज बरस रही है कब तक बरसेगी? रातभर ऐसे ही बरसता रहा, फिर? सुबह से ही बिजली ग़ायब है, होती तो कोई धुला चादर खोज मुँह तक तान दसानी वाला उपन्यास ख़त्म कर लेती, लेकिन इतने घंटे हो गए बिजली नहीं आई, कब आएगी ये भी मालूम नहीं। उसको लेकर घबराहट नहीं हो रही, गुनगुनाहट सूझ रही है, ऐसे आदमी का भी कोई जवाब है भला?

बच्चों का पूरा हुड़दंग चाचा जैसे हैंडल कर रहे हैं। सच्ची में चाचा की ऐसी लापरवाही मुझे एकदम अच्छी नहीं लगती! अभी मेरी तरफ़ देखकर कुछ पूछें भी तो मैं शर्तिया उनकी बात का जवाब नहीं दूँगी! ख़ुद देख लेंगे कि मैं उनकी तरफ़ देख भी नहीं रही!

हालाँकि मैंने किसी से कहा नहीं है और रसोई का काम देखने जो ग्वालिन संगीता आती है, जिस तरह से चाचा की मौज़ूदगी में मुझे देख-देखकर मुस्कराती रहती है, मुझे डर लगता है बदमाश किसी दिन कोई उल्टा-सीधा मजाक न छेड़ दे। अंदर-ही-अंदर खौलती भी रहती हूँ कि बद्तमीज़ क्यों इस तरह मुस्कराती है। मैं क्या इसकी दोस्त-सहेली हूँ? लेकिन फिर वो गाना है ना, 'बात निकलेगी तो दूर तलक जाएगी' की याद करके मन मारे चुप बनी रहती हूँ। क्या फ़ायदा है ऐसी औरत से मुँह लगाने का, क्योंकि सच्चाई तो है ही कि दामोदर चाचा से मुझे मन-ही-मन प्यार है। (ओह, क्या ज़रूरत थी बताने की? नहीं बताकर मुझको बुखार चढ़ रहा था? ठीक है, अब बोल दिए तो बोल दिए, लेकिन यह भी तो सच्चाई है कि दामोदर चाचा को कभी बताऊँगी नहीं। किसी सूरत में नहीं!) वैसे भी क्या फ़ायदा। इंगलिश की मैम को उनके हस्बैंड रोज़ बाइक पर स्कूल की गेट तक जो उनको छोड़ने आते थे और सुतपा उनको देखकर जिस तरह अपना होश खो बैठी थी और उनके बारे में बात करने भर से उसकी आँख गीली हो जाती या जिस तरह से उसे इंगलिश मैम से

नफ़रत हो गई थी। वैसे, उन सारे झमेलों में मेरे भी उलझने का क्या तुक है। सारे स्पोर्ट्स खेलती थी फिर भी क्या हालत हो गई सुतपा की, मैं तो स्पोर्ट्स खेलती भी नहीं, न मेरे शरीर में उसकी जितनी ताक़त है और वैसे भी चोट लगने से मुझे बहुत डर लगता है। फिर दामोदर चाचा को मैं कितना जानती हूँ ? वही मुझे कितना जानते हैं ? जानने की दिलचस्पी रखते तो हर समय आसपास बच्चों की इतनी भीड़ बनाकर रखते ? कोई ज़रूरत होती है तो अंकित का नाम लेकर आवाज़ लगाते हैं, जैसे मैं घर में हूँ ही नहीं !

मैं ही बुद्धू हूँ। दीदी और मम्मी के साथ चौधरी जी के पक्के मकान में रहने की जगह अंकित का ख़्याल रखने के बहाने, इस टुटहे मकान में अपनी बेइज़्ज़ती कराने चली आई, जबकि किसी को यहाँ मेरी रत्ती-भर भी परवाह नहीं ! ओह, सोच-सोचकर कितनी शर्म लगती है। मेरी जगह सुतपा होती तो भागकर इसी वक़्त ओसारे के बाहर झमझम बरसते पानी में खड़ी हो जाती और तबतक खड़ी रहती जबतक हारकर दामोदर चाचा उसे आकर अपनी बड़ी-बड़ी छाती में छिपा नहीं लेते ! लेकिन यही तो दिक़्क़त है कि मैं सुतपा नहीं, मुझमें इस भूरे गंदे पानी में जाकर खड़े होने, ख़ुद को गंदा कर लेने की हिम्मत नहीं !

मगर क्यों बरस रहा है इतना पानी ? सामने का सब धुँधला-धुँधला। कुछ भी नज़र नहीं आ रहा। थोड़ी देर में ये होगा कि ऊधम करते ये बच्चे भी नज़र नहीं आएँगे !

"अंकित, अंकित ! कम हियर। तुम यहाँ आ रहे हो या नहीं ?"

लेकिन अंकित पर मेरे ग़ुस्से का कोई असर नहीं, वह नीली गंजी वाले नंगे बच्चे की गरदन में हाथ डाले, आँख फाड़े उसे कुछ दिखा रहा है। हारमोनियम को एक ओर सरकाकर दामोदर चाचा एक दूसरे बच्चे से अपने कंधे की मालिश करवा रहे हैं और मेरी तरफ़ उन्होंने एक बार भी नहीं देखा है !

अंकित के पीछे मैं सच्ची अच्छा उल्लू बनी। ज़रूरत क्या थी इधर आने की ? क्या मैं मौलीश्री से भी बड़ी ईडियट हूँ ? चौधरी जी वाले मकान में होती तो जी भरके चैन से अपनी बेवक़ूफ़ी पर रोती, लेकिन यहाँ तो छुपकर रोने भर की भी जगह नहीं !

मुझसे उम्र में कोई एक-दो साल छोटी होगी, काली-भुजंग लड़की। छप-छप नंगे पैर जाने धुँधलके में कहाँ से प्रकट हुई, दौड़ती आई। पैरों में चप्पल नहीं, इतनी बड़ी हो गई अभी तक फ्रॉक पहने थी, वह भी जानो कब का फटा हुआ और अंदर

शमीज़ तक नहीं कि जो नहीं दिखना चाहिए सबके आगे छाती से चिपकाए, उसका बैंड बजाती! मैं एकदम घबरा गई कि कैसी बद्‌तमीज़ है भागी चली आ रही है और तो सब बच्चे हैं मगर दामोदर चाचा ने इसे इस हालत देख लिया तो? और कुछ यही सब सोचकर तेजी से भागी उधर गई, उसके रास्ते में अड़ी-खड़ी रही कि कौन हो किससे मिलना है? चलो, चलो, जाओ वापस!

वह भी बेवक़ूफ़ मुझ अनजानी, शहरवाली को एकदम से सामने पाकर सहमी वहीं बारिश में भीगती खड़ी रही (ये नहीं कि बेशरम भागकर कहीं और चली जाए!) तब तक बच्चों ने हल्ला किया, या ख़ुद चाचा की निगाह गई, और इसके पहले कि वो कुछ बोलें मैंने ही उनको ख़बरदार किया कि पता नहीं कहाँ से भागी आ रही है, पैर में इतना कीचड़ है?

चाचा ने मालिश करते बच्चे का हाथ थामे जवाब दिया, "आने दो आने दो, मन्नन हमारी होनेवाली वाईफ है!" फिर बच्चों की हें-हें के बीच चाचा ने चुहल में लड़की से सवाल किया, "हमसे व्याह करेगी न, मन्नन?"

और वह बेशरम दाँत निपोरे, भागी-भागी उसी नंगी बेहयाई में, चाचा के आगे जाकर खड़ी हो गई। और दामोदर चाचा वापस पेटी पर हाथ फिराते उसकी आँखों में आँख गड़ाए सवाल किए, "हमारी बेगम कौनवाला ग़ज़ल सुनेंगी?"

मेरी सचमुच इच्छा हो रही थी इस नंगे प्रहसन से आँखें फेर कर झमझम बरसात में जाकर खड़ी हो जाऊँ और तब तक खड़ी रहूँ जबतक मुझे निमोनिया न हो जाए।

***

उम्र में शैलजा से दस वर्ष छोटी सिंधु, एक वक़्त था अपने सैकड़ों सवालों की झोली लिए दीदी के पीछे-पीछे घूमा करती। हर बीसवें मिनट आँखें फाड़े सवाल करती और उसी क्षण वाजिब जवाब न मिले तो टप्-टप् उसकी आँख से आँसू गिरने लगते थे! पता नहीं गाँव के एक चाचा थे, उन्होंने या किसने पगली का नाम दिया था। सब सिंधु को उसी नाम से पुकारते और लड़की को कोई ऐतराज़ न होता, लेकिन वह कोई बात पूछे उसका जवाब न दो, एकदम कुप्पे-सा मुँह फैलाकर एक कोने बैठ जाती थी!

पिछली बार बात हुई थी तो पता चला था वकीलों के किसी ग्रुप के साथ कोई सेमीनार अटेंड करने श्रीनगर गई है, "कैसी हो?" के जवाब में थोड़ी देर गुमसुम

रहने के बाद बोली थी, "तुम्हारा अच्छा है दीदी, इसमें से निकलकर उसमें मन लगाती रहती हो। एक ऐसा कोई पर्टिकुलर सेंटर नहीं है। हमने अपने लिए सेंटर तय किया, उसी को संभालने में होश उड़े रहते हैं! मिलूँगी तो सब डिटेल्स बताऊँगी!"

नैचुरली, उसके बाद फिर सिंधु-दर्शन नहीं हुआ। सरकार और किन-किन के ख़िलाफ़ इतने सारे केसेज़ दायर कर रखे हैं लड़की ने। कभी-कभी उसे देखकर लगता है अदालतों में सिर फोड़ने के लिए ही वह इस दुनिया में आई है। बीच में कभी पता चला अंकित से उसकी बातचीत बंद है, शैलजा ने भाई से दरियाफ़्त की तो ख़बर हुई इसने कुछ उल्टा-सीधा उपदेश दिया था, जिसका सिंधु सीरियसली बुरा माने बैठी है। "तुम जानती हो दीदी, वह हमेशा की स्टुपिड है। बेमतलब कितने झमेले पाल रखे हैं, इसी उम्र में बूढ़ी हो रही है। शी इज़ जस्ट वेस्टिंग हर लाइफ़, सच्चाई तो मैं किसी के भी मुँह पर कहूँगा!"

ऐसी बातों का क्या जवाब है? बैंकों के लिए चौदह-चौदह घंटे की खटाई करके अंकित ने अपनी लाइफ़ वेस्ट नहीं की है? ख़ुद शैलजा हमेशा से इतना रेस्टलेस रही, वही अपने जीवन का क्या कर पाई? थोड़ा-थोड़ा शायद हम सभी वेस्टेड लाइव्स हैं। सिंधु कम-से-कम उसे सिर्फ़ अपने पीछे तो वेस्ट नहीं कर रही।

***

ससुर अपनी पुरानी कार में शैलजा को हैदराबाद का बाहरी हिस्सा घुमाने लाए हैं। खेतों के बीच रह-रहकर जैसे मकान दिख रहे हैं, उनके अंदर ग़रीबी होगी ही, लेकिन इतनी दूर से शैलजा के अपने बचपन के ग़ाज़ीपुर के देहातों से यह दुनिया कितना अलग लगती है। बचपन में छुट्टियाँ गाँव में बीततीं, शैलजा को याद नहीं वहाँ आमतौर पर कभी किसी बच्चे के पैर में चप्पल देखा हो, जबकि इधर की तरफ़, पहले भी नीलकांतन के साथ जब कभी घूमना हुआ है। लेकिन इतने वर्ष भी तो हुए, दुनिया सब कहीं कितना बदल गई है। शैलजा बचपन के जिन बच्चों को याद करती दिमाग़ में बिंब बुनती है क्या मालूम उन देहातों के बच्चे आज किस तरह का पैर लेकर दुनिया के खुले में दौड़ते हों? कितने वर्ष हुए शैलजा को अपने बचपन के उन देहातों में झाँके हुए? सोचते ही शैलजा का मन भारी होता है।

नीलकांतन की माँ बीमार है, नीलकांतन स्वयं तत्काल नहीं आ सकता था सो आगे-आगे शैलजा को भेजा है। पिछले चार दिनों से पुराने हैदराबाद की मुस्लिम-बहुल बस्ती में नीलकांतन के पिता के नये घर में शैलजा रह रही है, नर्स से ज़्यादा मेहमान बनकर रह रही है। नीलकांतन के बुज़ुर्ग सज्जन पिता बार-बार

कोंचकर टोह लेते रहते हैं कि बाहर की बहू को उनके यहाँ कोई कमी तो नहीं खल रही! कमी खलती भी हो तो ऐसे सज्जन ससुर को मुस्कराकर आश्वस्त करने की जगह कोई शिकायत गिनाएगी ऐसा शैलजा सोच भी नहीं सकती। उसे शिकायत है भी नहीं। सासजी के लिए भी नहीं। अभी तो बीमार हैं, जब नहीं थीं तब भी अकेले शैलजा की संगत में चुप ही रहती थीं। और शैलजा सवाल न करे तो घंटों चुप रह सकती थीं, मानो हारकर सारे हथियार डाल दिए हों कि परदेस की, उत्तर की, बहू थाहना उनके बस की बात नहीं!

इधर-उधर की हल्की, मज़ाकिया बातें करके शैलजा सास के साथ शायद सहजता का मैत्री-भाव बना सकती थी, लेकिन सास की चुप्पियों में अपना जोड़कर वह भी चुप ही बनी रहती है, चुप्पी के मैत्री-भाव से उसे एतराज़ नहीं। फ़ोन पर किसी से कहना ही हुआ तो शैलजा हमेशा यही कहती है नीलकांतन के पैरेण्ट्स के घर आई हूँ, ससुराल आई हूँ कहना उसे स्वाभाविक नहीं लगता। परदेसी बहू समझी जाने से उसे गुरेज नहीं, बिलॉन्ग करना फ़ील करने के लिए ऐसे सतही समाधानों का लॉजिक शैलजा के माथे फिट नहीं होता। फिर वही क्यों, कौन है जो बाहरी नहीं? शैलजा से दसेक साल छोटी बहन सिंधु को छुटपन में सब पगली कहकर बुलाते थे मगर ऐसी पागल निकलेगी कि किसी विस्थापित कश्मीरी से व्याह करेगी, कौन जानता था। समय और ज़रूरत के हिसाब से वह कहीं भी बिलॉन्ग करती है और उतना ही हर कहीं आउटसाइडर भी महसूस करती है!

ख़ुद नीलकांतन के पिता पैतृक ज़मीन के नज़दीक मैंगलोर में कहीं सेटल होना चाहते थे, वर्कआउट नहीं हुआ, इतने वर्षों से रहते हुए अब हैदराबाद को ही अपना शहर मान लिया है, यहाँ बाहरी नहीं? पड़ोस की कोई औरत तेलुगु में कुछ देर तक लगातार बात करती रहे तो नीलकांतन की माँ के चेहरे पर थकान बनने लगती है, इतनी मृदुभाषी हैं, सौम्य हैं, पर अजनबीयत की थकान छिपा नहीं पातीं, वह इस दुनिया में परदेसी नहीं? पता नहीं कहाँ-कहाँ के बचपनों में बढ़े, फैले दुनिया में अब सब कहीं सब कोई विस्थापन में है, बाहरी है। परदेसी है, दैट इज़ द बिग ट्रूथ ऑफ़ अवर टाइम!

पिछली मर्तबे छोटे भाई अंकित की फ़ैमिली के साथ दार्जिलिंग की टहल करने गई थी, दिव्या को पता नहीं क्या बात हुई, किसी क्षण टोककर पाँच साल के बेटे ने सवाल किया, "नेपाली हमारी लैंग्वेज है, ममा? हमारी मदर-टंग क्या है, ममा?"

आँख फैलाकर दिव्या ने शैलजा की तरफ़ देखा था, फिर वैसे ही आँखें फाड़े

बेटे को देखती बोली थी, ''ये तेरी मदर है,' और फिर लंबा-सा जीभ दिखाकर, ''और ये उसकी टंग! आई समझ में बात?''

***

वह शायद पहला साल था जब शैलजा घर से दूर दिल्ली हॉस्टल में अकेली रह रही थी। बरसात का ही महीना होगा पहली मर्तबा घर लौटी थी, शाम को पापा चाय पीते झींक रहे थे, यहाँ कौन ख़राबी थी कि पढ़ाई करने दिल्ली गई। तुमलोगों के बारे में सोचकर कितनी चिंता होती है तुमलोगों को कभी समझ नहीं आएगा! मम्मी इशारों में मुझे आश्वस्त कर रही थी कि पापा के अंदर तकलीफ़ है, उसको ज़ाहिर कर रहे हैं। बुरा मानने, दुखी होने की बात नहीं।

मैं दुःखी थी भी नहीं, दो महीने सबसे दूर रहकर वापस घर लौटकर, पापा को कन्सर्ड देखकर मैं सेंटीमेंटल ही हो रही थी कि तभी भागी-भागी घबराई, बुक्का फाड़े रोती सिंधु आई, पता चला पड़ोस के छत पर दूसरे बच्चों के साथ अंकित भागा-दौड़ी कर रहा था, कभी पैर फिसल गया, छत से गिर पड़ा है।

अंकित का टूटा पैर देखकर मम्मी ने राहत की साँस ली थी, लेकिन सिंधु का सदमा ऐसा था कि उसका हिचक-हिचककर रोना नहीं थम रहा था। आजिज़ आकर मम्मी ने कहा था, ''तू चुप करती है कि चार हाथ ऊपर से मैं लगाऊँ?''

मम्मी को मना करके शैलजा ने खींचकर सिंधु को अपने में भींच लिया था। उसके बाद भी लड़की जाने कब तक रोती रही थी, हिचकियों में रहते-रहते उसके मुँह से फूटता रहता, ''अंकित भैया छत से गिरे हैं, मुझको बहुत दर्द हो रहा है दीदी!''

***

इस बार भी यह पिछले तीन दिनों से था कि लगातार मुसलाधार बरस रहा था। दीवार, कपड़े, हवा, रौशनी लगता सब कहीं गीलापन छितरकर पसर गया हो जैसे। नीलकांतन रात भर प्रैस में फँसे रहे, भोर में लौटे तो देखकर हैरानी हुई कि शैलजा इतनी सुबह उठी हुई है। पूछने पर पता चला वह सोई ही नहीं, जगी रात भर पानी का बरसना सुन रही थी।

धीरे-धीरे सुबह के फैलते उजाले में बालकनी के गीलेपन में खड़ी शैलजा थोड़ी देर चुप रहने के बाद बोली, ''मुझे लगता है आपके जीवन में जितनी भी चीज़ें होती हैं, जितने भी लोगों से आप मिलते हैं जिनका आपके जीवन में महत्व है, उन

सभी इंटरऐक्शंस में आपके अंदर कहीं कुछ है जो ख़त्म हो जाता है या फिर एकदम नई चीज़ पैदा होती है!''

रातभर बरसात सुनती रही थी जैसा पति से शैलजा ने कहा था, सच नहीं कहा था, बीच में कभी *रेनुआर* की '*द रिवर*' देखती रही थी, उसी के अकूत मानवीयता में अभी तक मन उलझा, उमड़ रहा था।

***

तब की बात है जिस साल हर चीज़ मुझमें घबराहट पैदा करती, हर फ़ैसले में लगता जैसे ग़लती कर रही हूँ। सब कुछ भूलकर कोई पार्टी थी जिसमें तीन-चार पैग की बेसुधी में, अनजाने लोगों के बीच आर्ट पर मैं कुछ ऊटपटांग बक रही होऊँगी, जभी जाने कहाँ से खोजता-पूछता, अपने गिर्द जो मैंने एक क़िला-सा खड़ा कर लिया था, उस घेरे को लाँघता, उड़े-उड़े बाल और तक़लीफ़ में नहाई, भरी-भरी भारी आँखे लिए नीलकांतन एकदम-से मुझ पर चढ़े आए कि बात करनी है। नशे में थी लेकिन इतना होश था कि ग़ुस्से में उफनते उनको परे धकेलकर मैंने कहा था, गो अवे, डिस्सापीयर, आई डोंट वॉट टू सी यू। एवर!

चार-पाँच दिनों बाद हेमंत का फ़ोन आया कि कांतन हॉस्पिटलाइज्ड हैं, एक बार मैं उसे देख क्यों नहीं आती। मैंने चिढ़कर जवाब दिया था हेमंत, बकवास मत करो, मुझे कांतन या किसी से मतलब नहीं है, मेरे अपने झमेले ही बहुत हैं। प्लीज़ लीव मी अलोन!

मुझमें हेमंत से इतना पूछने की भी हिम्मत नहीं थी क्या दवा पी ली है, खा लिया है, हुआ क्या है? आई वॉज़ जस्ट नॉट बॉदर्ड। अफ़ोर्ड नहीं कर सकती थी। बस, हर चीज़ से नफ़रत हो गई थी और कुछ भी नहीं सोचने के एक सेक्लुडेड स्पेस में उनींदे डोलते हुए सिर्फ़ इतना चाहती कि हर कोई मुझे अकेला छोड़ दे। अपने भुलावों से हारकर फिर कभी यह लगता कि ख़ुद मैं ही ज़हर खा लूँ कि कांतन को अपनी बेवक़ूफ़ियों का सबक मिले। मेरे मर जाने की क़ीमत पर शायद फिर पापा को भी यह बात समझ आए कि उनकी मर्ज़ी से शादी करके वह समझते रहे मैं सुखी रहूँगी, और मैं बार-बार उन्हें आँखों से बताती रही कि नहीं, पापा, नहीं रहूँगी, अब देख लेंगे, जान जाएँगे कि उनकी बड़ी बेटी सुख में नहीं थी!

लेकिन अपनी बात सही ज़ाहिर करने की गरज से ज़हर खा सकूँ, मुझमें इतनी हिम्मत भी नहीं थी। पापा के एकदम भौंचक रह जाने और मम्मी के लाख पैर पटकने

के बावजूद सिंधु ने घर में कह दिया था एक कश्मीरी लड़के के साथ घूम रही है और उसकी ज़िंदगी का कोई ठिकाना नहीं, लेकिन शादी वह उसी से करेगी; मैं आठ वर्षों से एक शराफ़त निबाह रही थी और ज़रूरत के सारे मौक़ों पर ज़रूरत भर का मुस्कराने का काम भी करती, सिंधु की तरह कभी मेरा मुँह खुलेगा, ऐसे मेरे संस्कार नहीं थे।

महीने भर बाद एक्सप्रैस की एक लड़की से ख़बर मिली सबकुछ पैरेंट्स ने तय किया है, किसी मैंगलोरियन लड़की से कांतन की शादी हो रही है। मैंने जवाब दिया, "गुड फॉर हिम।" और ग़ुस्से में फ़ोन रख दिया था। उसके बाद सारे दिन पागल-पागल बनी रही कि क्या करूँ किससे बात करूँ, जब लगातार यही सब सोचते साँस लेना एकदम मुश्किल हो गया तो भागकर घर चली आई।

घर पर भी ऊपर छतवाले कमरे में सबसे छिपकर अपना संताप समझना चाहती थी, अकेले। पता चला पैरों में इन दिनों ज़्यादा सूजन रहती है, गाँव से इलाज करवाने दामोदर चाचा आए हैं। साथ में उनका बेटा है। छतवाले कमरे में उनको टिकाया गया है। उनके सामने जाने से बचते हुए सिंधु के हाथ से चाय लेकर पीते हुए मैंने उसके बालों की तारीफ़ की। सिंधु की शादी तब तक नहीं हुई थी, अंकित भी उन दिनों वहीं था। रात में अकेले में घबराई आवाज़ में मुझसे फुसफुसाकर पूछा था, "क्या बात है दीदी, तुम कुछ ज़्यादा ही ख़ुश दिख रही हो? क्या छुपा रही हो?"

मैं कुछ देर तक खोई-खोई उसे देखती रही थी फिर जवाब दिया था, "तुम ईडियट हो, तुम क्या समझोगे?" उसके बाद झर्र-झर्र मेरी आँख से आँसू गिरने लगे थे। आवाज़ हुई होगी पता नहीं कब सिंधु भी उठकर भाई-बहन के पास चली आई थी। और उस पागलपने और बेहोशी के रोने-गाने में आगे कैसे क्या करें का असल फ़ैसला मैंने नहीं, मेरी रानी गुड़िया सिंधु ने ही लिया था कि कांतन तीन साल मुझसे छोटा है तो क्या फ़र्क़ पड़ता है, पापा नाराज़ होकर घर में तोड़-फोड़ मचाएँगे उसका भी क्या, मैटर करने वाली रियल चीज़ है, कांतन नहीं, मैं कांतन से कितना प्यार करती हूँ!

ओह, उस दिन की याद से, सिंधु के चेहरे पर जो निष्पाप भाव थे, उसकी मेमरी में मन कैसी तो मीठी तड़प से आज, अभी तक, भर उठता है!

बहन-भाई को मैं कोई जवाब नहीं दे सकी थी, चुपचाप रोती रही थी, बस।

***

मछलीघर

भायंदर में जहाँ बोउ दी का घर है, पीछे की खिड़की या जंगलेनुमा बालकनी से पीछे पटरियों का जाल या सीधे-सीधे गाड़ियों का आना-जाना नहीं दिखता। भोर से देर रात तक उनकी थरथराई बेचैनी कानों में उतरती है और उनके गुज़र जाने के बाद भी देर तक माथे में गूँजती रहती है- 'खट्-खट्-खटाक!', 'खट्-खट्-खटाक!'.. बोउ दी मिताली को समझाती है, "तू ध्यान देना बंद कर दे, देखना फिर सुनाई नहीं देगा! शुरु-शुरु में हमको भी ऐसे ही तकलीफ़ होती थी।"

यहाँ, मुंबई आए कुल तीन महीने हो गए लेकिन ध्यान देना मिताली अभी तक बंद नहीं कर सकी है।

किसी पड़ोसी का क़िस्सा सुन रही हो, बोउ दी को बाल काढ़ते गुनगुनाते देख रही हो, उँगलियाँ लहसुन छीलती हों या झुमुर की गीली जाँघिया बदलने में मन फँसा हो, सबकुछ अपनी जगह अचानक अटक जाता, हवा में एक बेचैन थरथराहट-सी उठती, और फिर पलक झपकते में वही 'खट्-खट्-खटाक!', खट्-खट्-खटाक!'

दीवार से छूटकर बाएँ हाथ छिपकली गिरी। दाएँ से झटक उसे परे फेंक दिया की तरह दिन किसी तरह निकल भी जाता, लेकिन रात.. अँधेरे सूनसान में गुँथे शोर के साँपों-सा उसके अवचेतन में कुछ दौड़ता रहता। कनपटियों पर रह-रहकर एक अस्थिर कर्कशता बजती रहती- खट्-खट्-खटाक! खट्-खट्-खटाक!

झालदा में सब इससे दुःखी थे कि इकतीस के पहाड़ से छूटकर बत्तीस पर गिरी लड़की से अब कौन शादी करेगा। फिर इससे होने लगे कि शहर में इतने बंगाली हैं लेकिन इसे ट्यूशन पढ़ाने को एक आदिवासी का घर ही मिला? ठीक है ट्यूशन के पैसों से अपना शैम्पू-नेल पॉलिश करती है लेकिन किसी बंगाली लड़की के चर्च जाने की बात सुनी है किसी ने? वह भी अपने से उम्र में चार साल छोटे उस टोप्पो छोकरे से चिपककर, उसके बाइक पर पीछे बैठकर?

खट्-खट्-खटाक! खट्-खट्-खटाक! मिताली अँधेरे में झुककर सुनने की कोशिश करती है कि नन्ही झुमुर की साँसें इस झंझावात में अविरल अपने को बचा ले जाती हैं या बेकल शोर हर बार आकर उन्हें लील लिए जाता है। फिर छाती पर हाथ बाँधे चुपचाप अपलक आँखों अँधेरा तकती रही। दूसरे कमरे से सुरोजीत दा की नाक एक लय में अपना '*बाजना*' करता रहा।

झालदा में भी सब एक पहर की नींद पूरी कर लेते थे मिताली अँधेरा तकती जगी रहती। बोउ दी के यहाँ आकर इतना ही फ़र्क़ हुआ है कि जगने को देखो, पलकों पर चींटियाँ चल रही हैं जैसा एक बहाना हो गया है। खट्-खट्-खटाक!

सुरोजीत दा गंजी ऊपर सरकाकर नीचे भारी, गोरा पेट खुजाते मिताली को समझाते हैं, "तोमरा दी हर चीज तीन बार बोलके बताती है, काहे? तुमारा भलाई बास्ते। पराया जागा कुछ उल्टा-सीधा हुआ फिर दोष लोक किसको देगा, *बलो?*"

मिताली चिढ़कर जवाब देती है, "क्या उल्टा-सीधा हो जाएगा? रेलवे फाटक तक जाऊँगी तो क्या उधर आमिर खान मेरे को चोरी करके ले जाएगा? *जेइ कथा गुलो तुमि बलो, दादा!*"

दादा ने कभी आपत्ति नहीं की लेकिन बोउ दी को मिताली का बाहर निकलना पसंद नहीं। मिताली दी से जिरह नहीं करती, जैसा जो-जो बोउ दी कहती है वैसा-वैसा कर देती है। लेकिन वैसा-वैसा करते रहकर भी फिर एक बिंदु आता है अपने से हारी मिताली का मन उचट जाता है। ये ऐसे करो वो वैसे करनेवाली मिताली थक जाती है, और फिर झुमुर गोद में हो तो अच्छा, नहीं तो यूँ ही अपने अकेलेपन के ही दुलार में चोट खाए मन का दुनिया देखने का ढंग समझने मिताली बाहर निकल आती है। इसलिए नहीं कि बोउ दी की नज़र बचाकर वह किसी एसटीडी बूथ के शीशों के पीछे अपने कटी पतंगपने का कोई ठौर पा लेगी, नहीं। वह तो बोउ दी सोचती हैं उनका वहम है। बोउ दी का, बिश्टु, खोखोन, ताप्ती दी और मामुनि का।

दूसरों की शिकायती कहानियों में जीनेवाले कहते रहे और सच ही कहे जोसेफ टोप्पो की बाइक पर उससे सटकर बैठी थी मिताली। सही है, एक बार नहीं बहुत बार बैठी है, तो? किसी के बाइक के पीछे सटकर बैठने से बाइक के पीछे बैठना ही होता है, दिल में गड्ढा करके ख़ुद को भूल लेना होता है किसने कहा? बिश्टु, खोखोन और ताप्ती दी को जो सोचना है सोचें, उनकी सोच से मिताली पहले जीवन नहीं चलाई न आगे कभी चलाएगी। क्योंकि दिल में गड्ढा कर लेना, ख़ुद को भुलाकर पत्ते की तरह हल्का हो लेना क्या होता है जानती है, जियी है मिताली! उस गड्ढे की अँधेरी मदहोशी में किस तरह अपना सबकुछ कहीं छोड़ आई खो ली लड़की कितने वक़्त बाद तक आईने में ख़ुद को देखकर हँसती कभी चुपचाप आँसू बहाती होती, वह तो नहीं देखा बिश्टु ने! खोखोन और ताप्ती दी ने! बोउ दी समझती हैं जानती हैं मिताली को, नहीं जानतीं।

मिताली ख़ुद भी क्या खाक़ जानती थी। उसको तक कितना जानती थी। सच!

कितना शातिर, कैसा पहुँचा बहुरुपिया था, किस बेरहमी से छला एक बेवक़ूफ़ बेचारी भोली लड़की को। छील गया! ओ रफीक़, केनो, कोथाय गायब हुए तुम? क्यों? क्यों? ऐसी थी तुम्हारी वो फरहत, जैसी मिताली सात जनम में नहीं होती, ऐसी? याद में अपमान से चेहरा दहक जाता है। *सेइ दू कोड़ी मेयेर जोन्ने ?* जिसको नज़रुल गीती तक का शउर नहीं, उसके लिए, उसके? कितनी बार मन हुआ कहीं से छुरा लेकर आए, घोंप आए उस बदकार बदजात लड़की के सीने। उसके बाद फिर वो निमक हेराम रफीक.. एक बारे सब खेला खतम!

रफीक, *केनो किंतु.. फिरे आओ ना आमार काजे, आर एक बार ?* लौट आओ लौट आओ! मेरे पास! अपनी छाती में छिपाकर तुम्हारी सब दुश्टामियाँ माफ़ कर दूँगी, तुमको मन के सबसे उजले कोने बचाके रखूँगी, जनम-जनम, *तुमि देखबे !..*

खट्-खट्-खटाक!

जगर-मगर लगे घरों की तंग गली में मिताली भोली उम्मीद बुनती है कि भीड़ और अजनबियत के रेलों में मन के अंदर रह-रहकर उठता बेहोशी ले आनेवाला यह बवंडर शायद भूल जाए! भूल पाएगा?

गली के आख़िर की ओर एक मछलीघर है। अलग-अलग रंगों के काँच के टैंक में मचलती-दौड़ती गोल-गोल घूमती मछलियाँ। जब कभी वहाँ से गुज़रना हुआ, थोड़ा बग़ल होकर मिताली उन मछलियों को नज़र भर देखना छोड़ नहीं पाती। दुकान की संभाल करता एक कमसिन-कमज़ोर गोरा लड़का है, मछलियों को कम, बाहर आँखें किए कुछ ढूँढ़ता रहता है, जल्दी-जल्दी गोद के पैड पर पेंसिल से कुछ उकेरता रहता है, ड्रॉईंग करता है? वह नज़रों से हट गई है, फिर भी कुछ दूर तक लड़के की आँखें गली में उसके पीछे-पीछे संगत में चलती रही हैं का ध्यान पहले भी किया है मिताली ने, लेकिन घर लौटने पर एक कमसिन-कमज़ोर गोरे लड़के ने देखा और क्यों देखता रहा की याद नहीं रहती। जबकि रफ़ीक़ रहता है। याद। *शोप्न देखी एकटा नतून घॉर..*

आज मिताली को देखते ही लड़का खड़ा हो गया, असमंजस में सूखे बालों पर हाथ फिराता बाहर निकल आया, कुछ कहना चाह रहा था, या आवाज़ देकर मिताली को रोक रहा था?

मिताली को अच्छा नहीं लगा। मिताली मछलियाँ देखने ठहरी थी, इसलिए नहीं कि लड़का इशारा करके उसकी तरफ़ आए! खीझी, इंकार में सिर हिलाया और तेज़ी

से चलकर घर लौट आई।

मन में एक धुँधली, अप्रीतिकर तस्वीर बनी, *'के दुश्टामी, देखो तो?'* फिर उस धुँधलके पर थकान और खीझ का धीमे-धीमे रिसना गिरता रहा- खट्-खट्-खटाक!

सुरोजीत दा के कोई परिचित हैं गोरेगाँव किसी फ़ैक्टरी में काम निकला है, सेफ़ और सेक्योर है का सुझाव लेकर आए, लेकिन फिर बोउ दी ने मना कर दिया इतनी दूर मिताली रोज़ गोरेगाँव कैसे जाएगी। दादा हाथ खड़ा करके बोले, 'फिर क्या? इधर भायंदर में ठेकना मिला, जॉब भी मिलेगा?''

मिताली ने कुछ नहीं कहा। कहकर क्या फ़ायदा? सब सुखी हैं कि घेरकर बोउ दी के यहाँ सुरक्षित बंद कर दिया गया है तो वह भी रहे सुखी। सबको दुःखी कर-करके थक नहीं गई है? काँच के टैंक में घूमती गोल-गोल मछली।

पैरों के पास गिरे खिलौनों को दूर ठेलती झुमुर की गोद में सिर रखकर सो लेना चाहती है मिताली। कितनी-कितनी अनसोई रातों की सब सारी नींदों का पूरा होना बाक़ी है, कब सोएगी? कभी सोएगी, मिताली?

अचानक पीछेवाली खिड़की हिली है, हवा में दबाव बना है, खिलौने पर झुकी झुमुर चौंकी और फिर वही परिचित घड़घड़ाहट में घर की दीवारें डोलने लगी हैं- खट्-खट्-खटाक! खट्-खट्-खटाक!

गाल पर किसी कीड़े के डंक का होश आया हो की तरह अचानक डरी झुमुर पलटकर मौसी की ओर लपकी ज़ार-ज़ार रोने लगी है और बाहर के शोर और बच्ची के रोने का कुछ ऐसा सांगीतिक तारतम्य बना है कि रोती बच्ची को गोद में ऊपर किए मिताली ज़ोर-ज़ोर हँसने लगी है!

रसोई से भागी आई बोउ दी सवाल करती है, ''क्या हुआ क्या, रे?''

रोती बच्ची के पैरों से माथा लगाए मिताली हँस रही है उसे दी का सवाल नहीं सुन पड़ता। उन क्षणों दिन को बेरहमी के बाजे में गुँथे वह कानखोर शोर भी थोड़ी देर के लिए गुम जाता है- खट्-खट्-खटाक! खट्-खट्-खटाक!

दाएँ अबरार बाएँ मंजरी

लड़की पर निगाह पड़ते ही मैंने ख़ुद को कहते सुना, जय हिंद! या जय माँ भवानी जैसा कुछ। मंजरी मेज़ के पीछे उँगलियाँ छिपाए किसी अंतरंग व्यापार में खोई थी, मुझे देखा तो ऐसे देखती रही मानो कालाआजार या हैजा हूँ और मुझे देखते हुए आँखों को तक़लीफ़ हो रही हो। और सिर्फ़ आँख भर में ही नहीं, दूसरी जगहें भी हो रही हों। मैं घबराकर मुस्कराने लगा। मंजरी चिढ़कर बोली, ''तो तुम अभी तक ज़िंदा हो? मुझे तो लगा था.. ऑफ़िस की याद कैसे आ गई?''

न चाहते हुए भी सुबह से चार ज़िरह में उलझ चुका था, इस नकचढ़ी और तबाह औरत के साथ अब पाँचवे में उतरने की हसरत न थी, बेहयायी से जवाब दिया, ''तुम्हें देखने की तबीयत हुई, इसीलिए चला आया। मन का गुबार निकाल लो, फिर निकल जाऊँगा!''

मंजरी वापस अपने नाख़ूनों की सजावट में व्यस्त हो गई थी। मेरा जवाब सुनकर तनी आँखों मुझे घूरती रही, मानो मैं कोई चार्ल्स शोभराज हूँ और जज के आगे मासूमी से बयान देते रंगे हाथों पकड़ा गया होऊँ कि वियतनामी की कॉफ़ी में नशा मिलाने की बात सरासर झूठ है, मीलॉर्ड!

ज़हरघुली आवाज़ में बोली, ''दिन में किस वक़्त तुम सीरियस रहते हो, अबरार? कभी तसल्ली से बैठके हिसाब किया है दिन में क्या-क्या बकते हो? क्यों

बकते हो? अपनी उम्र का कोई होश है? मेरी उम्र का?''

''तुम इतने ख़राब मूड में क्यों हो?''

''अच्छे मूड में होने की एक वजह बता दो! थक गई हूँ इन मरदूदों से!'' छिनकते हुए पता नहीं क्या था जिसे अंदर ठेलकर मंजरी ने अपनी मेज़ का दराज बंद किया। मरदूद की गाली वह मुझे व अन्य मर्दों को नहीं, अपने नाख़ूनों को दे रही थी। पता नहीं क्या है मंजरी को हमेशा लगता रहा है जैसे ये नाख़ून ही उसकी ज़िंदगी की उदासी का सबसे बड़ा सबब हों।

''ग़ुस्सा निकालना है, मुझ पर निकालो, उन बेचारों की जान को क्यों पड़ी हो? मुझे तो पसंद हैं..''

''तुम्हारी राय पूछी मैंने? फिर? मेरे आगे बकवास करने की ज़रूरत नहीं! तुम्हारी किसी बात का कोई भरोसा कर सकता है? मैं नहीं कर सकती। हमेशा ग़ायब होते रहते हो! एक मिनट कहोगे प्यार के नशे में पागल हो रहा हूँ, फिर दस दिनों तक तुम्हारा पता-ठिकाना नहीं। कोई तीसरा आकर ख़बर करेगा तब बात खुलेगी कि जनाब कहीं किसी की ज़ुल्फ़ों में उलझे हुए थे!''

''ऊटपटांग अब तुम कह रही हो या मैं? मतलब क्या है इस तरह से तोहमत लगाने का? कहीं शैम्पू पर स्टोरी करने जाऊँगा तो आसपास ज़ुल्फ़े होंगी ही, ग्वालों की बस्ती में तो शैम्पू की स्टोरी नहीं होगी न? शैम्पुओं के तीन पैक लाकर तुम्हें दिए, वह भूल गईं, मुझे जलील करना याद रहा?''

''तुम कभी सच कहते हो? अपनी अम्मी से भी कभी कहा था? वो नागपुर से कौन खोजती हुई आई थी तुम्हें? सक्सेना के कमरे में सारी दोपहर बैठी राह तकती रही, हिलने का नाम नहीं ले रही थी? उसके बारे में भी कहानी बनाओगे? बनाओ, बनाओ, ठोढ़ी पर हाथ धरे सीरियसली सुनती हूँ मैं!''

''कमॉन, कुछ लिखने-उखने का शौक रखती है, मंजी। मेरे पीछे पड़ी है, मैं उसे जानता भी नहीं! तुम खामख़्वाह तिल का ताड़ बना रही हो!''

अचानक से इस तरह एकदम उस बेहूदा लड़की का ज़िक्र चले आने से मैं सकपका गया था, लेकिन मंजरी ने मेरी मुसीबत आसान कर दी। एकदम से उसकी आँखों में भारी-भारी आँसू चले आए और वह सुबह के सवा ग्यारह बजे ऑफ़िस

में रोती दिख रही थी। मैं ऐसा पत्थरदिल नहीं कि सामने रोती लड़की के आगे मेज़ पर पैर हिलाता सीटी बजाऊँ, मगर जिस रास्ते मंजरी निकल रही थी उसकी बनिस्बत यह ताज़ा सूरत निश्चित ही ज़्यादा सुकूनदेह थी। मैंने पुचकारती आवाज़ के दुलार में कहा, ''क्या करती हो, मंजी? तुम्हारे हाथ जोड़ता हूँ, प्लीज़! तुम भी जानती हो तुम्हारे बग़ैर मैं रह नहीं सकता!''

बदहाल औरत ने एक साफ़-सुथरा क़रीने का तह किया सफ़ेद रुमाल बाहर किया और कुछ पलों तक उस पर नाक सुड़कती रही, उसके बाद मुझसे मुख़ातिब हुई, ''तुम एक मिनट के लिए सीरियस होकर मेरी बात का जवाब दोगे?''

''अरे, यह भी पूछने की बात है?''

''पूछने की होगी इसीलिए पूछ रही हूँ। ऊपरवाला भी नहीं जानता तुम्हारे मन में चलता क्या है। न तुम्हारे रहने का कोई एक ठिकाना है, न बैंक में पैसे हैं, न कहीं कुछ कर गुज़रने का जुनून है। और पता नहीं किन-किन चीज़ों के साथ मैं भी तुम्हारे लिए दिल-बहलाव की एक चीज़ भर हूँ, बस! अड़तीस साल की उम्र हो रही है मेरी, अब सेटल नहीं होऊँगी फिर कब होऊँगी? इसके बारे में क्या जवाब है तुम्हारे पास? और पहेलियों में मत बात करो, मेरे सवाल का सीधा और ईमानदार जवाब दो, अभी।''

***

लड़की सीधा और ईमानदार जवाब चाहती है, दे दूँ तो पचाएगी? पचा सकेगी? सतरह वर्षों की नौकरी और समाजी मेलजोल में एक सबक मैंने सीखा है कि लोग जो कुछ चाहते हों, सीधा और ईमानदार जवाब नहीं चाहते। दो तो सन्न हो जाते हैं। बातचीत बंद हो जाती है, जमे हुए रिश्ते ख़त्म हो जाते हैं। और ऐसा नहीं है कि यह सब मैं जान रहा होऊँ, मंजरी नहीं जान रही। न जानने जितनी भोली होती तो इस मेज़ पर नहीं बैठी होती जहाँ बैठकर उसे ख़ुद को ख़ास तरीक़े से देखने का सुकून मिलता है। यह दीगर बात है कि ज़रूरत के हिसाब से दुःखयारी, और मौक़ा बनते ही ख़ुद से नीचेवाले के ख़िलाफ़ हिक़ारत का सख़्त लिबास भी उसी तेज़ी से पहन लेती है। मेरी परेशानी के पलों में मुझे कभी याद दिलाना नहीं भूलती कि अपनी मौज़ूदा (या कहूँ हमेशा की) पिटी हुई हालत के लिए और कोई नहीं सिर्फ़ मैं और मैं ही ज़िम्मेदार हूँ और यह कि ज़िंदगी में राहत आसमान से नहीं बरसता, उसके लिए ख़ून और पसीना बहाना पड़ता है। अलबत्ता मंजरी भी जानती है कि इस दफ़्तर में ख़ून किसी ने नहीं बहाया, और पसीना बहाने के लिए, जब मेरी मर्ज़ी भी न रही हो, तो

छाँटकर, खींचकर हमेशा मुझे ही अगली पाँत में खड़ा किया जाता रहा है!

लेकिन मंजरी से मैं यह सब कह नहीं सकता। कहूँगा तो वह न केवल बाज़ू के कचड़ादानी में थूककर मुझे काम से जी चुरानेवाले ख़ुदगर्ज़ होने की गाली देगी, बल्कि गाहे-बगाहे बाहर के हमारे खाने (और मेरे पीने) का पैसा चुकाते हुए जो वह अपनी चोट खाई 'वैनिटी' में दयानतदारी का रोल-प्ले करती है, वह तक बंद कर देगी। फिर मैं भटकता फिरूँगा यहाँ और वहाँ, प्यासा।

तुम सीधा और ईमानदार जवाब सुन नहीं सकती, मैं मंजरी से कहना चाहता हूँ लेकिन बजाय ऐसी बेवक़ूफ़ी करने के, उसकी मेज़ पर कुहनी टिकाकर मुस्कराने लगता हूँ। फट से लड़की की भौंहें चढ़ जाती हैं, तमककर फूटती है, "देखा? देखा तुमने? ये है तुम्हारा सीरियसली बात करने का तरीक़ा!"

मैं मंजरी के ग़ुस्से का बुरा मानने की एक्टिंग नहीं करता, जेनुइनली उसकी तमकती आँखों को पढ़ने की कोशिश करता हूँ। क्या है इन आँखों में, कहाँ जाना चाहती हैं ये आँखें? तीसरे-चौथे मेरे बरामदे के सूराख़ से होकर रसोई में ताक-झाँक करने आनेवाली भूरी बिल्ली और मंजरी की आँखों का क्या फ़र्क़ है? मंजरी की ही तरह बिल्ली भी मुझसे दु:खी रहती है। कि उसकी ख़ातिर मैं ज़रा-सा दूध तक नहीं सहेज सकता। दो दिन पहले ऐसे ही नहीं रहा होगा कि खिड़की के नीचे लगाकर रखे एब्सोलूत की आधी बोतल को जाते-जाते गिराकर तोड़ती गई थी। दूध न पाने की झुँझलाहट बेचारी बिल्ली कब तक बर्दाश्त करती। मंजरी कब तक करेगी?

"ऐसे क्या दिक़्क़त है, मंजी? सेटल होने से क्या बदल जाएगा? ऑफ़िस में सबको मालूम है।"

"मैं शादी के लिए नहीं कह रही तुमसे! सपने मत देखो। ऐसे ही कम परेशानी नहीं कि तुमसे शादी रचा के अपनी मुसीबत बढ़ाऊँ!"

मैंने राहत की साँस ली। ऊपर बुरा मानने की एक्टिंग करते हुए कहा, "फिर किस बात की तक़लीफ़ है? तुम्हारे फ़्लैट के सोफ़े पर बैठकर दुनिया-जहाँ की सब तस्वीरें दिखती हैं, बस एक दुल्हनवाले लिबास में तुम्हारी फ़ोटो की कमी देखकर मेरा दिल भर आता है, और तुम हो कि कहती हो.."

शायद शादी की ज़िरह के बैकग्राउंड में जाने के उत्साह में मैं दो क़दम आगे चला गया था। दुल्हनवाले लिबास का मेरा तंज़ ताड़कर मंजरी ने कटी नज़रों से मुझे

घूरा, फिर चेहरा झुकाकर अपने सेलफ़ोन को मेज़ पर दाएँ-बाएँ घुमाने लगी। धीमी, दबी आवाज़ में फुसफुसाकर बोली, ''वह बात नहीं है, अबरार। मेरी उम्र हो रही है। इस तरह अकेली, उदास ज़िंदगी से थक गई हूँ.. तुम समझ रहे हो?''

नहीं, मैं नहीं समझ रहा था। कुछ दिनों तक नियम से अगर बिल्ली रसोई में मेरे बोतलों को तोड़ती रहे तो शायद मैं उसे समझने लगूँ, लेकिन मंजरी का यह 'ओह, बेचारी मैं!' मेरे पल्ले नहीं पड़ेगा। ज़िंदगी में हर कोई अकेला होता है, उदासी जीवन का स्थायी भाव है। डिपेंडिंग आप उसे किस एंगल से देख रहे हैं। मंजरी शायद मुझे किसी और एंगल से दिखाना चाहती थी।

''तुम सचमुच पैदल हो, यार। मैं बच्चा चाहती हूँ, अबरार! मैं नहीं चाहती कि अब और लेट हो, समझते हो?''

''बच्चा चाहती हो तो ले आओ बच्चा। उसमें क्या मुश्किल है। उसके लिए तो किसी एंगल की भी ज़रूरत नहीं, बस ख़ास तरह से लेटकर कुछ दिनों कसरत करनी होगी, आ जाएगा बच्चा। अलबत्ता आकर ऐसी दुनिया में करेगा क्या वह दीगर सवाल है।''

''उसके लिए तुम क्या करोगे?''

''मैं क्या करूँगा मतलब? मुझे भी कुछ करना होगा?'' मैंने भोलेपन में सवाल किया।

मंजरी सुलगती नज़रों मुझे घूरती रही।

***

मंजरी के बच्चा पाने की बेकली को दीवार की कील पर टाँगकर मैं इस औरत से सवाल करना चाहता था या चाहता था मेरी कायरता पर रहम खाकर कोई और आए और पूछे इस औरत से बच्चा क्यों चाहती है? क्योंकि सक्सेना या बालन के घर पर बच्चों की किसी गैदरिंग या पार्टी में उनके लिए वह कभी गिफ़्ट लेकर गई हो, या उन बुचकुओं-पुचकुओं को अपने पास ही फटकने दिया हो मुझे याद नहीं पड़ता। बच्चों के लिए गिफ़्ट कभी मैंने भी नहीं ख़रीदी मगर उसकी वजह मेरी आत्मा का कमीनापन नहीं रहा है। ठंडापन मेरे दिल की गर्म साँसों की नहीं, जेब की मुसीबत रही है। गिफ़्ट तो अपने जन्मदिन पर भी मैं अटकी साँसें लिए आख़िर तक राह तकता रहा था कि दिन बीतते न बीतते ख़ुद को कुछ ख़रीदकर दे सकूँ। और नहीं तो कमज़कम एक बाथरूम स्लीपर ही सही.. जबकि अंत भूरी बिल्ली के लिए दूध

का एक बाउल ख़रीदने से हुआ था (जिसे ढंग से भरा जा सके उतना दूध ख़रीदना फ़िलहाल अभी तक बाक़ी है ही!)।

बच्चों की संगत में मैं ख़ासा चहकता पाया जाता रहा हूँ। जबकि मंजी के साथ वह बात नहीं है। बहुत बार किसी बच्चे के साथ मुझे हँसता देख मंजी ने हैरत से ऐसे मुँह बिचकाया है मानो फिर इसका भेद पा गई हो कि मेरी तनख़्वाह उसकी तनख़्वाह के मुक़ाबले आधी से कम क्यूँ है।

ऐसे मौक़ों पर मंजी के अंदर कभी लाड़ उमड़ता तो मेरे कंधे अपनी ठोड़ी धँसाकर फुसफुसाकर कहती, ''बच्चे बुरे नहीं अगर दूसरों के हों।'' या ''एकाध घंटे खेलने के लिए बुरी चीज़ नहीं।''

''एकाध घंटे खेलने के लिए मैं ही कहाँ बुरी चीज़ हूँ!'' बेशर्मी से दाँत दिखाकर मैं मंजी के कड़वे ऑब्ज़र्वेशन की लगाम कसता, और वह 'ओह, हाउ वल्गर यू कैन बी!' का कड़वा मुँह बनाकर मुझसे परे हट जाती।

ऐसी मंजी बच्चा लाना चाहती है! एकाध घंटे नहीं रोज़-रोज़ आँखों के आगे एक खिलौना बना रहे के लिए बच्चा चाहती है? बची हुई ज़िंदगी के सालों के अकेलेपन, उदासी को पूरने का सेंटिमेंटल क्युअर चाहती हैं मैडम? सेंटीमेंट्स समझती हैं? इस औरत का कैसा भी क्युअर संभव है?

मेरा बस चलता तो सामने मेज़ पर मंजरी को देखने की जगह भरे हुए बाउल से बिल्ली को दूध पीता सुकूनदेह देखता होता और फ़ुरसत के किसी पल उँगलियों में जलती सिगरेट की राख झाड़ बिल्लीरानी से सवाल करता उदासी और अकेलापन हरण के लिहाज़ से दुनिया में बच्चा लाने के बाबत उसकी राय क्या है। बिल्ली चौंककर बाउल से अपना मुँह हटाती, एक ओर ज़रा-सा गर्दन झुकाकर नीची नज़रों से मुझे ताड़ती, फिर तक़लीफ़ और असमंजस में जबड़ा कसकर बुदबुदाती कि मैंने उसे दूध पीने को न्यौता था या अकेलेपन और उदासी के सवालों में उलझाने को?

मैं मुस्कराकर बिल्लीरानी से माफ़ी माँग लेता और फिर कुछ देर तक हम दोनों ख़ामोश एक दूसरे को चुपचाप देखते बैठे होते। फिर बिल्ली बाउल में सिर डालकर ख़ुद को मुझसे छिपा लेती। फिर अचानक एकदम से चेहरा बाहर करके चौंकी आँखों मुझे तकती, फिर धीमे-धीमे अपने एक-एक शब्दों को तौलती कहती- *यू नो, ज़िंदगी जीभ पर ईल मछली का स्वाद है। लेकिन अकेलापन.. अकेलापन और उदासी वह समूचा समुंदर है जिसमें ईल मछलियाँ रहती हैं। मुझे मालूम नहीं मैं कितना साफ-साफ कह पा रही हूँ जो कहना चाहती हूँ.. बट रफ़ली, आई होप, यू गेट द पिक्चर।*

इतना कहकर बिल्लीरानी अपने अगले दोनों जुड़े हुए पैरों पर चेहरा गिरा के भोलेपन से मुझे देखती, मानो मुझसे बौड़म को कुछ भी समझाने की कोशिश कितना होपलेस है।

मैं भूरी बिल्ली की बात का बुरा मानने की जगह मंजी के सवाल का जवाब देता,

''नहीं नहीं, मेरे जैसे ओछे और ऑर्डिनरी बीइंग को ऐसी बड़ी ज़िम्मेदारी मिलेगी इसका यक़ीन नहीं हो रहा था इसीलिए.. दैट्स व्हाई..''

''दैट्स व्हाई व्हॉट?'' मंजी अभी भी चिढ़ी हुई थी। ज़हरघुली ज़बान। ज़हरपिई नज़र।

मैंने संभलकर, संभालकर, धीरे-धीरे समझदारी से कहा, ''नहीं नहीं, इट्स ऑल फाइन विद् मी। तुम हुक़्म करो मुझे क्या करना है। कब करना है।''

***

मेरी दो कौड़ी के सेंस ऑफ़ ह्यूमर का लड़की ने बुरा नहीं माना। ख़ुद को ज़रा पीछे ठेलकर इत्मीनान से कुर्सी पर मुझे दूर नज़रों के कौतुक से देखती रही, फिर बोली, ''तुम क्या समझते हो, मैं जानती नहीं तुम अपने को कितना होशियार समझते हो?''

मैंने जवाब नहीं दिया कि मैं अपने को कितना होशियार समझता हूँ।

मेज़ से एक पेंसिल उठाकर उँगलियों के बीच फँसाए गुमा-गुमा-सा ऐसा खोया दिखता रहा मानो मंजरी एक लाइन भी और कहेगी तो मैं सात साल के बच्चे की तरह हारा टीचर के कमरे से भाग खड़ा होऊँगा। यह मंजरी भी समझ रही होगी, इसीलिए एक लाइन और कहे बिना उससे रहा नहीं गया। दरअसल एक लाइन और के बाद उसने एक लाइन और, फिर उसके बाद और भी ढेरों लाइनें कहीं। और कोई भी लाइन मेरी तारीफ़ में नहीं थी।

''यहाँ ऑफिस में अकेली मैं ही नहीं, बाक़ी लोग भी जानते हैं तुम क्या हो, कितना अपने को तीसमार ख़ाँ समझते हो! मगर मेरे जितना सब ये नहीं जानते व्हाट ए रेचेड पिटहोल यू आर'' इतना कहकर लड़की अपने आजू-बाजू ऐसे देखने लगी मानो सिगरेट खोज रही हो, मैंने जेरी लुइस की घटिया नकल करते हुए अपने पैकेट से निकालकर उसकी तरफ़ एक सिगरेट बढ़ाया।

मंजरी ने सिगरेट के दो टुकड़े करके उसे अपने कचरापेटी के हवाले किया और अपने गाल को अपने दाएँ हाथ का दुलार देती इत्मीनान से बोली, ''प्यार के दो बोल बोल लेती हूँ, तुम्हारे लिए अफ़ेक्शन फ़ील करती हूँ। एंड सी हाऊ यू ट्रीट माई फ़ीलिंग्स? किस बात का इतना घमंड है तुम्हें? होशियारी का? यू रियली थिंक यू आर सम होशियार, आँ? लिफ़्ट के बाहर वो जो नेपाली लड़का बैठता है उसकी

हैसियत भी तुमसे बेहतर है। एंड द फन्नी थिंग इज़ दैट ही ऑल्सो नोज़ इट। एंड द मोस्ट फन्नी थिंग इज़ दैट यू ऑल्सो नो दैट ही नोज़, एंड एवरीबडी नोज़ इट!''

सियाह मुहब्बत घुले खंज़र से जाने मंजरी ये किस तरह के जुग़राफ़िया का ख़ाक़ा बुन रही थी, पल भर को ख़ामोश हुई, फिर एकदम से हँसने लगी।

मैंने बिना किसी तंज़ के कहा, ''तुम्हें इतना फनी लगता है तो कहो तुम्हारे साथ मैं भी हँसने लगूँ।''

थोड़ी देर तक इसी तरह अटक-अटककर ख़ुशी ज़ाहिर करते रहने के बाद लड़की बोली, ''व्हाई डोंट यू बाइ मी ए ड्रिंक फॉर ए चेंज, तुम्हारे बारे में मैं तुम्हें कुछ इंटरेस्टिंग बातें बताना चाहती हूँ?''

''आई एम सॉरी, बट आई एम नॉट इन ए पॉज़िशन टू अफोर्ड सच ए चेंज, और इंटरेस्टिंग बातें तो तुम यहाँ बिना सिगरेट और दारू के असर में भी देखो, हँसते-हँसते कितने कैजुअल और इंटरेस्टिंग तरीक़े से बता ही रही हो, इतनी ज़रा-सी बात के लिए बाहर जाकर पैसा ख़राब करने की क्या ज़रूरत है?''

''ओह, पुअर अबरार। व्हाई डोंट यू स्टार्ट क्राइंग? प्लीज़, गो अहेड, मैं तुम्हारे आँसू पोंछ दूँगी, तुम्हारा सिर अपने कंधे पर रखकर थपकी दे दूँगी? कम ऑन, रोओ ना..''

मैंने चेहरा घुमाकर बेरूख़ी से कहा, ''जाने दो। मैं तुम्हारे कपड़े ख़राब करना नहीं चाहता।''

मेरा जवाब सुनकर मंजरी फिर हँसने लगी। मानो ऐसी वहशियाना हँसी उसके रूप में इज़ाफ़ा करती हो। मैं ख़ामोश बना रहा।

आसपास भूरी बिल्ली होती और उसे दूध पिलाकर संतुष्ट करने लायक़ मेरी जेब में पैसे होते तो मुझे पक्का यक़ीन है उसने भी छूटकर यही सवाल किया होता कि ऐसी औरत आख़िर तुमसे बच्चा चाहती क्यों है? और मैंने भी छूटकर यही जवाब दिया होता कि आई डोंट हैव ए क्ल्यू।

इच्छा हुई मंदीप को फ़ोन करके कहूँ मुझे दूध ख़रीदने को कुछ पैसे चाहिए। फिर साथ ही यह भी याद आया कि मेरे सेलफ़ोन का बिल भरना रह गया है और उससे कॉल रिसीव हो सकता है, किया नहीं जा सकता।

***

ऐसा नहीं है कि रूहानी, गहरे इश्क़िया असमंजस व चोटों का मंजरी को पहली मर्तबा अनुभव हुआ था और मेरी मार्फ़त हो रहा था। मेरी मार्फ़त मोहतरमा अन्नोयेंस का प्रसाद भले पा रही हों, मैं मंजरीमहल के नाज़ुक दिल की इश्क़िया इंतिहा होऊँ इसकी ख़ाकसार को कभी ग़लतफ़हमी नहीं हुई। जहाँ तक बेगम साहिबा की बात है तो वह बहुत पहले आशा भोंसले का *'चैन से हमको कभी आपने जीने ना दिया..'* अपनी आँखों में गा और जी चुकी थी। बहुत पहले।

मेरी जानकारी में अनंत नाम के जिस पहले (?) शख़्स को वह सीरियसली चाहती रही थी, वह कुछ अर्से बाद उससे भी ज़्यादा सीरियसनेस से किसी दूसरी लड़की के पीछे परीशाँ और उदास-उदास रहने लगा था। इस हक़ीक़त से रूबरू होते ही शुरू में तो मंजरी सन्न रह गई थी, शायद पहली दफ़े देख रही थी कि मीठे मदहोश तजुर्बों का कोई एक ऐसा कड़वा एंगल भी हो सकता है। फिर सरे-ऑफ़िस अपने साँवरिया बालम की वह ऐसी की तैसी की और ऐसी सूरतों में करती रही कि भलामानस अनंत अंततः अपनी नौकरी व ठिकाना बदलने को मजबूर हो गया था। उस वक़्त भी मंजरी सन्न ही रही थी और अपनी सन्नता से बाहर न आने व ख़ुद को नये हालातों के मद्देनज़र बदल न पाने की मजबूरी में फिर लंबी छुट्टी लेकर घर बैठ गई थी।

कोई मिलने पहुँचता (नावेद, खोसला और ताप्ती पहुँचते थे, बाक़ी क़िसमें थी इतनी हिम्मत और हौसला) तो वह दरवाज़ा नहीं खोलती। कभी एहसान करके खोल ही देती तो महज़ इसे ज़ाहिर करने के लिए कि देखो, ऐ दुनियावालो, एक बेग़ैरत की मुहब्बत ने किया हमारा क्या हाल!

इस लंबी ग़ैरहाज़िरी को आड़ बनाकर सक्सेना, मंगेश, तपासे सब लड़की को बाहर करवाने की जुगत में लगे रहे (बेचारे तपासे को मंजी ने आजतक माफ़ नहीं किया है, इतने वर्षों बाद वह अब भी उससे बात करने से इंकार करती है और इकलौता एक वाक्य जो कभी तपासे की सुन सकने की हद में इस्तेमाल करती भी है तो वह तपासे और कोयले के रंग में कितनी समानता है की बाबत होता है!), अलबत्ता नैयर साहब की दयानतदारी और मंजरी के भीतरी पुराने सॉलिड जोड़तोड़ का करम था कि उसकी लंबी ग़ैरहाज़िरी उसकी नौकरी छिनने का सबब नहीं बनी।

एनीवेज़, तो इस तरह मंजी दीदी की 'आह, अनंत!' की यह कहानी कुछ अरसे तक खिंची-खिंची रही। लड़की की छुट्टियों के दिन खिंचते चले। एक दिन ताज़ा-ताज़ा डेटॉल से हाथ धोकर मैं बाथरुम से 'जंगल में मोर नाचा किसने देखा,'

गुनगुनाता, चहकता बाहर चला आ रहा होऊँगा कि मंजी आपा अपनी मेज़ के गिर्द मुस्कराती दिखीं। चपल चुहल से सारे दिन सबका हाल-चाल लेती रहीं। और लोगों के आगे-पीछे मैंने भी सलाम बजाने की रवायत पूरी की। अनंत संज्ञा का एक मर्तबा ज़िक्र तक नहीं आया। न लवाने की किसी दूसरे की किसी कोशिश की आपा ने सूरत निकलने दी। दिन बीता। उसके पीछे फिर और-और दिन बीते। बीच-बीच में नावेद फ़ाइलों को दुरुस्त करता बेग़म अख़्तर को गुनगुनाता 'ऐ इश्क़ तेरे अंजाम पे रोना आया..' और उसके इस गुनगुनाने पर किसी ने सर्द साँसें भले भरी हों, किसी ने उसे गालियों से नहीं नवाजा। गालियों की गोली मेरे हिस्से आनी थी!

एक दिन गलियारे में सिगरेट की राख झाड़ता जाने बाहर ऐसा क्या ख़ुशनुमा देखकर मैं रफ़ी साहब की आवाज़ में बहक रहा था 'बहारें फिर भी आएँगी' कि अचानक पाँच हाथ की दूरी पर जनाना आवाज़ में गालियों का बरसना शुरू हुआ। बाद को ख़बर हुई मेरे बहारों के फिर भी आने के फ़लसफ़े पर मंजरी मैम को सख़्त एतराज़ था। इस बाबत सोचते हुए पहले मुझे ताज्जुब हुआ, मगर फिर नहीं भी हुआ। सीधी बात थी मंजी दीदी मेरे गाने का कैसा भी इंटरप्रिटेशन करतीं, वह जायज़ होता। इससे ज़रा आगे की एक और सच्चाई यह भी थी कि दीदी और मेरे बीच कभी बनी नहीं। मुझे वह निहायत बहारहीन व्यक्ति समझतीं। उससे ज़्यादा की इज़्ज़त बख़्शने और सोचे जाने के मुझे काबिल समझतीं तो आवारा और असामाजिक समझतीं। रही मेरी बात तो मैं बहुत सीधे-सीधे अपनी और उनकी दुनिया के फ़ासले और फ़र्क़ों को समझता और उस लिहाज़ से बहुत ही संभालकर, संभला-संभला चलता था। उन्हीं दिनों की बात है जभी सीन में मेरे पुराने अहमदाबदिया आर्टिस्ट दोस्त रंजीत देसाई की एंट्री हुई..

शहर में उसकी पेंटिंग की एक्जिबिशन लगी तो भावुकता के उत्साह में मैंने दफ़्तर में भी कुछ लोगों को ओपनिंग के इनविटेशन लेटर दिए। मंजरी को ख़बर करूँ ऐसा ख़्याल भी नहीं आया था, मगर ओपनिंग के दौरान नावेद को इंट्रोड्यूस करने की ख़ातिर मैं रंजीत को लेकर उसके पास पहुँचा तो देखता हूँ मंजरी मैडम उसके पीछे खड़ी हैं और हमारी तरफ़ देखकर मुस्करा रही हैं। तीन दिन बाद देर रात फ़ोन पर रंजीत से बात करते हुए ख़बर हुई कि वह होटेल से सामान उठवाकर शोला-ओ-शबनम के यहाँ टिकने शिफ्ट हुआ है, और मिस शोला और कोई नहीं अपनी मिस मंजरी मित्रा हैं! मैं शायद सीरियसली डिसओरियेंट हुआ होऊँगा जभी हिंदुस्तानी में 'इश्क़ तेरे अंजाम पे रोना आया' की जगह कोई आदिवासी धुन

गुनगुनाने लगा होऊँगा। या गुनगुना कोई पुराने बुर्ज़ुग रहे होंगे, मैं फ़क़त आँखें फाड़े सुन रहा होऊँगा।

***

जाने क्या वजह थी मैं चंद महीनों के लिए ग़ायब रहा। शायद चारा काटनेवाली मशीन की अहमद की सेल्समैनी से जुड़े किसी फ़साद की सुनवाई में अदालती मदद की बाबत सहारनपुर गया था, फिर जाने अदालत के झमेले थे या पड़ोस के बच्चों की संगत में ईख पेरने या पतंगें उड़ाने पर अचानक कुछ ऐसी ज़िम्मेदार नेह उमड़ती रही कि मैं बाहर का सब भूल, बीस हाथ की उस छोटी दुनिया में थोड़ा अरसे अटका रहा। इसी दरमियान भिनसारे खेतों में टहलते हुए किसी कीड़े ने काटा या जाने क्या, कान के भीतर एक बड़ी फुंसी निकल आई, शुरू-शुरू में दीपू और रहमत सबके मज़ाक की चीज़ रफ़्ता-रफ़्ता मेरी जान लेने लगी। रात को बदहवासी में मैं कान पर हाथ दाबे बत्ती जलाकर बवाल करने लगता। रफत बी हाथ में अल्मुनियिम का कटोरा लिए मेरे पीछे-पीछे यहाँ से वहाँ कमरों में टहलतीं और मैं बुदबुदाता-बकता चलता कि हाथ में तीन महीनों की ज़िंदगी बाक़ी है, बाक़ी अपनी स्टोरी का दी एंड हुआ, बी! या मैं किसानी करना चाहता हूँ, या गाँव में आपके नाम की एक बेकरी खोलना चाहता हूँ, सच्ची, आपकी क़सम, जाँनिसार ख़ाँ!

सुबह कंधे पर कंबल गिराए धूप में चाय सुड़कते अहमद मियाँ हौले-हौले मुस्कराते ज़ाहिर करते कि मेरी चिड़ीमारी से वे किस क़दर आजिज़ आ गए हैं। रफत बी हमारे सिरहाने बिना दुआ-सलाम के चाय रख जातीं, फिर धूप में सूखने को कपड़े डालते हुए जाने किससे कहतीं मुज़फ़्फ़रनगर में उनकी एक ममेरी बहन है, ऐसी हसीन कि देखकर चाँद भी शरमा जाए! मैं कान पर हाथ डाले चिढ़कर भुनभुनाता, ''अपनी पगलैटी बंद करो, रफत बी, और हमारे इस पजामे में एक नाड़ा आबाद करो!''

उस टुटहा घर और घर से सटा बाहर नीम का एक बुर्ज़ुगवार पेड़, गाँव की सस्ती, पथरीली मिठाइयाँ और कान की फुंसी पर हाथ धरे नहर के बाजू-बाजू की टहल। कभी बच्चों की हुड़दंग से ख़ुश-ख़ुश घर लौटता और चहकता हुआ रफत बी को ललकारता, ''तुम भी पूरे होशो-हवास में कान खोलकर एक बात सुन लो, रफत बी!''

''सुनाइए, सुनाइए?'' रफत बी होशो-हवास खोई-खोई, मुस्कराती अपनी बहक में हमारी तकलीफ़ बढ़ाए चलतीं।

''कुछ नहीं, छोड़िए, जाने दीजिए।'' अचानक जाने किस कमज़ोरी के असर में मैं एकदम हारी हुई मुर्दा आवाज़ में बुदबुदाता।

''ऐसे कैसे जाने दें, मियाँ, अब तो आपको कहनी ही होगी।''

मैं ख़ामोशी के सूत कातता रफत बी का सीधा, सरल चेहरा देखता ताज़्ज़ुब करता रहता कि ऐसे मामूली चेहरे में इस तरहा नूर कहाँ से आती है।

अख़बार में लौटने पर ख़बर हुई हमारी ग़ैरमौजूदगी से फ़र्क़ पड़ा था न हमारी वापसी से कहीं कोई उत्साह की लहर दौड़ रही है। चूँकि ज़माने की ऐसी इंतहा मोहब्बतों की हमें पुरानी आदत थी सो दिल पर उसकी ख़राशों के बनने का सवाल नहीं था, मगर सोच रखा था इतनी बड़ी ग़ैरहाज़िरी में नैयर साहब की मेज़ पर दरख़्वास्त रखने की क़वायद करनी होगी, कुछ रोना-बिसुरना होगा, तो उसकी भी नौबत नहीं आई। पहली मर्तबा नज़र पड़ते ही मैं माफ़ी माँगूँ, उसके पहले ही भले आदमी का भोला सा सवाल आया, ''पड़े-पड़े तुम्हारा जी उकता गया होगा, हमारी ओर से मैनपुरी एक शादी अटेंड कर आओ! जाओगे न?''

पता नहीं किसकी शादी थी, मैं मैनपुरी शादी भी अटेंड कर आया। लौटकर कुछ अर्से बाद एक दिन कैंटीन में मैडम एम दिखीं। खोई-खोई, उदास-उदास। ज़्यादा ग़ौर करना मैंने मुनासिब न समझा, अपनी में रहा, मगर मैडम एम करवाना चाह रही होंगी जभी ख़ुद मेरी मेज़ पर चली आईं, बिना किसी स्वांग के सीधे सवाल किया, ''और तुम्हारे उस सिरफिरे दोस्त देसाई के क्या हाल हैं?''

''रंजीत? मैंने तो समझा था आप उसकी ख़बर दोगी? अहमदाबाद लौटकर ख़बर नहीं की?''

दर्द घुली नज़र पर एक फीकी मुस्कान का कत्थई फीता चढ़ाकर मैडम एम ने एक हल्की नज़र मुझे देखा, फिर सूने दीवार को पढ़ती बुदबुदाकर बोलीं, ''लौटा नहीं। उसे मैंने अपने यहाँ से निकाल बाहर किया। बास्टर्ड, आई थिंक ही वॉज़ मोर इन लव विथ मोल्स ऑन माई बॉडी देन द रीयल वल्नरेबल मी!''

***

लड़कियों की आँखों में इतना दर्द कहाँ से आता है? जबकि आईने के आगे खड़े होकर इतनी मर्तबा मैंनें आँखों को दाएँ-बाएँ किया है मगर दिल के अंदर उतर जाए दर्द में ज़र्द नश्तर की वह कशिश कभी पैदा नहीं कर सका। सच्चाई तो यह है कि घिसे हुए ब्लेडवाला असर भी नहीं निकाल सका। जबकि मंजरी ने अभी बिसुरना

शुरू भी नहीं किया था, जाने दीवार पर किस अदृश्य बिंदु को ताकती, जिगर का ख़ून पिलाती रंजीत को बास्टर्ड भर कहा था और मेरे मन में तक़लीफ़ व ग़ुस्से की कुछ ऐसी ऐंठ उठने लगी कि देसाई सामने होता तो उसे तमाचा मारने की गरज से मैं एकदम कुर्सी से उठ खड़ा होता। या न भी खड़ा होता तो कैंटिन के मैनेजमेंट की नज़रें बचाता ज़मीन पर थूक दिया होता। उसके बाद भी परिस्थिति के उबाल को ज़ाहिर करने में कोई कसर रह गई होती तो मंजरी का हाथ अपने हाथों में ले सबको सुनाते हुए मैंने जोर से कहा होता, ''प्लीज़ महल-ओ मंजी, एक प्रॉविंशियल पेटी आर्टिस्ट पर आँसू ज़ाया करने से बेहतर है आप मेरे साथ कहीं क्वालिटी आइसक्रीम खाने चलो। या तुम्हारी मर्ज़ी हो तो भांग की गोलियाँ खाकर परेड ग्राउंड की हरी घास पर भी जाकर हम लेट सकते हैं?''

मगर दिक़्क़त थी इतना ग़ुस्सा ज़ाहिर करने जितना रंजीत देसाई को मैं जानता नहीं था। हाथ थामकर कैंटिन के बाहर चला जाऊँगा से ज़्यादा कैंटिन के भीतर ही उसका हाथ अपने हाथों में ले लूँ, मंजरी तक से ऐसी इतनी पहचान नहीं थी। फिर दिक़्क़त के साथ इसका असमंजस भी था कि ताप्ती, खोसला या नावेद की ग़ैरमौजूदगी में मंजरी मुझे अपना हमराज़ समझने की इज़्ज़त बख़्श रही थी, उनमें से किसी के आते ही शायद मुझसे मुँह फेरकर कुर्सी से उठ जाए। रंजीत का ग़ुस्सा मुझपर उतारकर शायद फिर मुझे पहचानने से भी इंकार कर दे! हू नोज़? इस जात को कोई कभी समझ सका है? कमअज़कम मैं तो नहीं ही सका हूँ।

मगर कैंटिन में ताप्ती, नावेद, खोसला कोई नहीं आया, और मेरे परीशाँ चेहरे को दर्द धुली ख़ाली नज़रों से तकती मंजरी किसी छोटे बच्चे के मोज़ों की बिनाई की तरह धीमे-धीमे हाले-दिल की अपनी चोटों के वीरान दास्ताँ बुनती रही, मैं ड्राई व्हाइट वाइन की तरह हौले-हौले उसे पीता मंजरी के सूने हाथ अपने हाथों में ले लेने को कलपता रहा।

''यू नो व्हाट, डियर?'' अचानक मेरी आत्मा को अपनी उँगलियों की नोक पर लिए हों की गड़ती नज़रों से देखती मंजरी ने कहा तो किसी तरह से मेरे ख़ुश्क गरदन से आवाज़ निकली, ''अबरार.. अबरार इज़ द नेम। माई गुड नेम!''

''हाँ, आई नो। जानते हो, हाऊ बैडली दैट फ्रेंड ऑफ़ यूअर्स हैज़ बीन ट्रीटिंग मी? ओ गॉड, सोचती हूँ तो अंदर लपटें उठने लगती हैं!'' दिमाग़ में सोच रखा था ऐसा कोई मौक़ा बन पड़ा तो क्या कह सकता हूँ, लेकिन कुछ कहूँ उसके पहले ही मंजरी ने हाथ बढ़ाकर रोक दिया, तमकती बोली, ''जबकि उस घटिया आदमी के

पीछे किस-किस हद तक मैं नहीं गई? शायद सारे आर्टिस्ट इसी तरह पागल होते हैं की सोच उसके पीछे-पीछे रात में रेत पर भागती रही! जबकि पूछो ऑफिस में, सब जानते हैं भागना तो दूर तेज़ चलना तक मेरे लिए हराम है! घुटनों में दर्द के ऐसे टीले बनते हैं कि क्या कहूँ! मगर सब करती रही, किसके लिए? काम से छुट्टी लेकर घर में मछलियाँ तलती रही, वापस स्कॉच पीना शुरू किया, फ़ॉर हूम? एंड ऑल दीस फ़ॉर व्हाट?''

बिना पूरी कहानी समझे मैं समझदारों के मानिंद सिर हिलाता रहा।

''एक दिन मैंने कहा चलो, तीन-चार दिनों की छुट्टी लेकर पंचमढ़ी हो आएँ! उस चीप बेशऊर ख़ुदगर्ज़ ने जानते हो क्या जवाब दिया? कि पंचमढ़ी इज़ प्रिटी बोरिंग प्लेस! यस, दैट्स व्हाट ही सेड! ग़ुस्से की धमक में गर्म साँसें मेरे चेहरे पर छोड़ती एकदम से चुप होकर मंजरी मुझे घूरती रही। ऐसे मौक़ों पर हाज़िरजवाबी की बड़ी ज़रूरत होती है, लेकिन अक्सर जैसा कि होता है मेरी ऐन वक़्त गायब हो गई, मैंने अकबकाकर कहा, ''अरे, क्या आपा, इतने के फेर में आपने हरामी को निकाल बाहर किया?''

मैंने निहायत सादा तरीक़े से अपनी बात कही थी और क़ायदन सादा तरीक़े से ही उसे स्वीकारना औरत का फ़र्ज़ बनता था, लेकिन ऐसी नकचढ़ी बवाल औरतों के साथ भी अक़्सरहा जैसा कि हो जाया करता है, कहीं के रुक्के को कहीं के फुक्के से जोड़ कुछ का कुछ समझ लेती हैं और वह मज़े से समझती ही रहें बशर्ते सामनेवाली की ज़िंदगी बख़्शी रहें। लेकिन फ़िलहाल ऐसा होना नहीं था, सो आगबगूला औरत मुझपर चढ़ गई, और ऐसी चढ़ी कि कैंटिन में मौजूद हर कोई हमारी टेबल की ओर देखने लगा!

'व्हाट्स रॉंग विद् यू गाइज़? मैं क्या इतनी फ़ालतू लगती हूँ? एनी टॉम, डिक एंड हैरी गोज़ ऑन कॉलिंग मी आपा, डू आई लुक लाइक आपा मटिरियल? बताओ, गो ऑन, जवाब दो मुझे!''

मेरे पास नहीं था, जवाब। सिर गिराए मैं चुपचाप सिरचढ़ी औरत का ग़ुस्सा बर्दाश्त करता रहा। पूछ सकता था रंजीत देसाई को बाहर करने के ड्रामे की रियल स्टोरी थी क्या, मगर नहीं पूछा। मन-ही-मन एक जाप पढ़ा, ''ख़ुदा, दिल लगानेवालों पर रहम कर!'' तब ख़बर नहीं थी बाद में इस जाप को पढ़ने के ढेरों मौक़े और आएँगे!

***

सच पूछिए तो ऐसा फैलने और दिल छोटा करने की सी कोई बात है भी नहीं। कहानियों के पीछे आप काँटा लेकर जाते हैं तो उँगलियों में उलझती हैं कहानियाँ, शर्तिया उलझेंगी, कहानियों के संग-संग बाज-मर्तबा काँटा भी उलझा चला आता ही है। ताज़्ज़ुब की बात नहीं। जीवन का तरीक़ा है। दिल.फ़रेबी के मामूली क़िस्से हैं। मंजरी के जीवन में आना था किसी अनंत का जाना था किसी देसाई को दूसरे दिशांतर, निहोरा किए नेह भरी नज़रों देखना था मंजरी का मुझे, जैसे कितने मौक़े रहे हैं उम्मीद का कलछुल भर दूध लिए मैं मोहब्बत से देखता रहा हूँ अपनी बिलारन बेगम के गहरे भूख के कटोरों का भरना, फिर भर-भरकर ख़ाली होना भी। क्योंकि क्या है कि दोस्त, मोहब्बत बड़ी लज़ीज मिठाई है, मगर फिर दिल के जो गहरे कोटर हैं उसकी भला किसी को कितनी ख़बर? कभी बिलारन बेगम ने भरी आँखों हमारे क़यास का वह बेहद उदासीभरा जवाब तो दिया ही था न, डीडंट शी? "यू नो, ज़िंदगी जीभ पर ईल मछली का स्वाद है। लेकिन अकेलापन.. अकेलापन और उदासी वह समूचा समुंदर है जिसमें ईल मछलियाँ रहती हैं!"

***

पहाड़े-पहाड़े प्रेम के पत्तर

रामजीत राय का लेटर नैहर गई अपनी पत्नी बेबी को

डारलिन, मेरा दिल मेरा जीगर बेबी जी, हम आनंद से हूँ और कामना करता हूँ कि तुम्मो आनंदे से होगी। पानी-बिजली का टेरजिडी हइये नै है हुँवा, संधा-सकाले मनोरमा मौसी और मम्मीजी के हाथे सूरन का अचार और कटहल का तरकारी भेंटा रहा होगा तऽ आनंद काहे ला नै होगा! हलाँकि सच्ची बोलें तऽ हम उतने आनंद से नहीं हूँ जैसा ये कलम हमसे झूट्ठे लिखा रही है! मगर हमको बिस्सास है कि कलम का जबान के पार तुम हमारी आत्मा का जबान पढ़ लोगी।

एक तो ससुरी आग माफिक दिन बना रहता है (मन का नहीं, मौसम का बात कर रहा हूँ। मन तो क्या दिन क्या रात, चौबीसों घंटे आगी में भक्क-भक्क जलबे करता है!)। बिजली कब्बो रहती ही नहीं है कि आदमी टेबल पंखा छाती से साट के सीतल मन कुछु सोच-बिचार करे। इलैट्रिसि कब नहीं रहती है का बजाय कब आती है का कोस्चन पूछो तऽ जादा मतलब है। कल रात को एतना दुखी-दुखी लग रहा था कि पूरा रतजग्गे हो गया (पास में रहो तब रतजग्गा, दूर रहो तब्बो रतजग्गे, ये तो बड़ नाइंसाफी है, मैलॉर्ड!), भोर में जा के आँख लगा तब्बे ससुरी बिजली आ गई! हमको पत्ते न चला! सकाली में पापाजी डंडा खोद के उठाए कि जल्दी-जल्दी झाड़ा-पानी कै लो, बिजली आय रही है तब जा के खबर हुई! आँख मलके

उठके देखते हैं कि हम हिंया महायानी मुद्रा में पड़े हैं और लुंगी जो है साला पलंग का दूसरका छोर पर लहराय रहा है! एतना तो गुस्सा पड़ा कि का बोलें! पापाजी पे नहीं, डारलिन, इलैट्रिसि डेपाटमेंट पे! (वइसे पापाजी पे भी पड़ते रहता है, कहाँ तुम सुबहे-सुबहे गाल पर दाँत का मीठा काटा काट के उठाती थी और पापाजी हैं कि सीधे डंडे खोदते बात करते हैं!)

सच्ची में, डारलिन जब से तुम गई हो, दुखै-दुख है। न घर में मन जोड़ाता है नहिंये बहरी। कलै का सुनो। मम्मीजी एतना दिन बाद डोसा और कोंहड़ा का सुखलका तरकारी बनाई थी और हम बहुत चाव से खाइयो रहे थे, लेकिन पापाजी उँगली खोद के पूछै दिए कि दहेज का हीरो-होंडा दरवाजा पे खड़ा है तब काहे ला तुमरा मुँह चोथा जइसा बना रहता है? अब आत्मा का दर्द मम्मीजी का डोसा और कोंहड़ा खा के थोड़े छुप सकता है, बेबी जी। बोलिए आप? लेकिन पापाजी को तो सच्चो बताइयो नहीं सकते! अच्छा है कि मम्मीजी बरज के उनको चुप करा दीं, नहीं तो ई आदमी का खोदा-खोदी एक बार सुरू हो के कभी खतम होता है?

कल डाकदरजी का हिंया भी गए थे। ऊ बोलते हैं जनाना साथ में लाइए तब जा के ठीक से चेकिन होगा। और पेर्गनेंसी का प्रोबलम जानने बास्ते आपका नहीं जनाना का चेकिन करना होगा! जी में तऽ आया कि हरमखोर को वहिंये घुमाय के एगो खनकदार लहरिया लप्पड़ लगाएँ! तुमरा पेट और हेयर-ओहर केने-केने पाजी टोएगा और हम चुप्प पटाए रहेंगे, जी?

फिर नौकरी वाला सवाल भी जो है अभी ले लटके पड़ा है! पापाजी टेंट से बीस हजार बहिरिया रहे हैं और पांड़े जी बोलते हैं बीस हजार में तो आजकल गदहा का झाड़ो नहीं मिलता! सब चूतिये समझता है हमको! गदहा का झाड़ा बीस हजार में मिलता है, जी? मगर अभी उनसे नौकरी पाने का स्वारथ है तो काहे ला फोकट का जिरह करने जाते! मगर मन जो है, डारलिन, सच्चो में एकदम खिन्नाय गया है! तुमरे बिना दुनिया-जहान का कौनो चीज अब अच्छा नहीं लगता (कल मन मार के दू रुपिया वाला आइसक्रीमो लिए लेकिन मजा नहीं आया!)! मोबाइल का लिए मम्मीजी का नाक में दम किए हुए हैं। ऊ बूझ नहीं रही है कि आज का जमाना में कितना इम्पोरेंट साधन है। एक हाली आ गया तो ऐस रहेगा मगर तब तलक हम एक चिट्ठी का दूरी पे हइए हैं! पांड़े जी के हिंया से एक टिरिप मार के आते हैं तऽ फिर तुमको नवका लेटर लिखेंगे!

जाने का पहिले एक बात बोलो, लेकिन हमरी तरह तुमरा भी रात-दिन बिरह में

जीना हराम है कि नहीं, सच्ची बात बोलना, डारलिन?

तुम्हारा हिरदय सम्राट
रामजीत, मई 25, 2007

नैहर से बेबी का पति रामजीत राय को पत्र

परानाथ, मोरे मन मंदिर के देबता, चरन इस्पर्श सीकार करें! देखिए, आपको झुठले लगता है कि सगरे संसार मौज-मजा कर रहा है अउर एक आपे अकेले हैं जो दुख का सागर में बूड़ रहे हैं! आप सोच कइसे लिए कि आप बिरह-बेदना में कलपेंगे-तड़पेंगे अउर हम हिंया दलपूड़ी अउर कटहल का तरकारी का आनंद लेंगे? आपका प्रति अइसा अनादर, एतना बड़ अन्याय हमसे जीते-जी होगा? मन में अइसा ही गलत-सलत भाव सजाने का खातिर आप हमरा माँगी में सेनुर भरे थे? कोहबर में मन्नु मौसी का चाँदी का गिलासी में हमरे हाथ से दूध पी के जलम-जलम साथ रहने का परन किए थे, बोलिए? आप केतना निरमोही, निरदयी पुरुस हैं? हिंया अइसे ही सबका टीका-टिप्पनी से करेजा जरता रहता है (कि बारह महीना निकल गया, बबुनी का पेट अभी ले वइसे ही सपाट लौक रहा है! पाहुन जी में कवनो ऐब-सैब नै न है? दीपनरायन का पतोहु, जौन सात साल का बियाह का बाद अबहीं तलक बाँझ है, ऊहो लबर-सबर कर रही थी! मन त किया जाके झोंटा नोंच लें छिनाल का फिर आपका इज्जत का बात सोच के खून का घूँटि पीके पटाए रह गए!) अउर आप हैं कि अपना ब्यंग बान छोड़ के अलग से हमरा कलेजा दल रहे हैं!

दूसरा बात, कटहल-सटहल कुच्छो नै बचा है ए हालि। हफ्ता भर बास्ते मन्नु मौसी का मझलकी बेटी आई थी। बतिया-पाकल सब कटहल कटवा के बोरा में भरवा के ले के गई कुलच्छिन! साथ में देवर ले के आई थी, दोनों बखत ओकरा बास्ते घी में चभोर-चभोर के परौठा बनाती थी, अउर हमलोगन का बास्ते छूच्छे सूखल रोटी! लाज न सरम, सबका आँखि का आगे देवर का संगे रिस्का में सिनेमो देख के संझा आठ बजे घरे आई! अउर मन्नु मौसी कुछ बोलबो नहीं कीं! एतना बेसरम छोकरी है कि आपो से कहते हुए हमको लाज लगती है! अउर अभी आगे का सुनिए! जौन दिन जा रही थी महरानी, हीं-हीं, ठीं-ठीं करके सूरन का अचार वाला दोनों बयामो रख ली! बोली, हिंया कौन खानेवाला है, हम ले के जाते हैं नहीं तऽ

खराब हो जाएगा! हम त माथा पीट लिए कि भगवानजी, कवनो महतारी का पेट से अइसा छौंड़ी मत जनना! सीताराम-सीताराम!

अउर आप समझ रहे हैं हम हिंया इन्नरसभा में बइठे हैं! छप्पन भोग खाय रहे हैं! अरे, घर में बचल होगा तब नऽ सूरन का अचार अउर कटहल का तरकारी खाएँगे, जी? बगानी में साग-फागो नै है! अउर पीर मोहम्मत वाला मेला भी ए साल कैंसिल हो गया है! पिछलका दफा आए थे त चाची का पतोह सुनीता संगे हाट-बजार टहलियो आते थे, ए बार उहो दुभर हो गया है। (अब नदान बन के ई मत पूछिए कि काहे! सुनीता रानी छौ महीना का गरभ से है अउर काहे ला? भगवानजी सबका गरभ पूर रहे हैं, खाली एक हमहिं पापीन हैं जेकरा ऊपर उनका किरपा का दिरिस्टि नै जाय रहा है! अब इसको अपना ऊपर मत लीजिएगा, हँऽ! हम अपना को दोस दे रहे हैं। आपका पुरसत्त का भेद गाँव का कौनो छौंड़ी-मेहरारु से छुपल थोड़े है। खाली हमहीं नहीं, इमिरिति, नैना, नेहा कुमारी सब आपका नामी उचरने पर आह छोड़ती है! तऽ पुरसत्त का बारे में तऽ आपको मुँह फुलाने का दरकार नहींए है)।

बाकी ई रतजग्गा वाला आदत खतम करिए, आप नहीं सूत के अपना नीन नहीं हमरा जिन्नगी बरबाद कै रहे हैं! हमरा जिन्नगी से खिलवाड़ करे का आपको कौनो हक नै है, हाँ! अउर नवकरी का बारे में पांड़े जी का किए, हमको पूरा डिटेलिन से ख़बर कीजिए, जल्दी! ओकरा बास्ते हिंया हम माता का बरत किए हैं (गरभ बास्ते सेरपेटली कर रहे हैं!)।

आपका चरनों का दासी और धूलि,
बेबी कुमारी राय, मई 3, 2007

रामजीत राय का लेटर नैहर गई पत्नी बेबी को

ओ मेरे दिल के चइन, डारलिन, सोहाना सफर अऊर ई मवसम हसीन! कैसी हो, जान-तमन्ना, जान-जिकर? हमरा याद रहा कि नै रहा? कि अगला मरतबा मिलेंगे तो मुकेस का गाना का छाँव में मुलाकात होगा, दोस्त दोस्त ना रहा, प्यार प्यार ना रहा, जिन्नगी तेरा ऐतबार ना रहा। गले लगी सहम-सहम भरा गले से बोलती वो तुम न थी तो कौन था? तुम्हीं तो थी! सफर का बकत पलक पे मोतियों को तौलती, वो तुम न थी तो कौन था? तुम्हीं तो थी! नसा का रात ढल गई, अब खुमार ना रहा, ओ हो,

जिन्नगी हमें तोहरा ऐतबार ना रहा! ओ हो, डारलिन, केतना मारमिक अऊर टेरजिक सांग है! साला, जेतना हाली सुनते हैं, भर्र-भर्र आँखी से लोर चूने लगता है! जौन गति प्रभु जी करवाना हो, करवा दें मगर जिन्नगी में ई गाना गवाने का दुरभाग न दें! प्रेम का नसा का रात ढल गया त् लाइफ में घेंवड़ा, बचबे का करेगा, जी?

हम एतना टर्र-टर्र बोल रहे हैं अऊर तुम, जाने-जिकर, कुछ बोले नै रही हो? हमरा बास्ते गाओगी नै कि बेदरदी बालमा, तुझे मन याद करता है? आ जा, आई बहार, दिल हय बेकरार? कि ऊ वाला गाओगी तू जहाँ-जहाँ रहेगा मेरा साया साथ होगा? पेटीकोट वाला साया नै, बुड़बक! साया माने सेडो, बुझाया? इंगलिस है कहाँ ले बूझोगी! चिन्ता नै करो, अगला मरतबा हम तुमको इंगलिस का पूरा टरेनिन दे देंगे, फिर देखना, कौमनिसेसन में कवनो टरबले नै होगा! फिर देखना, हमरा इंगलिस लेटर का तुम्मो इंगलिस में जबाब देना सीख जाओगी, मनोरमा मौसी अऊर मम्मीजी को बुझैबे नै करेगा कि साला, मियाँ-बीबी का बीच ई सैसपियर का जबान में बाती का हो रहा है! बड़ आनन्न रहेगा, शिटहार्ट। पंचवा में फेल हुए थे जब्बे से अरमान है कि एक दिन इंगलिस में लेटर लिख के दुनिया को दन्न कै देंगे! चाइलहुट का लड़कपना था, बड़-बड़ सोचै में का कबरता है, मगर अपना इंगलिस से एक दिन तुमको दंग कै दें, ओ चैलेंजिन तऽ अभी ले पाकिट में ले के टहलिए रहे हैं! हम इंगलिस में फर्र-फर्र गिटपिट बोलेंगे अऊर तू आँख-मुँह फाड़े अबिस्सास से बेहोस होते-होते बचोगी। फिर दउड़ के हमरा छाती से चिपट के हगने लगोगी! एम्भ्रैस वाला हग-हगिन, बुड़बक? तुम्मो कभी जो है एकदम मनोरमे मौसी का जेरास्स कापी हो जाती हो। अइसा मारमिक दिरिस्य में दिसा-मैदान वाला हगिन कहँवा से आ जाएगा, जी? मनोरमा मौसी रहती तब अलग बात था! होइए सकता है कि हमरा इंगलिस सुनके ऊ चिरकुट लेटी भग्ग-भग्ग हग देले रहती! हा-हा-हा, केतना त् सानदार दिरिस्य होगा, नै?

हँसी-मजाक एक ओर, लाइफ में बड़ दुसवारी चल रहा है, बेबिया! दुपहरिया में तऽ नीन्द नहिंये आता है, रातो वाला जो है सो उड़ गिया है! ऊ पंड़वा ससुर को तऽ जब हाली थूरेंगे नै, हमरा नीन्द-चैन सब हराम है! फिर पापा जी का टंटा अलग से? दिन में दस मरतबा नीच, नलायक बोल-बोल के एनभैरेनमेंट बसाइन करते रहते हैं। बड़ दुर्दिन चल रहा है, डारलिन, एगो लम्मा चिट्ठी भेजते हैं तुमको! मगर उसका पहिले तुम अपना तरफ से भेजो! अऊर क्या, वहिये, बूझाया न? हमरा आगे एतना भोला-नदान जिन बनो। अऊर जल्दी, राह तकते-तकते अइसा नै हो कि हमरा भरल

आँखी अपना तापी में जरने लगे? (अपन पानी में जरे मोरा गोरा बदन, पानी में)

अऊर ओकरा बाद, का से का हो गया, भेवफा, तोरे प्यार में..

तुम्हारा हिरदय सम्राट
रामजीत, जून 28, 2007

प्रेम परकास प्रियतमा बेबी कुमारी राय का सखी सकीना को पत्र

हमरे मन की मलकिनी, प्यारी, दुलारी सकीना, कइसी हो, सखी? न खत, न कवनो खोदा-बंदगी, कवन बात है कि हमसे आँखी मोड़ ली हो? कवनो गलती हुआ कि पिछलका चिट्ठी में हम कवनो ऊँच-नीच लिख लिए थे? गलती होइए गया था तऽ माफ नै करोगी? ई कवनो इमली का गाछ का नीचे ढेला फेंक के इमली खाने वाला दिन नै न है, सखी कि सकाली में हमरे व्योहार से तुम रुस जाओगी अउर संझा बेला हम दूनो जने मिट्ठी कै के लभली अउर अनितवा का संगे अंगना में डाक्दर-नरस खेलेंगे! अब तऽ एक हाली कुच्छो छोटका टुंग-टाँगो हो जाता है तऽ ओकरो फरियाये में बीस दिन गए पोखरी में। नै? अब मनु मौसिये का केस लो। हाथ का एचमीटी घड़ी तनकी-सा पानी पी के बन्न हुआ, अभिये ले बंदे पड़ा है! अपना शादी का बेर से सुन रहे हैं कि रिपेनरिन बास्ते सहर जाने का जोजना है, मनु मौसी का घड़िया अब ठीक हुआ तऽ तब ठीक हुआ। मगर घरे सब जानता है कि ऊ घड़ी अब ई लैफ टैम में कब्बो ठीक नै होगा। आजकल केकरा काजे फुरसत है, सखी। छौ साल का लइकियो का लग्गे फीता-रिबन का टैम नहीं है। हाथ-गोड़ फेंकने लगती है! तब्ब? हम झुट्ठे थोड़े बोल रहे हैं? सब ओर भागा-भागी मचा है। तऽ ई भागा-भागी में तुहू हमको भूल जा त कवन ताजुब्ब!

सच्ची बता सकिनिया, कवन बात है, रे? काहे मुँह में जोरन डाल के चुपाए बइठी है, मुँहजार? कि मियाँ जी का नेह-दुराल में तोहरा मोहलते नई भेंटा रहा है! सच्ची बोलना, नै त आ के चइली-चइली पीटेंगे अउर सब तोहार मेंहदी वाला केस में आगी जार देंगे, तब बूझेगी, हाँ?

कवन बात का एतना लम्मा खमोसी है, बोल ना रे! अइसन सारू खाँ हैं तोहरे नूर मुहम्मत कि हमरा खोजो-खबर नै ले रही हो? केतना जोड़ी चानी का पैजेब अउर

झुमका बनवा दिए हैं खसम मियाँ कि जनम-जल्मांतर का सहेली को भुलाय गई हो? मगर ऊ भलमानस का कवनो कसूर नै है। तूहिये हरमेसा की पुरुस-परकिनी है। जरा-सा नेह भेंटा गया तऽ झट्ट देना फूल के लाल कोंहड़ा हो गई! झोंटा खोल के तेल-सैमू करने लगी। अलता-लिस्टीक का लाली बहरियाने लगी, हम तेरा नस-नस पैचानती हूँ, चोट्टी?

सकिनिया रे, मस्ती-मजाक एक कोना, अब एगो सीरियस बात है, सखी! मन का राज तोहरा आगे खोल रहे हैं, खोदा कसम केहियो से नै बोलोगी! अपने मियाँ जीओ से नै, हाँ, तोके हमरी कसम?

बात ई है कि सकाली-सकाली टूब बैल पे हम कपड़ा-लत्ता धो रहे थे कि जाने कहाँ से ई चहुँप गए! अरे, हमरे ऊ नै, न बुड़बक परेम परकसवा, रे? अब हमको का मालूम कि बम्मास गाँवे में लुकाया हुआ था अउर अकेले में हमको घेरे का मवका देख रहा था! बड़ नीच इरादा से हमरे काजे आया था, हम अड़ देखे न तड़, नजीके में एगो चइली पड़ा था, खींचके मारे मुँहजार को! तब्बो बेसरम बाज नै आया अउर फुरफुस-फुरफुस जाने कौ-कौची बोलते गया। हम डेरा के मनु मौसी का हल्ला किए तब कहीं ले ऊ चोट्टा भागा!

भागे-भागे हम्मो घरे आए मगर मम्मी जी से का बोलते? बात का कवनो लीकेज होता तऽ मौसी जी अउर मम्मीजी हमहीं को लेच्चर पिलातीं! रात में खायो का भी मन नै किया। अकेले में चुप्पे चदरी ताने जाने पोराना दिन का यादी का सब सिलेमा देखते रहे। का मालूम परकास को चइली मार के ठीक किए कि गलत। ऊ बेचारा का कवन कसूर? हो सकता है अबहीं तलक हमरा से परेम करता हो? हिरदय से पुरनका परेम का परकास मेटाना कवनो असान काम है, जी?

हम सही किए कि गलत, तू ही फ़ैसला बोल, सखी!

तुमरे जलम-जलम की सहेली,
बेबी कुमारी राय, जुलाई 12, 2007

प्रेम परकास प्रेयसी बेबी कुमारी राय को सखी सकीना का पत्र

हमरी हलुवा, लौंगलता, हमरी तिलकुट। रंगनाथ हेयर सैलून वाली गली के अखिर में ठेला की चटख घुघनी माफिक हमरी दिलअजीज बेबी! केतना तो तेरे को मिस करते हैं, रे? रोज-रोज केतना हाली तो तोहरे बहाने घर-दुआरी का काज छोड़ के बतकुट्टन का बाती बाले रहते हैं। कल्ले डेराइबर साहेब पूछ रहे थे कि अपना बेबी से मिटिन कब्बे करवाइएगा? और तू कहती है तेरे को मन से उतार दिए! तोहरा को मन से उतार देंगे तब ई मन में कौची बचेगा, छौंड़ी? छुच्छल, निरजन, सूनसानी को तोहरे सिवा दुनिया में और कोई पूर नहीं सकता, बेबी। सच्चो, तोहरा किरिया खाके बोल रहे हैं!

हमरा बारे में जाने कहँवा से तुम एतना खयाली खीर राँधते रहती हो। अरे, हिंया बइठा कौन है चुनरी के नजीक। मथवा का गमक लेने को जेकरा बास्ते तेल-सैंपू और लिपिस्टि करेंगे? इनको तो घर आए छौ दिन हो रहा है! जब ले भट्टा वाला काम धरे हैं, घर में गोड़ धरे का सुभीते नहीं रहता। कल डेराइबर साहेब को देखके त हमरा चेहरे उतर गया! खबर किए कि काम का बहुत मारामारी है, ई हफ्ता घरे आए वाला सूरत नै बनेगा! इँहवा रहते थे तब्बो ई नहीं था कि सगरे दिन हमारा गोड़ गोदी में लेके आलता रंग रहे हैं। हमरे बास्ते पाजेब और कनफूल बना रहे हैं, जइसा तू मने-मने, बदमाश, बाना बुन रही है!

जब से ऊ पतंगवाला काम छूटा, रोज इफ्तार चचा के हिंया जाके चिलम लेके बइठे रहते थे! दस बेर तो खुद हम्म बोले होंगे कि ऊपर खुदा सब देखता है, मातम कर के किसका भला कीजिएगा। जियादा टेंगसन है, त ठीक है, घरे मत रहिए, जाइए, जाके मजिद बैठिए। त मुँह फुला के दिन-दिन भर गायब रहते। रतिया को लौटते त मुँह से दारु का अइसा दुर्गंधि छूटता कि का बोलें! उल्टा-सीधा जइसो था एकरा तसल्ली तो रहता था कि मरद नजर का सामने है! दू महीना हुआ ई भट्टा वाला काम भेंटाने के बाद त अब हमरी बुद्धिये काम नहीं करती कि खुदा को शुक्रिया बोलें कि अपना किस्मत को रोवें! पाँच-पाँच, छै-छै दिन निकल जाता है, इनका पते नहीं रहता। पूछो तो गुस्सा के रंडी-संडी का गाली बोलने लगते हैं। डेराइबर साहेब बता रहे थे सब जड़ कंटेट्टर है। भट्टा पे काम करेवाला सब मजूरन का जीना हराम कर के रक्खे है!

लेकिन डेराइबर साहेब बहुत नीमन आदमी हैं। बीच-बीच में उनका कपड़ा-लत्ता का बदली और दूसरा जरूरत लेवे बास्ते चल आते हैं। बहुते शरम-लिहाज

वाला आदमी। चाय पिलावे खातिर भी चिरौरी करनी पड़ती है। हम्मो का करें। बेशरमी से निहोरा करते हैं? कि केकरो से जरा दिल का बात कै लें!.. गलत करते हैं, सखी, त बोल? रोटी सेंक लिए, कपड़ा धो लिए, ओकरे बाद? अकेले दीवाल तकते-तकते जी घबराने लगता है! तोहरी बड़ याद आती है, बेबिया, सच्चो में?

डेराइबर जी पहले असम और गुजराती में बड़का साहब लोग का नौकरी में थे। आठ महीना से इधर हैं। जनाना-बच्चा का बारे में एक दिन पूछे तो शरीफ आदमी मुँड़ी नीचा कर लिहिस! एकरा कौची माने होगा, रे बेबी? हमको मगर बहुत अच्छा लगते हैं! ऊँचा कद-काठी है, महीन-महीन मूँछ है, ऊ जैसे पाकिजा वाले राजकुमार का नै है?

और ई तुम परेम परकास का उल्टा-सीधा कौची बोल रही हो? सहेली, एतना ही बोलेंगे कि सावधान रहना, हाँ! कौन त कह रहा था कि ई डकैती-सकैती में इबाल्व है? पुरनका दिन में जो गलती हुआ सो हुआ, अब तू दूसरा का अमानत है, बेबी!

तोहरे ललकी टिकुली वाले दमकते मुखड़ा को मन में बसाए बइठी..

तोहरी जिन्दगानी की राजदार,
सकीना, जुलाई 14, 2007

रामजीत राय व्याहता बेबी को ओल्ड लभ प्रेम प्रकाश का लेटर

बेबी, माई इसवीट सेक्सटीन! (मालूम है कि अब नहीं हो। उमिर सेक्सटीन से ऊपराके चल रहा है। मगर हमरा खातिर तुम हरमेसा वहीये सेक्सटीने रहोगी। और इस्वीटो भी!)। कौनो खबर है तुमरा हाथी से केतना बड़ पाप हुआ है? ना, हम न बताएँगे! खुदे से केस्चन करो, अऊर खुद ही अलसर करो? बुझाया, कौची का बात कर रहे हैं? हँअ, वहिये चइली जो तुम खींच के हमरा ऊपिर फेंकी। आँखि अऊर नाकी का नेसाना पड़ जाता तब? केतना का नोस्कान होता कौनो अंजाद है तुमको? कौनो एल्सोरेंसो कंपनी ओतना नोस्कान का पेरमेंट करते-करते हग देती! अऊर हमरा कौनो नुस्कान से सकलदीप अऊर अनवर बाद में तोहरा संगे कौन सलूक करते, ओकरा बारे में एक्को हाली सोची थी? समझती हो जौन हरामी नंबर वन अनवरवा है, ओह से तुमको तुमरी मनु मौसी बचातीं? तहसीलदार, डिस्टिक मजिस्टेक अऊर थानादार बाबू चल आते तब्बो तुमको कौनो ऊ पाजी से बचावेवाला

नै होता! अईसही खचड़ई में अनवरवा का जिल्ला भर में नाम नै है!

अऊर तुम आगा-पीछा जिन सोचे चइली फेंक रही थी? काहे ला, बेबिया? एही बास्ते कि हम पीछे ले आके दन्न देना दूनो हाथी से तोरा पेट चाँप लिए थे? कौनो पहिलका हाली चाँपे थे रे, छौंड़ी? पीर मोहम्मत वाला मेला में चाँपा-चापी का सब खेला एत्ता जल्दी भुला गई? तब त हमरा जुल्फी में हाथ फेर के सलम-सलम बोल रही थी? अऊर एतने टैम में हम चइली खवैया हो गए?

सोच के हमरा करेजा फट रहा है। मन करता है चक्कू निकाल के कौनो के पेट में घोंपके साला का लैफ खलास कै दें! अरे, लभ-सभ का कौनो कीमते नै है?

तुम गवना का बाद पहिलका हाली गाँव लौटी त दसरथ, सीपरताप सगरे हल्ला किए कि बेबिया का डेरवली होवे वाला है। तुमको मालूम नहीं जहेल का भीतरी हमरा कौन कंडीसन हो रहा था! जेतना हाली सोचते थे कि तुम बेवोफा हो गई, उतना हाली मुँह से भर्र-भर्र उल्टी फेंका रहा था! हमरा कनेस्सन वाला सीएन जादव जेलर

साहेब का कोर्ट में मामला चल रहा था, नै त तबहिंये हम बहरी आके तुमरे डेरवली वाला केस्चन किलियर करते? अंदर झगरा में बयँका गोड़ टूट गया था नै त जेहलो से भाग के तुमरा ले मुलाकात खातिर बाहिर आते। मगर बाहिर आने के बाद दसरथवा अऊर सीपरताप को खूब तोड़े। सीपरतपवा अब्ब ले लंगरा-लंगरा के चलता है!

तुमरा बियाह के बाद हमरा मोहब्बत का कौन-कौन गजन हुआ, तुमको अब बोल-बता के काहे ला मन खट्टा करें? न रामपिरिया का मझिलका छौंड़ी में मन लगता था, न बलेसरा का भौजी से आत्मा को सांति भेंटाता था! गोड़ में तकिया चाँपके सगरे-सगरे रात तोहरी लभ का याद में कराही छोड़ते रहते थे? लैफ में एतना टुरचर अऊर कब्बो नै हुआ है! मोती सलीमा में पप्पुआ अऊर उसका गुंडा लोक गँड़ासा, तरवाल लेके जब हमरा पे अटेकिन किया था, तब्बो हम एतना टुरचराये नै थे। जेतना तुमरा पियार हमको लैफ में अवारा-बेचारा बना के छोड़ा है? अऊर हमरी मोहब्बत का इलाम तुम चइली फेंक के देती हो?

जिकर में बहुतै चोट लगी है, इस्वीट सेक्सटीन। माई डारलिन। डारलिन बोल रहे हैं काहे ला कि हम जनम जल्मांतर ले तुमसे मोहब्बत करता रहूँगा। तुम भले चार छौड़ा-छँवरी का डेरवली कै लो! अब त पहिलका जइसन कंगालियो नहीं है, भड़भड़ वाला बुलेट है, थानादार जी अपना फैमिली मेंबर समझते हैं। गाँव से कोर्ट ले तोहरे प्रेम परकासे का रुतपा है। अऊर तू अइसा मोहब्त का ऊपरी चइली फेंक दी? काहे ला, बेबी?

फर एभर एंड एभर योर वोनली,
गेरेस्ट मजनू प्रेम परकास, जुलाई 19, 2007

रामजीत राय का नैहर गई पत्नी बेबी को पत्र

ऊ वाला गचल सुनी थी कि नहीं 'चाँद के देवार न तोरी, प्यार भरा दिल तोर दिया?' अबहीं ले लाइफ में सच्चल-सच्चले चल रहा था, मगर ऊहो हाथ झार के बेगाना ठाड़ा हो गया है। पेयार भरा दिल त पहिलही से टूटल था, ऊको तोर के तू अपना मम्मी का हिंया जाके बइठे गई हो। लेकिन हिंया, घर का पेछाड़ा वाला देवार, चाँदी का नहीं मिलावटी सिमेंटे का था, तब्बो पक्का तो थइय्ये था न जी, चार दिन का बरसाती में जाने कल रात कब्ब भर्र-भर्र होके बइठ गया! सकाली पापाजी अंजुरि में

डाबर मंजन डालके अंगना का ओर गए तऽ उनका देमागे फेल हो गया.. सुबहे-सुबह पांड़े, दुबे, बिसेसर चाचा, पदमा मौसी सबको माँ-बहिन गरियाने लगे। एतना गंदा-गंदा गारी बोल रहे थे कि हम तीन दिन पुरनका नूजपेपर का पीछा मुँह लुका लिए। देवार का दूसरका तरफ एगो गइया चुप्पे-चुप्पे घास चर रही थी। हाई टेन्चरेचर सुनके ऊहो मुँह उठाके देखी कि कौन बात का हल्ला है तऽ पापाजी एगो चइली खींचके गायो मइया को मारे! हम तड़ देना माथा छूके मने-मन माफियो माँग लिए लेकिन तबहँही मम्मीजी जाने कौन जनम का हमसे बैर नेकाले लगीं। मुँह पे अंचरा रक्खे, हमरा डरेक्सन में देख के बुलका चुआके बोले लगीं, "जबले हम अप्पन लइका का बियाह किए हैं, हमरा जिनगी में संकट का पहारे टूट गइल है।"

पापाजी का मूट तो फर्र-फर्र जरे रहा था, जाने कौन बात का सुलकाहट में आ के हमको एगो कंटाप मार दिए! फिर बरबराने लगे कि साला, मूतने का लिए दस दफा देवारी पे जाते हो, देवार टूट रहा था, तुमको धियान नै गया? सुबही-सुबह गिरल देवार देख के, फिर ऊपरी से कंटाप खाय के हम्मो अकबका गए, त मुँह से निकले गया, "अरे, कोची ला मार रहे हैं? देवार पे देखे हैं कभी हमको ठाड़ा हुए? नीम का पेर का तरफ जाते हैं। देवार वाला साटकट त आपे यूज करते हैं!"

मुँह से निकले का बाद अंजाद हुआ कि पापाजी का आगे एतना नहीं बोले के चाहिए था। मगर अब त बोल दिए थे! त ऊ बूढ़ ससुर एगो टूटही छाता से हमको ऊ मारीस है, ऊ मारीस है कि का बोलें। सलम! अबहीं ले ऊपरी से नीचे ले अंग-अंग पिरा रहा है! अऊर ऊ मुरचा खाया टूटही छाता ससुर ई नै कि हमरा मरदाना देह का चोट खा के भंग हो जाय। हम्में भंग हुए हैं, छतवा का डंडी अब्बले सलामत है!

सुबहे-सुबह मूट खराब हो गया। रात में तऽ खराबे था। मम्मीजी पे बहुते मन लहक रहा था कि अपना डायलाक कवनो दूसर का डैरक्सन में देख के नहीं बोल सकती थीं? ऊहो पगलाय रही हैं, बात-बात में आजकल पहार, बाँध अऊर जाने कौची-कौची टूटे का बात बोलती रहती हैं!

छतरी घोमा-घोमा के जब पप्पाजी का हाथ बेथा गया तऽ चिंचिया के हमको बहरी चइली कलेक्सन का बास्ते भेजे (अरे, ऊहे जेकरा से खींच के गइया मइया का डैरक्सन में मारे थे)। सगरे सुबह का डेरामा से येहिए फयदा हुआ कि गाय माता बहरी गोबर का चार गो चोथा छोर गई थीं। मम्मीजी का पूजाररूम का अब आज ओही से लिपाई होगा। मगर ई टूटही देवार का मरम्मत कँहवा से होगा? करीगर का खोज में वही बास्ते हम मर्किट तरफ आए हैं। तूको चारगो लाइन लिख के मन का

दुख कमाय रहे हैं (सब ओर तबाहिए-तबाही है, शिवाला का सीढ़ी पर पानी फैला हुआ है। मोती बाबू का चक्की में पानी घूस गया है। करीगर ससुर आज खूबे बिची रहेगा, एगो टूटल देवार का मरम्मत बास्ते ऊ काहे ला आएगा? केतना बरसाती हो रहा है, जी, ए साल? तोहरो तरफ हो रहा है?)।

जल्दी ले चिट्ठी पठाओ, ई टूटल मूड का बेहाली को अपना परेम का लाइट से उजियार कै दो, पिलिस!

तुम्हारा हिरदय सम्राट
रामजीत, अगस्त 18, 2007

रामजीत राय व्याहता बेबी राय का अपने स्वामी को पत्र

सैंया जी, सामी जी, हमरे मन का नैया को बूड़ा-बूड़ा के डुबाए वाला कामी जी। ई सब काहे ला दीवार-सियार गिरे का बात कै रहे हैं! मन का दीवार इहाँ पहिलही टूटल है, अऊर घरो का देवाल को। देखिये, चैन नै पड़ रहा है? आग लगे ई बूँदी-बरखा में।

केतना तो जतन-जेहमत से ताकत लगा के नीन्न लगाते हैं कि असबेस्टस का खपड़ा पे पड़-पड़ का गोली छोटाने लगता है। अऊर फुर्र देना आँखी का सब नीन्न गायब! आपका अपना किरिया खा के सच्ची बोल रहे हैं, परमेस्सर जी! ओकरा बाद सगरे रात ई करबट से ऊ करबट। दिन का बखत होता त फुलमनिया को बुला के लुडो-टुडो खेलते, रात का टैम में ओकरा संगे कौची खेलेंगे? तऽ केकरा संगे खेलेंगे? अब ईहे सब पहेली पूछ के हमरा दरद बढ़ाइएगा? बहुत मजा मिलता है नै आपको? हुँआ दीवार टूटा है, हिंयवा दिल। ओकर मरम्मत नै कीजिए। बस अपना मरदाना मजा लूट के ताली पीटिए, हँ!

पप्पाजी त बहुतै नराज होंगे, नै? हम्मो को गारी दे रहे थे? सच्ची-फैट बोलिए न?..

हम का करें, आपै रस्ता काहे नै देखाते? हमरा हिंया कवनो मन थोड़े लगता है जी! सगरे-सगरे रात का बरसाती हेहर-ओहर करबट काट के आपका यादी में नेकाल देते हैं। भुरुक-भुरुक रोते हैं अऊर हिम्मत बाँध के ऊ वाला गाना गोनगोनाते

हैं, हमने तुमसे पियार किया है जेतना, कवन करेगा ओतना। बुझइबो नै करता है कि रो रहे हैं कि गा रहे हैं!

मन्नु मौसी का ताना-तरवाल का डर नै होता त हम कब्बे ले बस का टिकिस निकलवा के निकल गए होते! हुँआ हमरा जोदाई में घरे का दीवाल भसक जाय रहा है, मगर एगो आप हैं कि टस से मस नै हो रहे हैं!

मन्नु मौसी कवनो ललिता परवाल हैं (ललिता परवाल तो हइए हैं!) कि आप डेरा के हमको लेबे बास्ते नै आय रहे हैं? बाल सफेद हो जाएगा और बेलाउज झुलनी, तब्ब हमको लेवे ला आइएगा? केतना निरमोही, निरदयी भतार हैं जी आप? एही दुख देबे बास्ते हमको जीवन-संगी बनाए थे? जीवन-संगी कौची का, हमको तो जीवन जोगिनी हो गए अइसन बुझाता है। कांता अऊर तिरप्तिया दोनों को दो-दो गो छौंड़ा डेरिवली हो गया, अऊर हम अब्ब ले नॉन-पेरगेंटे हैं! बरसाती का राति में आँखी से लोर बहल-बहल बेलाउज भेजा देता है। लेकिन आपका लोहा माफिक करेजा में हमरा बरसाती का कवनो पहुँचै नै है! परेम का एहिए परसाद दे रहे हैं? हमको लेबे आय रहे हैं कि नै आय रहे हैं?

आपका जलम-जलम का चरनों का दासी,
बेबी कुमारी राय, अगस्त 24, 2007

बेग़म रामजीत राय का सखी सकीना को पत्र

जलम-जलम का साथ है! निभाने को हमने कई-कई जलम लिए! हमरी हमदन, हमरी दोस, किलोज टू हर्ट, सकीना कुमारी बज्मी! कइसी हो, सखी? जनाप नूर मुहम्मत बाबू कइसन हैं (खुसखबरी सुनावे वाला कौनो काम किए हैं कि नहीं? सच्ची बताना, सकीना। कवन महीना चल रहा है?) अऊर तोहरे जियरा के सत्तपरकास, मद्धम-मद्धम जरै वाला डलैबर साहेब। ऊ कइसे हैं? ए बीच अऊर कौची-कौची का झाँकी देखाए हैं कि खाली पकीचा के राजकुमार वाला मूँछिए देख-देखके मोरझाती रही हो? गीत-गचल का आदानी-परदानी त जरूरे होइबै किया होगा, नै? हो सकता है तोको लेके लाल बजार में चुनरी अऊर चूड़ी का मरकिटिंगो कराए हों? कहँवा-कहँवा मउज-मजा की, सच्ची-सच्ची बोल ना रे, चोट्टी? डलैबर साहब सेन-फेन का इस्प्रे मारते हैं कि मुँह से दारू का बास छूटता है? तोराके तऽ ऊहो बास कवनो

सेन से कम थोड़े बुझाता होगा? तोरा मन का पापी को हम खूब पहचानते हैं! ऊपरी-ऊपरी सधवा, साया का नीचे पतुरिया? है कि नै? ठी-ठी-ठी।

अरे, तऽ एमें मुँह फुलाए का कवन बात है? हम कवनो तोता-चिरैया वाला कथा कि टीबी का रिपोटिन थोड़े बोल रहे हैं, तोहरा आगे तोरा मन का फैट खोल रहे हैं! ई कारज तू थोड़े करेगी। मन में कहँवा-कहँवा का साकर-समुंदर उमड़ा रहा होगा। ई जिम्मेदारी वाला काम त कवनो तोरा दिल का अचीच नै करेगी, सखी? संगी-साथी अऊर कवन बास्ते होवे करता है, तूहीये बोल ना, सकीनिया? मगर तू सच्चो में कइसन ठीठ अऊर बेसरम निकली रे? डलैबर साहेब का संगे एतना कहानी का लांग चम्प लेके चल गई, अऊर हमको कवनो डिटेलिनो नै दी? एही बदे अपना को हमरा सहेली बोलती है? तू त चइली-चइली पिटाए वाला काज की है! मियाँ नूर मुहम्मत का कानी तलक बात पहुँचेगा तब तोरा अकिल खुलेगा, हाँ! तब टेसुआ बहाए बास्ते हमको जिन याद करना। बड़ सखी बनती है, चोट्टी कहीं की! हीं-हीं, ठी-ठी-ठी।

एगो बात बोल, सकीनिया। बोलेगी ना? ई आज हमरा करेजा एतना काहे फर्र-फर्र उड़ि रहा है? काहे ला हम एतना हीं-हीं अऊर ठीं-ठीं कै रहे हैं? बूझ ना? नै बुझाया? मन्नू मौसी एंड मम्मीजी भी नै बूझ पाईं! मगर तू त हमरा डियरेस डियर है रे, सखी? एनीबेस, आजकल कवन केकरा के समझता है। सब अपना-अपना बुड़की में मगन-मस हैं? अब तोहरे जीवन में एतना गो उत्पात हो गया तऽ हम्मे कवन है जे के डलैबर साहेब का हाल-बंदगी पूछै खातिर तोरा नजीके चल गए? डलैबर साहेब का फोटो अपना परस में रक्खै का तऽ कब्बो सपनो में नै सोचे! बड़ स्वारथ वाला जुल्मी जमाना हो गया है, रे सकीना? एनीबेस, खुसखबरी ई है कि तोहरे भइया जी आज संझा हमको लेवे बास्ते आय रहे हैं! एतना तऽ हमको टेंसन चढ़ा है कि का बोलें। सुबही से लिपसिक मल-मलके एगो सोगहग लिपसिक का डंडी खा गए हैं! नवका लिपसिक खातिर फूलकुमारी का हिंया पूछवाई खातिर एगो लइकी पठाये त चोट्टी जबाब भेजाई है कि हम लिपसिक कँहवा करते हैं? चोट्टी, छिनरी कहीं की! तोरा को नै, सखी, फूलकुमरिया को बोल रहे हैं!

उनका संगे नजर भेंटाने पर कवन वाला गाना गाए का सचेसन करती है? मोरा अंक लग जा, बालमा? कि पानी में जरे मेरा साँवर बदन?

तुमरे जलम-जलम की सहेली,
बेबी कुमारी राय, सितम्बर 7, 2007

रामजीत राय का रत्न खोयी बेबी कुमारी राय को सखी सकीना का पत्र

हमरे अंधारे जीवन की एवलेडी टार्चलाईट, हरीयर सुगनी, चंदा की रोशनी! जुग-जुग जीओ। दूध नहाओ, पेटो फलो! लेकिन ई सब का सुन रहे हैं, बेबी? और सुनके कुच्छो नीमन नहीं लग रहा है, सच्चो में! ई कवनो बात हुआ, हो? खुदा अपना से लग्गल फैमिली का संगे कभी अइसा करते हैं, सुने है कोई? हम तो नहिंये सुने हैं!

मगर ई सब हुआ कइसे, बेबी सुगनी? दस रुपिय्या खरच कै जीतपुर का पोस्टआफिस पे हमरे नाम कोई चिट्ठी आईल है कि नहीं, चेकिन बास्ते गए रहे, ई धूप-घामा में देह का कितना गजन हुआ, तोको का बोलें, सखी, और हुआँ चहुँप के पता चलल कि चिट्ठी त नहींये आयल है, मगर मुश्तकिन के साथी भेंटा गए, उनहीं से तोहरे बाबत ख़बर पता चला! सुनके पहिले हमको त यकीने नहीं हुआ, दाँत का बीच जीभ दबा लिए, एक्सीटेंट और बिलिडिंग से कवनो तरह बच गए, खैरीयत समझो। लेकिन तू कैसी सखी है, बेबी? कि हमको इतना बड़का खबर मुश्तकिन का साथी बताए और तू एक अंतरदेसी भेज के नहीं बता सकती थी? काहे बेबी, बोल न? हम जनाना लोग आपस का दुख आपसे में नहीं बाँटेंगे त ई जहान में कवन हमरा लोग का सुनवाई करेवाला है। बेबिया बोल ना? मगर ई एत्ता बड़ा बात हो कइसे गया? तू त गदबद, करेजा का मजबूत छौंड़ी है, रे? तब? तीने महीना में अबाल्शन कइसे हो गया? पेरगनेंसी का काम्पिलिटेशन का किस्सा पहिलहुँ सुने हैं मगर अइसा कवनो केस तो हमरा नजर से नहीं गुजरा कि मम्मी का हेल्थ, डेअलपमेंट सही है और बिगनिंग इस्टेज में बच्चा गड़बड़ा जाए? ऊ रामजी भइया, प्रापर डाकदर-नर्स चेकिन-फिटिंग नहीं देख रहे थे, का हो? एतना बड़का मिसचांस, मिसकैरी हो कइसे गया, हमरा तो अकले नहीं काम कर रहा?

का बोलती है, हम तोहरा देखभाल बास्ते चल आवें? मगर इहँवा घर में भी तो खाना-पानी देखे खातिर केकरो रहे के दरकार है। ई भट्टावाला काम छोड़ दिहिन हैं और आजकल घरे में रहते हैं। फिर वही संझा-सकाली दारु का खेल! हमरा त यहिये सब सोच-सोच के वजन गिर रहा है! डेलाइबर साहब का जाने कवन बात हुआ हियाँ झगड़ा कै के हैदराबाद चल गए है। दू महीना से हुवें पड़े हैं। ओको सोच-सोच के भी वजन डाऊन हो रहा है। उन्हीं का चिट्ठी का मोह में त हम पोस्टआफिस गए थे! दस दिन से कवनो खोज है न खबर। और अब ऊपरी से तुमरा बैड निऊस। एगो छोटा जिंदगानी में जनाना कवनची-कवनची बरदाश्त करे, खुदा?

अपना खोज-खबर और देह का हाली का डिटेलिन में जल्दी से जल्दी खबर देना, सखी?

तोहरे ललकी टिकुली वाले दमकते मुखड़ा को मन में बसाए बइठी। तोहरे सुनर हेल्थ का दुआ माँगती..

तोहरी जिन्दगानी की राजदार,
सकीना, नवम्बर 3, 2007

रामजीत राय व्याहता बेबी कुमारी राय का सखी सकीना को ख़त

तुम्मो नंबर एक का चोट्टिये ठहरी, बतजात! ई कवनो बतायेवाला बात था जो तोरा के खबर करते? एक तऽ मुँह अप्पने गोर, ऊपर से लईलीं करीयर चदरिया ओढ़! एक तऽ अइसे ही दुनिया-जेहान का नजर देख-देख के करेजा जर रहा है। घामा-अंधेरिया कहिंयो बइठते हैं देमाग टनटनाने लगता है, अऊर तू पूछती है, तोरा के चिट्ठी काहे नै लिखे! अरे, कवनो लिखेवाला बात होता तब न तोरा के खत-चिट्ठी लिखते रे, मुँहजार?

मन एकदम्मे भात में कंकर माफिक करर-करर हो गया है, सकीनिया! बुझइबे नै करता है कवन करवट ठाड़ा हों, बइठें। कि कवनो गड़हा-गड़ही में कूद के जीवनलीला का दी एंटिंग बोल लें! तू समझेगी हम जोकिन-चुटकुला बोल के जी ठंडाय रहे हैं, लेकिन नहीं। हम करेजा का एंटियर हकीकत खोल रहे हैं, सखी! हकीकत हेहर-होहर उड़ के जो तोहरा लगे ले चहुँपा है ऊ रीयल हकीकत नै न है, सहेली। समाज-सोसायटी ला काजे असल हकीकत कहँवा ले चहुँपेगा। असल हकीकत तऽ हमरा करेजा का दस किवाड़ी का भीतरी लुकाइल बइठल है! अऊर ऊ हकीकत ऊ नै है जो दुनिया-जेहान बोल रहा है, जेकरा खबर तोको मुश्तकिन के साथी से सुने को मिला।

अब तू बोलेगी हम कौची बास्ते एत्ता गो बुझव्वल खेल रहे हैं? तऽ हमरा जइसन फूटल करम का मौगी बुझव्वल नै खेलेगी तो खोखो अऊर लुक्का-छिप्पी खेलेगी? एगे, फूटल करम नै होता जी तऽ सभा-सोसाइटी में अइसा बदनामी झेलते

जी? बेना अपराध का रोज-रोज सजा पाते? तू लिख दी हम पढ़ लिए मगर अऊर कवनो हमरा मुँह का सामना आके बोले कि हम अपराध किए हैं, हम ऊ मुँहजार का मुँह नै नोंच लिए तऽ अपना बाप का असल छौंड़ी नै, हाँ?

हाँ, रे सकीनिया, सच्चो में। तू ही बोल ना, कवन अपराध है मेरा? अबाल्शन का टोटल नियूज झुट्ठल है। एगे, पेट में बीज होगा तब न अबाल्शन होगा हो? जब पेट में बीजे नै था तऽ कहँवा से और कौची का हम अपराध किए? हाँ सखी, एगो तूहिये है जेकरा आगे हम अपना मन अऊर करेजा खोलके अपना जिनगानी का भेद ओजागर कै रहे हैं! राज को राजे रहने देना, नहीं तऽ ई सच्चाई जान लिए तऽ अल्जाम बड़ खूँखारीवाला करेंगे। हमरा किस्मते खराब है, परेम किए तऽ ऊ सकारथ नै हुआ। अब एतना लंबा भकेसन के बाद इनका साथ-संगत हुआ तऽ हियाँ नवका टंटा! गड़ही-पोखर में बूड़ के जान देवे वाला बात हम अइसे ही नै करते हैं, सखी! बहुत तोरा से मिले के मन कै रहा है, मगर ई हाली में कहँवा निकलें, कइसे उजियाला का फेसिन करें?

तोहरी दुखियारी, तुमरे जलम-जलम की सहेली,
बेबी कुमारी राय, नवम्बर 27, 2007

रामजीत राय ब्याहता बेबी राय को सखी सकीना का ख़त

कइसी है, बेबी, देख तू त हमके भुलाइये गई, हँऽ? आज दुकानी पे चन्नपरकाश आके एहर-ओहर का कहानी नै छेड़ते तो ईहो खबर कहाँ ले लगता कि तोरा घरे डेढ़ साल का बबुआ खेल रहा है! (और देख, जलम-जल्मांतर का बात करे वाली तू हमको एक हाली खबरो करे लायक न बूझी? हमरा खयाल ऐसा धूलि बन के तोरा माथा का बाजू ले उड़ गया रे, बेबी? हमरा तरफ ले तू अइसन निर्मोही हो गई हो?) खैर, इसी को कहते होंगे जिन्नगी का खेला, तोरा है न मोरा है, माया नगरिया में फोकटिया का मेला है! हो खुदा, कइसा त मौका है और देखो, का हम बोल रही हैं! पहिले ई बताव, बबुआ है कइसा? गोर है, साँवर है, केकरा ऊपर गया है? ओह, केतना त करेजा पीराय रहा है कि थोड़ा सुभीता होता त अभीए उड़ के तोहरे पास चहुँप जाते, बबुआ के झाँकी लेते, अऊर तोहरे हाथ को अपने हाथ में लिए दिल का बात कहके करेजा ठंडा करते, सच्चो में, बेबी! तुम हुआँ ठेहुना पर अपना सुन्नर छौंड़ा को तेल लगा रही हो और हियाँ जो है दुःख का रोज दू गो पहाड़ फूटता रहता

है। पूरा सात महीना हो गया, मियाँ जी का कवनो खबर नहीं, कवनो पुलिया से छलान लगा लिए कि जेहल में हैं, कवनो, कुच्छो खबर नहीं। सब पुलिस–थाना करके, रो–हार जब हमको तनि होश हुआ तो जुम्मन फूफा का मदद से मकानी का नीचवा का जगह में एगो मनिहारी का छोटा–सा दुकानी डाले हैं, वहीए से गुजारा चल रहा है। गुजारा क्या चल रहा है कवनो तरह से जिन्नगी कट रही है! मन के हाल त मत्ते पूछ।

तू अपना बोल बेबी? चन्नपरकाश त बोल रहे थे राय साहेब के बहुते ठाठवाला नवकरी है। नीमन पी परकाश एंड कंपनी के कन्टेक्टरी का जाब में लगे हैं? कवन ई कहीं ऊहे तोहर नइहर वाले परेम परकास तो नै हुए, हँ? रैल्टी हमको मालूम नहीं, चन्नपरकाश से पूछे के खयालो नै रहा। बस अइसे ही अंजाद लगाके बोल रहे हैं, वहीये हैं ई बड़का साहेब हो गए? तब त तू बड़ किस्मत वाली है रे, बेबिया!

और का बोलें। सखी, केतना त मने लुकाया हुआ बात है। मगर दुकानी में फिर दू गो गाहक आ के ठाड़ा हुए हैं, हमरा वेटिन कर रहे हैं। कवने को टिकुली चाहिए होगा, कवने को चूड़ी। सबको पहिरायेंगे हम, हमरे हाथे कोई नहीं पहराएगा, नहीं? तू अपने घरे सुखी है, हमरा दुख अपना करेजा में थोड़ी लगाएगी।

जोकिन कर रहे थे, सखी, तोहरा से कइसन ईर्ष्या अऊर कहँवा के शिकायत।

फुरसत भेटाए त एगो कारट डाल देना, पता के बाजू जोड़े मत भुलाना, बज्मी गौरमेंट एंड बियुटी इस्टोर, ठीक?

खुदा हाफिज

हरमेशा तोहरे दिल के करीब रहे वाली
सकीना, मार्च 5, 2011

रात की रेल

भागे हुए कुछ ज़रा-से मुसाफ़िर
और एक ज़रा-सा अनुवाद

भावुकता

जा रहा हूँ। जाऊँगा
इस जगर-मगर से निकलकर
उस जगर-मगर देस जाऊँगा
सुगनी से कहूँगा गीत सुना
मनोहर से कहूँगा हरमपंती कहाँ
छूटती है, बुचना, ला बीड़ी पिला
टूटही ईंटा के चूल्हे पर टुटही
देकची चढ़ाऊँगा, बसाइन भात पकाऊँगा
पड़ोस की मड़ई से भिनसारे चुराई लौकी
की बतिया और माहुर चटनी में मीस के
खाऊँगा। शीतला मौसी मुँह बनाएँगी तो
तुनक के कह दूँगा, जादा शहरातिन
मत बनो। हमरी औकात यही है, अपनी
औकात से क्या लजाना? जबरिया हमसे
न ठनो। पप्पू से कहेंगे का पप्पू
सइकिलिया फिर पंचर पड़ी है मरदे?
पप्पू चिमरख पाइंट पर हाथ पोंछता

टुटही कठवत के पानी में ट्यूब बुड़ाएगा
हमरी सिफारिश पर फटही आवाज में
ओ, नील गगन के तले का बेसुर सुनाएगा
हम पइडल घुमाकर उतरल चेन सजाएँगे
सुगनी से पूछेंगे खंडाला नहीं शिवाला
चलती है का? अपनी खड़र-खड़र खड़खड़िया
संझा के झुरमुट में उतारकर पता नहीं कवने
दुनिया के भुक-भुकबकाए अंधारे-उजियारे उतरेंगे?

***

हमारा समय

छोटे शहर में छोटा बने रहकर मरना मुश्किल होगा, बड़े में बड़ा होकर जीना। कहीं से कहीं निकलकर घूम आने में दिक़्क़त होगी। आत्मा के सूने गलियारों में धुँए के बगूले होंगे धमाकों का अँधेरा होगा। रह-रहकर लगेगा सब शांत हुआ फिर बेचैनियों की पाँत से नयी बत्तियाँ जलेंगी। फुदकन प्रसाद फुदकते फिर सबको ख़बर करते घूमेंगे ढहा दिया, उड़ा लिया, गिरा दिया। इस रौरव जुगूप्सा की वज़ह जाने क्या होगी, ख़ुद के चूतड़ के चिथड़े नहीं उड़े का आह्लाद होगा? सवारियाँ फिर इस गली से निकल उस सड़क पर जाएँगी। स्कूल का भारी झोला लिए एक बच्चा अपने घर आएगा, समय और समाज के जंगल में ख़ुशहाली सबसे आँख चुराती-सी होगी। फिर भी जो बचा रह जाता होगा उसके बच लेने में सरकार की कोई भूमिका न होती होगी।

***

मिले थे नंदू से

फिर दिल में कुछ नहीं है नंदू
दारू की ख़ास ब्रांड की एक बोतल है कहीं पिए थे
जी रहे जैसा कुछ उस रात हम भी जिए थे
किसी के पैर में अच्छा कोई जूता था, समूचा
गाढ़ी नीली कमीज़ पर गाढ़े लाल छोटे फूल
वैसा ही कुछ मैं भी कहीं पहनना चाह रहा था
कोई लड़की क्या तो नाम था उसके साथ हँसना
हाथ थामे सीढ़ियाँ उतरकर तेज़ी से भागते सड़क लाँघ ली थी
इलेक्ट्रानिक अप्लायेंसेस के किसी लकदक शो-रूम
किसी चकमक गज़ेट की क़ीमत पूछता
लड़की भौंचक मुझे देखती रही, भींचकर
उँगलियाँ दबा ली दिल में, पाकिस्तानी या फिलीस्तीनी
शायर था कोई उसके नज़्म की चार लाइनें
गुनगुनाकर मैंने भी गा लिया था दिल में
कुल सतरह से उन्नीस हज़ार
के आसपास का हिसाब है नंदू, इससे ज़्यादा
का हिसाब बनाकर रक्तचाप चढ़ाना
और हृदयाघात की पालिसी पाना है दोस्त
इससे आगे दिल में कुछ नहीं है नंदू
बाँस का जला जंगल है झींगुर की कोरस सिंगिंग है
फुआ का भूला फ़ोन नंबर है, मौसा की मातमी में
तत्काल का टिकट निकलवाने की मेरी हारी कोशिशें
गाँव न लौटने की करुण सिफ़ारिशें हैं
इस बस से उतरकर उस बस चढ़ना
रहता है, साढ़े तीन घंटे रोज़ इसी
आने-जाने में निकल जाते हैं
फिर मालूम नहीं नये ऑफ़िस में क्या है
दिन भर हँसता रहता हूँ मगर

वहाँ कोई मुझे पसंद नहीं करता
साथ बैठकर लंच करना
जी का जंजाल हो जाता है
रोज़ लगता है आज आख़िरी दिन है
फूल सजाने की फ़ुरसत कहाँ बनती है
तुम्हीं को मुँह दिखाने की बोलो बनती है? राज
तुम्हारे सिवा कोई दोस्ती जैसी दोस्ती भी नहीं है सच
और साले मिले हो इतने महीनों बाद
तो पूछते हो क्या है दिल में नंदू
कुछ नहीं बाँस का जला जंगल है नंदू
तुम सुनाओ आजकल किधर रहते हो।

***

है जो नहीं है

सलोना एक शब्द ही है, टोटल गप्प
सहेजकर जिसे सिरहाने रखता हूँ
रात-बिरात उनींदे टटोलता, उँगलियों
अझुराए फुसफुसाए उनसे बोलता
का हो, पाजी, हव्वऽ कि फ़रार हुए?
इमली, ईनार, इक्कों के पार के अजनबी अँधेरों में
गवैयों के तबेलों औ' कलमचियों के मेलों में
कितनी मर्तबा गुम हुआ

कि पहुँचते ही जी धक्क हुआ
मुट्ठी भींचे घबराए कुम्हलाए हदसकर
पूछा कितनी मर्तबा फुसफुसाए
का हो, पाजी, हव्वऽ कि फरार हुए ?

सलोना जी मगर कब्ब कुच्छौ बोले हैं।

***

सुर कहाँ है, साहित्य ही

बिसनापुर के हाट बाज़ार पुलिया पे साइकिल गिराए
दिखा कहीं कोई पढ़ता पुश्किन पढ़वैया प्यारेलाल ?
साँवली पसलियों में घुली घनी, देर तक बजी
टंकार, साहित्य की मर्मभेदी अंतरंग आत्मीय सीत्कार
पुरैना डिपो से लगभग तीन घंटे देर से छूटी
बस की छत के जगर-मगर में धूल-धुसरित, मिले धूमिल ?

सेवाईलाल महतो के सिफ़ारिश करो तो तंबाखू, बीड़ी मुट्ठा
के बाजू कभी मिल जाएगा जुग निर्माण योजना का बसिया अंक
साईकिल दुकान के पिछाड़े, रेलवे के भहराए क्वार्टर की मुर्चा खाई
पेटी से झाड़कर जगदीश भाई बहरियाएँगे लेनिन की गुटखा जीवनी
उससे बाहर धूलभरी सड़क मिलती है, मेहनापुर का मशहूर बताशा
बंद अप्सरा सिनेमा की बग़लवाली गली के मेघना मारकिट शंकर ताशा
बैण्डपार्टी के ऊपरवाले तंग कमरे में बीडियो पारलर की हताशा मिलती है
इस दुनिया में गुमनाम नक्सलाइट है, दोस्तो, साहित्य विस्थापित
कहीं नहीं मिलता, एक कविता कहीं बहुत दूर
बंबई में मिलती है, मगर फिर
यहाँ वह दूसरे तरीक़े से विस्थापित खिली है।

***

धूप में देर तक रहे खड़ी, रहे
बंद छोड़े प्राइमरी स्कूल के किसी छूटे दरवाज़े चढ़ी
सर पर अंगौछा धरे बेउम्र बुढ़ाए साइकिल खड़खड़ाए
गड़बड़ाए, बेतरह घबड़ाए घर लौटते मास्टर के मेहराए
आँखों में किसी चौंध की तरह गड़ी
कब चमकती है कविता, अलमुनिया की थारी
में संबंधों की सौंध चखता, अपने होने में मतलब
पाता, जीने का जीवन जीता दिखता है साहित्य?
ललगेहना से तीतराबेर से बड़काडीह से बिसुनपुर
झीरपानी मैं साहित्य के रास्ते लौटना चाहता हूँ
कुछेक घंटों का यह कुछ ज़रा-सा सफ़र, ओह, कितना
फैला जाता है (जितना कटा जाता है जंगल)

सूने पत्थरों को लाँघता, काँख में झोला दबाए
कोई बच्चा है, ज़रा आगे दो लड़कियाँ, कविता
के बंध में, बिना कविताई लाग-फेंट, स्कूल जा रहे हैं
चुपचाप। मैं कहीं बहुत दूर पीछे छूटा हूँ, अबहीं तलक
भाषा की गुमटी पर मोल-भाव में फँसा, साहित्य प्रादेशिक

राजधानियों में सटा, पान-पराग के गुटखे गिन रहा है
आह भरकर शिकायत करता है ये तीन इनाम हट जाएँ
फिर वह किधर पैर धरेगा, कहीं का रहेगा।

***

शिद्दत वाली यादें

यादें दवाई की वे पुड़ियाँ हैं जो ज़रूरत के वक़्त नहीं मिलतीं और किसी उस पेंसिल की तरह तब मिलती हैं जब उससे लिखने की आदत छूट गई हो। रंजीता दी हँसते हुए कहती, शिद्दत से यादें क्या होती हैं। शिद्दत से तो हमने बस बलराम के फुचके खाए हैं या रज़ाक टाकीज़ के पीछे जयराम की कुल्फी; उस शिद्दत से तो फिर हमने शादी भी नहीं की।

मौसी से मनुहार करता हूँ। मौसी, तुम बताओ। आँचल से सूखा मुँह पोंछकर मौसी कहती है, ''शिद्दत से बच्चा, हम सीवटर और बड़ी बनावत रहीं। गोड़ में आलतो लगवाइल करीं। शिवरात के समय ऊहे जतन से उपासो करत रहीं। मगर जब से इनके एक्सीडेंट हुआ, अउर कार्तिक के पढ़ाई गड़बड़ाइल, हमरे सब जतन पे जइसे पाला पड़ गईल। बच्चा..''

दीवानापन भी प्रेम की एक टेक है, सबके हिस्से नहीं आती। और जिनके आती भी है, उनके यहाँ भी गोद में हाथ डाले बैठी नहीं रहती, चुपचाप किसी दिन निकल जाती है। फिर आप उसे बस की अगली सीट पर बैठे किसी चेहरे में खोजते रहते, और किसी दीवाने फिल्म में देखकर भावुक होने लगते हैं। मैं शिद्दत से याद करने की कोशिश करता हूँ बचपने के नंगे पैरों में हवाई चप्पल कब आया था। रेकार्ड प्लेयर पर अपने हाथों संभालकर एहतियातत से प्लेयर की सुई कब चढ़ाई थी और उस शुरुआती घिस-घिस की आवाज़ के तनावी इंतज़ार के बाद स्वरों की एंट्री से कैसा चमत्कारी आह्लाद हुआ था। कब हुआ था, जेब के अपने पैसों से पहली मर्तबा रंग कब ख़रीदा था। टुकुल को कैसे कहते सुना था कि मुझसे प्यार नहीं कर सकती, उसे दुर्गापूजा में ममेरी बहनों के पास मनोहरपुर जाना है और देखता हूँ, मुझे कुछ

भी याद नहीं!

रज़ाक टाकीज़ की तंग गलियों के पार जालीदार टिकट खिड़की, सिनेमा तक जाने के लिए ऊपर की ओर सँकरी सीढ़ियाँ, बच्चों के नंगे पैरों और औरतों की रंगीन साड़ियों वाला चिल्ल-पिल्ल मचाए समूचा बिहराती कुनबा, 'गंगा मइया तोहरे पियरी चढ़इबो' और 'अमर प्रेम' में माँ का मुँह पर साड़ी दाबे भल्ल-भल्ल रोना, सेक्टर चौदह में सिंघड़ा-बड़ा-जिलेपी की एक अस्बेस्ट्स के छत वाली घिसी, करियाए चूल्हे की दुकान थी, जिसका उम्रदराज़ बौना मालिक हमेशा पुरानी एक काठ की कुर्सी पर बाँहवाली गंजी और नीले चारखाने की लुँगी में मंद-मंद मुस्कराता, अख़बार पढ़ता मिलता और उसके यहाँ की सिंघड़ा और जिलेपी खाकर मुँह पर उल्टे हाथों से स्वाद पोंछते, हम बाहर स्टैंड की साइकिल निकालकर हवाओं को अपनी आँखों पर लेकर सोचते दुनिया इतनी, कितनी अच्छी है न टुकुल ! और फिर वह सब गुज़रती हवाओं, बीसियों चोटों और पचासों यात्राओं की बहसबाजियों में कहीं लुप्त हो जाता और शिद्दत से फिर यही याद रहता कि शिद्दत से कहाँ कुछ याद है!

लिली कहती है बाहर जा रहे हो, लौटते में दवाई लेना मत भूलना। मैं कहता हूँ, शिद्दत से याद रखूँगा।

(उपरोक्त गिनाए सभी नाम व क़िस्से, शिद्दत के हों, मगर पूरी तरह गल्प हैं)

***

भूख

हमेशा भूख लगी रहती है। बच्चा माँ से पूछता है, "माँ, हमेशा भूख क्यों लगी रहती है?" भूख से धुँधलाई (कुम्हलाई, सँवराई, लजाई, तो पहिले से ही) माँ बिना सोचे कहती है, "बाबू, हम नंगे लोग हैं। भूखे लोग हैं, भगवान ने अइसही गढ़ा है हमको। अच्छा है भूख लगी रहती है, भूख नहीं लगती तो पाला मारता। सरदी में कठुआए तुम कुड़कते रहते, आग और कोयला खोजने मैं किधर जाती!

बच्चे ने ज़ोर डालकर अपने लिए दिमाग़ में भूख की एक आरामदेह तस्वीर

बनाई। दुनिया में जाड़ा है बरसात है गरमी में सन्न करनेवाली हवाएँ हैं, बीसियों और जाने क्या-क्या आपदाएँ हैं, लेकिन बिलबिलाती भूख कितनाहूँ आँखों में अँधेरा भरती हो, है उनसे कम बड़ी विपदा है।

बोरे के नीचे से और खड़ंजी साइकिल के पीछे से भागती खजुआइन, बिमरीआइन बिल्ली की बच्ची पर नज़र जाते ही बच्चे ने उसे लपककर गोद में ले लिया और उसे दुलराने लगा। बिल्ली की बुचकी, मुँह ऊँचा किए उम्मीदबर नज़रों से बच्चे को ताकती, अलग-अलग स्वरों में 'म्याऊँ' बोलकर उस तक अपनी गुहार पहुँचाती रही। बच्चे ने बुचकी को समझाया कि वह समझ रहा है किस हूक के दबाव में वह कूक रही है, लेकिन भली पुचकी, यह भी समझ ले कि अल्ले अल्ले अल्ले, रे बल्ले, भूख सबसे बड़ी बला नहीं है। दुनिया में और भी ग़म हैं भूख के सिवा।

कुत्ता ख़ुद से और अपनी भूख से चिढ़ा हुआ था। बच्चे की पुरानी पैंट चबाने के बाद उसने उसकी कम पुरानी इकलौती चप्पल चबाने की कोशिश की और जवाब में उछलकर आते एक जूते की चोट का शिकार हुआ। बाद में मुँह पर और घाव पर जीभ फिराता सोचता रहा भूख की चोट फिर भी जूते की चोट से कहीं ज़्यादा थी।

दाएँ-बाएँ ढुलुक-बुलुक होते और कभी-कभी तो खड़े-खड़े यूँ ही गिर पड़ते अपने पिल्लों को संभालती सूअर तो भूख से इस क़दर बेजान थी कि कभी सोचती कि मैं कुछ सोच पा भी रही? छै के छै ये सभी मेरे हैं? क्या सोच रही थी जो मैं इन्हें गर्भ में ले आई और अब दुनिया में चले आए हैं तो कहाँ जा रहे हैं? भगवान तूने कैसी दुनिया बनाई कि हमें सूअर बनाया। हमारी तक़दीर पर गरम पानी उँड़ेलने के बाद ऊपर से अलग से हमको भुक्खल भी बनाया, रे नीच? मंदिर में घुसकर तेरा प्रसाद खाऊँ। पाजी। क्या खाऊँ?

बच्चे ने बकरी के मुँह से खींचकर उन पत्तों को चबाने की कोशिश की जिन्हें वह मुँह में भूख का मुँह चिढ़ाने को सजाई थी। मुँह में पत्तों का ज़रा-सा रस चला आया लेकिन फिर झट कड़वाहट से उसे ऊबकाई-सी भी आई। उसकी देखा-देखी बिल्ली की बुचकी ने भी ज़मीन पर तीन लोटे लिए और आह का मन-ही-मन लंबा विलंबित आलाप लेने लगी। कुत्ता भूँकने की कोशिश में किंकियाता रहा। फिर भिन्नाने लगा। देह पर आकर बैठती मक्खियों को झटककर हटाने की ताक़त भी न रही। बच्चे की माँ ने आठवीं मर्तबा सूखे हलक और उबलते पेट को मटके के पानी से ठंडा करने की कोशिश की और गश खाकर गिरती-गिरती बची।

गोद में बिल्ली की पुचकी को सँभाले बच्चा माँ के क़रीब आकर फुसफुसाकर

बोला, "दुनिया में बीस बड़े आपदा हैं, भूख तो सबसे छुटकी पुचकी विपदा है। न माँ?"

***

कवि के रोज़गार

धूप का पेट और चश्मे पर अभावों की कजरी लगाए
अधिक-से-अधिक डेढ़ और अढ़ाई पुरस्कार पाएगा
नहीं पाएगा तो दुःख-दहलता पुरस्कारों की दुर्व्यवस्था पर
तीन कालम लिखेगा, चार पर अपनी राय उगलेगा
कैसा समय है क्या कोई काम नहीं आएगा की सोचता
उस पर नहीं, किसी और विषय की कविता खड़ी करेगा
टटोलता, टोहता, हिलता-हिलाता, हाथ जोड़ता
ई-मेलों की मृदुता और फ़ोनों की मधुरता में खिलता
वर्ष में तीन विश्वविद्यालयी विमर्शों का आतिथ्य
चार साहित्यिक संभाषणों के सेकेंड एसी का किराया, खाएगा
डेढ़ सौ की ऊँघती सभा में कविता की पुरची लिए नहीं लजाएगा
मगर इससे ज़्यादा, और आगे फिर हिंदी का कवि कहाँ जाएगा
हाथ कंगन को आरसी क्या का मन-ही-मन जाप करता
प्रार्थना के शिल्प में अपना प्रार्थीपना, इनसे और उनसे ठेलता
बेटी की अंग्रेज़ी से प्रभावित, खिल्लित, अगले पुरस्कार की राह तकेगा
संस्कृति चूड़ियों के तीन और बाटा के डेढ़ मेहराए डब्बों में होगी
उसको देख-देखकर चकित होता, कवि हिंदी कविता का भविष्य रचेगा।

किताबों-सा ये मेरा दिल और यह बेदिल दुनिया

इज़राइली लेखक **अमोस ओज़** की पुस्तक **प्यार व अँधेरे का एक क़िस्सा** से एक ज़रा छोटा अनुवाद

एक चीज़ जो हमारे यहाँ इफ़रात में थी वह थी किताबें। एक दीवार से दूसरे दीवार तक ठँसी हुईं, गलियारे और रसोई में, एंट्रेंस और खिड़कियों के सिल पर-सब तरफ़ भरी पड़ी थीं। हज़ारों किताबें, फ़्लैट के हर कोने में। मुझे लगता लोग आते-जाते हों, जन्म लेते और मरते हों, मगर किताबों की कभी मौत नहीं होती। जब मैं छोटा था मेरी तमन्ना यही थी कि किताब की शक्ल में ही बड़ा होऊँ। किताबें लिखनेवाले लेखक की तरह नहीं। लोग मक्खियों की तरह मर सकते हैं। लेखकों का मरना भी ऐसी कोई अनोखी बात नहीं। लेकिन किताबों का है। आप कितनी ही तरतीब से उन्हें ख़त्म करने की कोशिश करो, इसकी हमेशा गुंजाइश रहती है कि कहीं एक प्रति ज़िंदा बच जा, और किसी दूर-दराज, असामान्य-सी जगह की लाइब्रेरी के शेल्फ पर सुरक्षित पड़ी रहे।

एक या दो मर्तबा जब कभी ऐसा हुआ कि शबात के मौक़े पर घर में खाने को पैसे न हों तब माँ बाबा की तरफ़ देखतीं और बाबा समझ जाते कि क़ुरबानी का क्षण आ गया है और किताबों की अलमारी की ओर पलटते। वह नैतिक आदमी थे और जानते थे रोटी की जगह किताबों से ऊपर है और बच्चे की बेहतरी सब चीज़ों से ऊपर है। मुझे दरवाज़े से बाहर निकलती उनकी झुकी हुई पीठ याद पड़ती है, बाँह के नीचे दो या तीन अपने प्यारे पोथों को दाबे मेयर साहब की सेकेंडहैंड किताब की दुकान के लिए हड़बड़ी में निकलते कि जल्दी-से-जल्दी इस पाप से निजात पाएँ।

मैं उनकी तक़लीफ़ समझ सकता था। मेरे बाबा का अपनी किताबों से एक बेहद सेंसुअल संबंध था। किताबों को सहलाना, थपथपाना, सूँघना उन्हें अच्छा लगता। किताबों की संगत में उन्हें एक जिस्मानी ख़ुशी मिलती। भले दूसरों की किताबें हों, ख़ुद को वह रोक नहीं पाते, आगे जाकर उन्हें छू-टटोल लेना उन्हें ज़रूरी लगता। और आज की बनिस्बत तब किताबें ज़्यादा सैक्सी भी थीं। सूँघने, सहलाने, दुलराने के लिए ज़्यादा मुफ़ीद हुआ करती थीं। सुनहले लिखावट वाली थोड़ा रफ़ बाइंडिंग

की कुछ ख़ुशबूदार किताबें थीं, जिन्हें छूते ही मन ऊपर-नीचे करने लगता; मानो पहुँच से परे किसी अगम्य व निजी दुनिया में झाँक रहे हों और आपके छूते ही वह रोमांच और थरथराहट में आँखें खोल उठेंगी। फिर गत्ते व कपड़ों से बँधी किताबें थीं जिनसे सरेश की अद्‌भुत सेंसुअस महक उठती। हर किताब की अपनी ख़ास निजी, उत्तेजक महक होती। बहुत बार, किसी ढीठ फ्रॉक की तरह, गत्तों से कपड़ा अलग हो जाता, तब कपड़े व देह की उन अँधेरी जगहों में झाँककर देख लेने व नशीले महक को सूँघने की इच्छा पर क़ाबू करना असंभव हो जाता।

बाबा अमूमन एक या दो घंटे पर वापस लौटते। किताबों की जगह भूरे काग़ज़ी बैग में रोटी, अंडे, चीज़, और कभी-कभी डिब्बाबंद माँस होता। लेकिन कभी-कभी क़ुरबानी पर निकले वह वापस लौटते तो होंठों पर एक छोर से दूसरे छोर तक मुस्कान तनी होती। अपनी दुलारी किताबों को खोकर लौटे होते, मगर साथ में खाने का कोई सामान भी न होता। अपनी किताबें वह ज़रूर बेच आए होते, मगर उस कमी की भरपायी उन्होंने तत्काल दूसरी किताबें खरीदकर कर ली होतीं, क्योंकि हुआ यह होता कि सेकेंडहैंड किताब की दुकान में किसी अनोखे ख़जाने पर उनकी निगाह चली गई होती। ऐसा मौक़ा जो जीवन में बार-बार नहीं आता और ख़ुद पर काबू करना उनके लिए नामुमकिन हो गया होता। माँ उन्हें माफ़ कर देतीं और उसी तरह मैं भी। वैसे भी मीठी मकई और आइसक्रीम से अलग मुझे खाने की मेरी तबीयत न होती। आमलेट और माँस से तो एकदम नफ़रत थी। ईमानदारी से कहूँ तो मुझे तो भूखे मर रहे उन हिंदुस्तानी बच्चों से रश्क होता जिन्हें अपनी प्लेट का सबकुछ ख़त्म करने को कोई उनके सिर पर न सवार रहता।

लिखना

मैं जब नहीं लिखूँगा, तब भी ख़ुद को चुपचाप लिखता हुआ ही मिलूँगा। वह लिखना, हो सकता है मेरी पहचान, मेरी ज़बान का न हो; ख़यालों, आकारों, चेहरों को किन्हीं सलीक़ों में व्यवस्थित करने की कोशिश करता, समय और स्मृति के बीहड़ में अपने को फैलाकर, खोकर, फिर दूर तक ढूँढ़ते फिरूँगा।

लिखने का कुछ हासिल न होगा। लिखना देर रात का चुपचाप गुनगुनाना होगा। रात के सुनसान और अकेले के अनुसंधान में, भोले कवि और अलसाए ईश्वर के 'आएँगे अच्छे दिन!' की भावुकताखोर लोरियों के बाजू, टहलते दूर निकल जाने, कटहल, खीरा, झीरपानी, बोस्निया, कुर्द, लेबनॉन, मुनव्वर, मुज़फ़्फ़र के तसव्वुर में याद करना कि दुनिया में होना, तक़लीफ़ों के किन सिलसिलों में होना है।

लिखना हमेशा मुश्किल सवाल करेगा, दिल मरोड़नेवाली ज़िरह। कि बीमारियों की बुनावट जानते हो? दुनिया देखने का सुथरा चश्मा है तुम्हारे पास, भाषा बुनने का साफ़ पंचांग? पैर के नाख़ून धुले हैं, आत्मा में अंजोरा है, जड़ें अपनी साथ लेकर आए हो? मैं हकलाता, अकबकाया कहूँगा जड़ के बाज़ार बसता हूँ, उनींदे के नेट में, दुर्जड़ें बहुत दूर निकल गई हैं, हालाँकि यह भी सच है कि जर्जरस्त हूँ।

लिखना एकदम से ख़ुद को अजनबी कर लेगा। जैसे शहर की भीड़ और यातायात में मेरी ज़बान स्वयं को संभालने के जतन में उछलने, घबरायी भूलने लगेगी। जैसे लंबे सफ़र के बाद रेल से उतरकर मैं फिर से ख़ुद को ढूँढ़ने लगूँगा, लिखना हौले से नन-कमिटल मुस्कराएगी। जैसे पूर्व-प्रेम शौक़ीनी में धोखियाता है, अब मिलते नहीं, आकर मिलो न कभी? मैं उम्मीदबर काँपता सिहरूँगा, अँधेरों में एक क़दम आगे और रखूँगा।

ब्लॉग लिखाई के शुरुआती दिनों के
स्नेह-संगियों को

दीदी, कल्लेगारी, विनीता, संगम,
अरुण और प्रत्यक्षा को